이상한 학교

김홍겸 · 송수연 · 조태호 · 한상엽 지음

교우미디어

P·R·E·F·A·C·E 머리말

1994년에 개봉한 영화 '포레스트 검프(Forest Gump)'에는 이러한 대사가 나온다. "포레스트, 인생은 초콜렛 박스와 같아. 그 속에 무엇이 들어있는지 절대 알 수 없거든(Life is like a box of chocolates, Forrest. You never know what you're gonna get)" 그렇다. 우리의 인생은 앞으로 어떤 일이 펼쳐질지 잘 모른다는 점에서 초콜렛 박스와도 같다. 적어도 우리가 실제로 경험해보기 전까지는 모른다. 우리에게 어떤 일이 벌어질지 모른다는 점에서 말이다.

코로나19가 우리에게 있어 바로 그 초콜렛 박스 속에 있던 하나의 초콜렛이 아닐까 하는 생각이 든다. 어느 누구도 2020년에 코로나19로 인해서 우리의 인생에 많은 변화가 생길지 예상하지 못했다. 예상하지 못했기에 준비하지 못했다. 준비하지 못했기에 우리에게는 많은 불편함이 생기게 되었다. 하지만 종종 불편함은 현재를 돌아보게 하고 앞으로 나아갈 방향에 대한 통찰을 제공한다. 통찰을 계기로 한 사유는 현재의 많은 부분들에 대한 대안을 생각해내며 때론 이것이 사회의 변화를 이끌기도 한다. 이미 코로나19로 인해 많은 변화들이 일어났다.

항상 변화는 낯선 것이었다. 하지만 이러한 변화들이 쌓이고 쌓여 현재의 우리들을 만들고 있다. 학교 역시 마찬가지이다. 코로나19는 학교에 많은 변화를 요구했고 지금까지 우리들에게 너무 '익숙'하게만 다가왔던 학교의 방향에 대해서 다시 한 번 생각하게 하는 계기가 되었다. 많은 교사와 학생들이 '원격수업'으로 대표되는 새로운 교육환경에 적응하기 위해 준비하고 자신들의 속도에 맞추어 개선해나갔다.

어떻게 보면 지금까지 학교를 구성하는 구성원들 사이에서 그리고 교육에 종사하는 사람들에게 있어서 논의만 있고 실천 되지 못하고 있던 것이 실제적으로 구현되는 계기가 되었다. 그리고 새로운 학교로의 변화 필요성에 대한, 기존과는 다른 패러다임이 긴요해졌다.

이러한 담론의 연장선 상에서 '이상한 학교'가 탄생했다. 이상한 학교는 언뜻 보면 이상(strange). 다시 말하면 우리가 생각하는 학교와는 많이 다른 점이 있다. 교육과정도 구성원도 학교 공간도 그리고 이 학교를 졸업하고 이 사람들이 살고 있는 사회 역시도 처음에 보기에는 이상하다. 하지만 이 이상한 학교는 우리가 이상적(Ideal)으로 지향해야 할 학교이기도 하다. 우리의 생각 속에서만 존재했었던 이상적인 모습을 '이상한 학교'라는 이름으로 만들어 보았다.

변화가 실제로 일어나기 위해서는 많은 사람들의 공감이 필요하다. 이 책의 저자들은 '과연 학교는 현재 잘 하고 있는 것인가?', '학교는 어떠한 방향으로 흘러가야 하는가?','우리가 생각하는 이상적인(Ideal) 모습의 학교는 무엇인가?'와 같은 질문을 던지고 이에 대한 답을 찾고자 노력했다. 부디 이 책을 읽는 독자들도 이러한 물음을 갖고 '이상한 학교'를 읽어보기를 권한다.

저자 일동

C·O·N·T·E·N·T·S **목 차**

제3장 이상한 수업과 평가

제4장 이상한 활동

제5장 이상한 공간

제6장 이상한 구성원

제7장 이상한 사회

제8장 에필로그

CHAPTER

01 프롤로그

1. 코로나19로 찾아온 변화

2020년 1월 우리나라에 처음으로 코로나19 확진자가 발생하였다. 처음에는 우리들의 일상에 다소 얼마간의 불편함만을 남길 줄 알았던 코로나가 현재까지도 계속되고 있다. 코로나19는 우리들의 삶에 있어서 많은 변화를 초래하였다. 다른 사람과 함께 만나고 이야기를 하려면 마스크를 써야 하는 현실이 일상이 되었다. 코로나 초기에는 이 마스크 때문에도 그동안 겪지 않았던 새로운 경험을 하였다. 마스크를 사기 위해서 줄을 길게 서고 5부제를 수행하면서 마스크 수급에 많은 신경을 썼다.

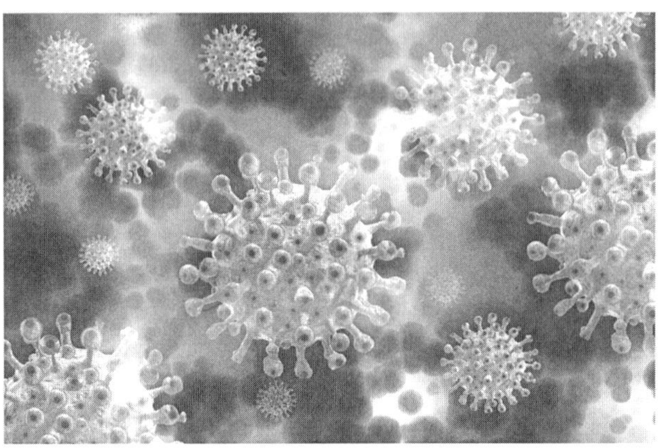

코로나19는 우리 삶에 많은 변화를 주었다

사람들 간의 모임도 많이 제한되었다. 여러 편의 시설과 다중 이용 시설에서 사람들의 집합이 금지되었고 많은 사람들의 축하를 받아야 할 결혼식과 같은 경우도 일시적으로 인원을 제한하였다. 우리들의 평범한 일상 - 친구들과 함께 밥을 먹고 카페에서 이야기를 하면서 시간을 보냈던 것- 이 이제는 그리운 시절이 되었다.

이러한 변화는 교육의 분야에서도 예외가 아니었다. '3월 2일은 학교 가는 날'이라는 일종의 절대적인 명제가 깨지게 되었다. 2020년 2월 중순 코로나19 확진자가 많이 늘어나게 되면서 3월 2일에 예정이 되었던 개학이 무려 3차례나 미뤄지게 되었으며 4월 13일에 고등학교 3학년 학생이 먼저 개학을 하게 되었다. 하지만 이러한 개학도 오프라인 개학이 아닌 온라인 개학의 형태로 이루어졌다.

이러한 변화로 인해 학교 현장에서도 많은 준비가 필요했다. 모든 교사들이 온라인 수업을 준비해야 했고 동영상을 만드는 방법, 쌍방향으로 화상 수업을 하는 방법 등 여러 가지 새로운 기술들을 습득해야 했다. 또한 온라인 개학 상황에 맞는 수업 컨텐츠들을 개발해야 했다. 그리고 새로운 교과 관련 소프트웨어를 배우고 익히는 데에 많은 노력을 했다. 이로 인해서 교육청과 여러 기관에서는 이와 관련된 연수가 많이 개설되었다.

학생들의 일상에도 많은 변화가 찾아왔다. 친구들과 함께 학교에 나와서 여러 가지 활동을 하고 함께 시간을 보낼 수 있는 기회가 많이 사라졌다. 학생들은 아침에 스스로 일어나서 온라인 클래스에 접속을 해서 선생님이 준비한 수업을 듣고 스스로 과제를 완료한 후에 제출을 한다. 어느 때 보다도 학생들 스스로의 자기주도적인 학습능력이 필요한 시기가 되었다. 또한 학교에서 하는 여러 가지 행사들이 많이 축소되거나 변형되거나 취소가 되었다.

2020년 코로나19로 인해 촉발된 변화는 우리 학교에 많은 물음을 제기했다. 코로나19로 인해서 활발하게 논의되기는 했지만 이미 온라인 수업에 대한 논의는 활발하게 있었다. 이미 온라인을 통해서 여러 가지 수업을 하거나 4차 산업 혁명의 핵심 기술 중의 하나인 인공 지능 및 VR과 AR을 활용한 수업들이 많이 논의가 되었고 이에 대한 연구도 활발하게 진행이 되었다.

이러한 논의가 코로나19로 인해 조금 더 구체화 되었고 부득이한 상황이기는 하지만 이러한 것들을 실천하면서 자연스럽게 담론의 방향은 '포스트 코로나' 시대로 옮겨가게 되었다. 과연 포스트 코로나 시대에 우리 학교는 어떠한 역할을 수행해야 하는가? 현재 상태는 이 미래를 위해 대비를 잘하고 있는가?

2. 미래 사회의 변화 요소

1) 기술변화

현재 우리 사회에서 많은 변화가 나타나고 있다. 그 중에서 가장 큰 변화의 물결은 기술의 변화이다. 이미 우리나라의 대다수의 성인들이 스마트폰을 쓰고 있으며 인공 지능을 활용한 많은 기술들이 속속 나오고 있다. 이러한 기술들은 인공 지능 로봇, 자율 주행 자동차 등으로 실현되고 있다.

이미 이러한 기술이 교육 분야에도 적용되어 나타나고 있다. 교육 분야에서 활용되는 인공 지능은 학생들에게 맞춤형 수업을 제공한다거나 학생들이 제시한 답을 보고 틀린 문제에 대해서 관련된 문제를 제공하는 식으로 활용되고 있다. 이 외에도 많은 수의 온라인 강의가 여러 가지 플랫폼들을 바탕으로 하여 다채롭게 시행되고 있다.

미래 사회에서 교육의 인공 지능 활용에 대해서 김홍겸 외(2018)의 연구에 따르면 인공 지능에 의해 수업, 지식 제공, 평가, 상담 등의 영역에서 활용될 수 있을 것으로 보인다. 수업의 측면에서는 크게 멘토링과 개별화 교육이 가능하게 될 것으로 보인다. 이 부분이 미래 사회의 교육에 있어서 기술이 활용될 수 있는 가장 큰 측면이 아닐까 한다.

현재 학교에서의 수업을 보면 적게는 20명에서 많게는 40명 가까이 되는 학생들이 함께 한 교실에서 생활을 한다. 이러한 상황에서는 개인적인 요구에 알맞은 수업하기가 어렵다. 이러한 부분을 인공 지능을 활용하면 학생들이 스스로 학습하고 진도를 설정하는 개별화 수업을 할 수 있을 것이다.

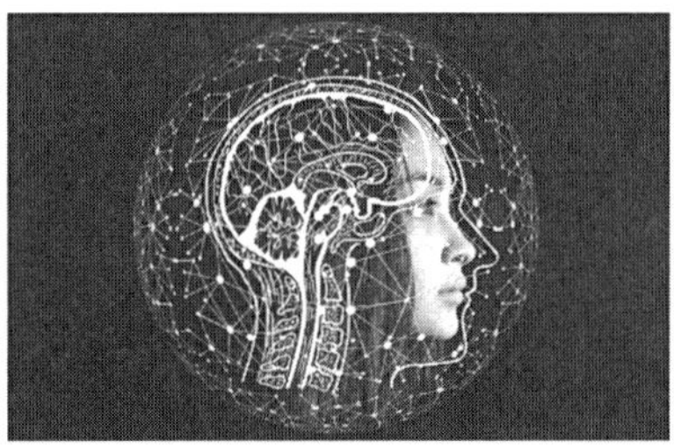

인공지능은 우리 삶의 많은 것을 바꿔 놓았다.

현재 여러 가지 기술적인 여건 혹은 물리적인 여건으로 인해서 수행할 수 없는 여러 가지 학습 활동이 가능하게 될 것이다. 예를 들어 학교 부지가 좁아서 운동장이 없는 학교의 경우 VR이나 AR을 활용하여 체육활동을 할 수가 있다. 또한 코로나19로 인해 여러 가지 외부 체험 학습 활동이 어려워 취소가 되었는데 VR이나 AR을 활용하여 체험학습을 할 수도 있다.

또한 3D 프린터와 같은 최첨단 도구를 활용하여 물건을 설계하는 것의 차원을 넘어 실제로 만들어 보고 이를 관찰하는 수업이 가능할 것이다. 이를 반영하여 많은 학교에서 메이커 교육을 위한 공간을 만들고 있다.

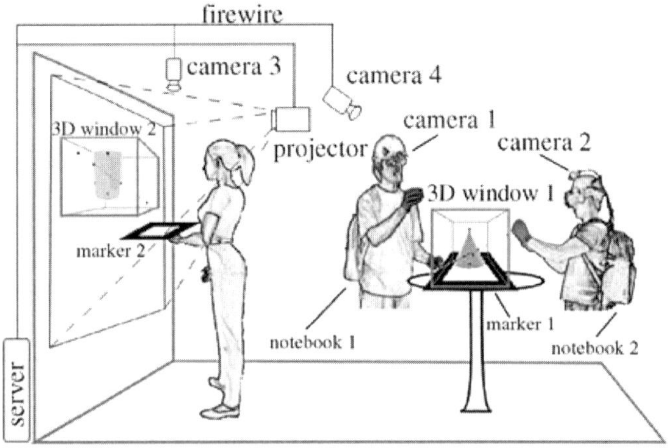

증강 현실이 장착된 교실 환경 (Kaufmann & Schmalstieg, 2003: 342)

그 다음으로는 기술의 변화로 인해 지식을 전달하는 방식이 달라질 것이다. 학생들의 입장에서 보면 예전에는 지식을 제공하는 대부분의 소스는 교사였다. 하지만 이제는 기술의 발전으로 인해서 사람들이 정보를 접하는 자원이나 루트가 거의 무한대로 늘어나서 사람들이 원하면 얼마든지 자신이 원하는 정보를 찾거나 스스로 공부를 해서 실력을 키울 수도 있게 되었다.

기술의 발전은 학생들의 평가에도 많은 변화를 일으킬 수 있다. 현재와 같은 상황에서는 학생들에게 개인적으로 평가를 하고 그에 맞는 피드백을 제공하기에 상당히 많은 한계점이 있다. 앞으로의 교육에 있어서 개별화가 가장 큰 과제라는 점을 생각해 볼 때에 인공 지능이 이러한 부분에서 많은 강점으로 활용될 수 있다. 수학을 예로 들어보면, 수학과 관련된 정답 및 오답 유형들을 인공 지능에게 딥러닝(Deep Learning)의 방법으로 학습을 하게 한다. 그런 다음 학생들이 오답이 발생하게 될 때마다 그 원인을 분석하고 그에 맞는 문제를 제공해 주는 것이다. 현재 이러한 교육서비스가 초창기 단계이기는 하지만 몇몇 플랫폼을 통해서 가능한 것으로 알고 있다.

마지막으로 학생들에게 적절한 상담을 제공할 수 있다. 상담은 여러 교사의 역할 중에서 인간의 감정이 많이 개입되는 활동이다. 하지만 이러한 상담도 인공 지능을 통해서 가능하다. 현재 의료 분야에서는 인공 지능을 활용하여 우울증이나 자살 예방을 위한 상담을 진행하고 있다. 즉 인공 지능을 통해서 특정한 증세 혹은 증상이 있는 사람들의 반응을 학습하게 하고 이에 적절한 반응을 하도록 하는 것이다. 이를 학습에 적용한다면 학생들이 왜 학업에 어려움을 겪고 있는지, 그 원인을 다각도로 분석하여 인공 지능에게 학습을 하게 한 후 개인에 맞는 맞춤별 상담이 가능하게 할 수 있을 것이다.

이제까지 살펴본 기술의 변화에 따른 교육의 변화는 이미 진행 중이다. 우리는 이 시점에서 우리가 이 기술의 변화에 맞는 학교 교육을 실시하고 있는지에 대해서 생각해 볼 필요가 있다. 과연 우리의 교육과정은 이러한 것을 반영하고 있는지, 수업과 평가는 또 어떠한 식으로 이에 반응하며 변화해야 하는지에 대해서 생각해 보아야 할 것이다.

2) 다양성의 증가

미래 사회의 교육 변화를 주도하는 또 하나의 키워드는 바로 '다양성'의 증가이다. 즉 학습자들이 요구하는 것이 많아졌다는 것이다. 이러한 다양한 요구는 학교 제도에도 많은 변화를 가져왔다. 그것이 가장 구체적으로 변화한 것이 바로 '자유학기제'와 '고교학점제'이다.

자유학기제의 경우 지난 2016년부터 시행된 제도로 처음에는 중학교에서 한 학기 정도를 시험 부담 없이 진로 탐색에 주력하도록 하는 목표에서 비롯되었다. 자유학기제가 시행이 되면서 학생들은 오전에는 교과 관련 수업을 듣고 오후에는 자신의 진로에 맞는 예술 · 체육 활동이라든가 탐구 활동 등을 할 수 있게 되었다. 하지만 이러한 활동을 시행하면서 많은 한계점에 부딪히게 되었다. 그 중에 하나가 바로 학생들로부터 나오는 다양한 요구를 충족시키는 문제였다. 학생들이 원하는 활동은 다양한데 그것을 다 만족시켜 주기에는 학교의 시설, 교사의 구성 등이 부족했으며 이를 위해 외부에서 강사를 채용하여 활용하고자 해도 수많은 행정상의 절차 등으로 인해 많은 제약이 있었다.

고등학교에서는 다양성의 요구를 받아들여 교육 시스템에 변화를 준 것이 바로 고교학점제이다. 고교학점제는 학생들이 자신이 원하는 진로에 맞게 과목을 선택하여 이수하고 일정 수준 이상으로 학점을 이수하였을 때에 졸업을 인정시켜주는 제도를 이야기한다(김정빈, 김수영, 함영기, 2017).

고교학점제의 경우 아직 시행이 되지는 않았지만 전국의 여러 학교를 선도학교로 지정하여 고교학점제가 시행이 되었을 때에 어떠한 변화가 학교에서 일어나는지를 관찰하고 있다. 이러한 관찰을 발판 삼아 현재 경기도에서는 2022년, 그리고 전국 단위에서는 2023년에 전국의 모든 고등학교를 대상으로 고교학점제를 시행하고자 계획 중에 있다.

일단 고교학점제가 시행이 되면 학교에서는 많은 변화가 일어나게 될 것이다. 가장 큰 변화는 학생들의 선택권 강화이다. 이전에는 학생들이 과목을 선택하더라도 상당히 제한적인 부분에서만 선택이 가능했었는데 고교학점제가 전면 도입이 된 이후에는 학생들은 자신의 진로에 맞는 과목을 여타 제약없이 선택을 할 수 있게 될 것이다. 이것의 기저에는 학생들의 요구가 다양해지고 앞으로 우리의 학생들이 살아갈 미래에는 한 가지 분야가 아닌 여러 가지 분야의 지식이 필요하며 이를 융합적으로 활용하는 능력이 필요하다는 생각이 깔려 있다. 즉 학습자들의 요구는 더욱 다양해질 것이고 이 다양한 요구에 부응하도록 학교는 이에 맞는 준비를 해야 할 것이다.

고교학점제의 등장은 기존의 학교 체제를 많이 변화시킬 것이다. 특별히 교육과정과 공간, 수업 및 평가에서 많은 변화를 초래하게 될 것이다. 교육과정의 경우 학생들의 요구에 맞는 수업을 개설하기 위한 많은 노력이 필요하다. 학교 안에서 학생들이 원하는 것이 개설되지 않을 때에 지역사회와 소통하고 협력하는 노력이 들 수도 있다.

공간의 측면에서 생각해 보면 고교학점제를 위해서는 수많은 공간의 재배치가 일어나야 할 수도 있으며 공간의 활용이 현재보다는 융통성 있게 작동되어야할 필요가 있다. 수업과 평가의 경우도 현재의 상태보다는 더욱 더 많이 발전하여 학생들에게 보다 초점을 맞추는 것이 필요하다.

비단 자유학기제와 고교학점제 이외에도 다양성의 요구가 늘어나는 것을 학교 현장에서 찾아볼 수 있다. 학교 현장에서 학생들의 진로를 상담하다 보면 앞으로의 미래 진로가 백이면 백 다른 분야를 희망하고 있다. 예전보다 직업의 종류와 수가 많아진 것이 원인이 될 수도 있겠지만 학생들이 이전보다 자신만의 영역을 구축하고 싶어하고 또한 이러한 것을 구축하기에 사회적인 여건들이 많이 개선되어 가고 있기 때문이다.

3) 공간의 제약 축소

미래의 교육을 결정함에 있어서 생각해 봐야 할 마지막 문제는 공간의 변화이다. 예전에 교통수단이 발달하지 않던 시대에는 한 사람이 생활하는 지역이 그렇게 크지 않았다. 어떤 사람들은 한 고장에서 태어나고 자라 그곳에서 삶을 마감하기도 했다. 하지만 이러한 공간의 제약은 교통수단의 발달과 기술의 발전으로 인해 그 장벽이 많이 무너졌다.

현재는 여러 기술의 발전으로 인해 안방에 앉아서 수많은 국가의 사람들과 화상 회의가 가능하다. 이러한 공간제약의 축소는 우리의 삶을 많이 바꿔놓고 있다. 즉 한 개인이 원하고자 하는 정보를 여러 가지 소스를 통해서 배울 수도 있고 다른 사람들과 공유를 할 수도 있다. 또한 학위를 따지 않고도 여러 가지 e-learning 컨텐츠 등을 통해서 자신이 원하는 것을 학습할 수도 있다.

이러한 공간제약의 축소는 현재 개발되고 있는 기술로 인해 더욱 더 가속화되고 있다. 인공 지능의 기술이 집약되어 삶의 많은 분야에서 공간의 제약을 뛰어넘고 시간을 더욱 효율적으로 활용할 수 있게 되었다. VR이나 AR과 같은 기술로 인해서 여행을 가지 않고도 여행지를 탐방할 수 있거나 박물관에 직접 가지 않고도 박물관의 전시물들을 보는 것이 가능해졌다.

이러한 공간제약에 대한 변화된 인식은 학교의 변화도 요구하고 있다. 과연 학교는 공간의 제약 혹은 구속력이 낮아지고 있는 시점에서 어떠한 관점을 지향해야 하는 것일까? 지금 우리가 생각하는 학교는 과연 이 공간의 제약을 스스로 지키고 있는 것인지, 아니면 이 제약을 극복하고 싶은지에 대해서 논의하고 싶다.

3. 이상한 학교

변화는 현재 체제의 장단점을 생각해 보도록 하고 이를 바탕으로 변화의 물결에 맞추어 나아가야 할 방향에 대한 담론의 장을 만들어 준다. 이 담론의 장에서 수많은 사람들의 이야기가 오가고 이를 통해 변화에 대응할 수 있는 또 하나의 모델을 만들어 낸다. 앞서 이야기한 것처럼 올해 우리는 코로나19로 인해 현재 학교 사회에 변화가 필요하다는 것을 느끼게 되었다. 이러한 변화에의 요구는 이전부터 있어 왔지만 코로나19가 기폭제가 된 것임에는 틀림이 없다.

또한 기술 변화, 다양성의 증가, 공간 제약 축소와 같은 변화의 요소들은 학교에 많은 변화들을 요구하고 있다. 우리는 이 변화의 요구에 대응하기 위한 그리고 학교의 발전적인 모습을 위한 '이상한' 학교를 제안하고자 한다. 이상한 학교는 두 가지의 의미를 지닐 수 있다.

처음은 '이상(理想)적인' 학교이다. 누구나 학교에서 생활하다 보면 '학교가 이렇게 되었으면 좋겠다.'하고 생각하던 모습이 있을 것이다. 예를 들면 모든 학생들의 요구가 다 반영이 되어 학생들이 자신이 원하는 것을 선택할 수 있다든가 혹은 학생들이 경쟁을 하기보다는 서로 협력을 하여 좋은 성과를 이루어 낸다든가 하는 식의 것들이 있다. 누가 생각하기에도 이상적인 모습이지만 이를 실현하기에는 왜 문제가 있으며 어떠한 면이 더 충족이 되어야 하는지에 대해서 논의해보고자 한다.

두 번째 의미는 '이상(異常)한' 학교이다. 즉 평범하지 않은 학교 이야기이다. 주변에서 보면 다른 학교에서 하지 않는 특별한 프로그램을 하는 학교들이 있다. 그리고 누가 보기에도 '저런 것을 왜 하지?'라고 생각이 들게 할 만큼 어렵고 힘든 일을 잘 해나가는 학교도 있다. 이런 것은 일반적인 학교에서 보면 진짜 이상한 일이다. 우리가 생각하기에 이상한 학교이지만 이런 이상한 요소들 중에서 우리가 생각해야 하는 지향점이 있을 것이다. 즉 지금 보기에는 이상(異常)하지만 앞으로는 이것이 우리들이 추구하는 이상(理想)적인 모습이 될 수도 있다. 또한 이상한 학교가 추구하는 것이 정말로 이상하지 않은 모습으로 다가올 때에 학교는 많은 변화를 한 것으로 볼 수 있을 것이다.

그럼 이런 학교에는 어떤 모습이 존재할까? 이 책을 통해서 이상한 학교에 대해서 소개하고자 한다. 가장 먼저 학교의 근간을 이루는 교육과정부터 시작해서 수업과 평가, 구성원, 공간, 활동에 대해서 논의할 것이다. 이상한 학교에서는 교육과정이 어떤지, 그리고 수업과 평가는 어떻게 이루어지는지, 어떠한 공간에서 생활하며 무슨 활동을 하는지를 소개할 것이다. 이런 학교에서는 이런 활동이 이루어지고 이러한 공간에서 이렇게 활동하면서 지내는지 일종의 관찰자로서 지켜보게 될 것이다. 그리고 이러한 이상한 학교에서 배우고 자란 학생들이 사회에 나갔을 때에 현재 사회를 어떻게 '이상한(ideal) 사회'로 만들지도 논의할 것이다.

항상 변화는 우리들에게 있어 성장을 추구하도록 하며 현재를 바라보도록 한다. 현재에 대한 관찰과 고민은 조금 더 나은 미래에 대한 소망과 기대를 통해 구체화된다. 우리도 이제 이상한 학교를 통해 조금 더 나은 학교, 조금 더 나은 사회를 희망해 보자.

CHAPTER

02 이상한 교육과정

1. 교육과정이란?

1) 교육과정의 개념

학교에서 무엇을 배우는가? 배운 것을 토대로 무엇을 할 수 있는가? 이러한 질문에 답하기 위해서 다음 사례에 대해 고민해보자. 대학교를 9년 다닌 A와 학부, 석사, 박사과정을 통틀어 9년 동안 학교에 다닌 B 중 가방끈이 긴 사람은 누구일까? 질문이 너무 쉬웠나 보다. 직관적으로 모두 B라고 말할 것이니 말이다. 소위 가방끈은 '학력(學歷)'을 말한다. 단순한 이력이 아닌 초등학교, 중학교, 고등학교, 대학교를 졸업했을 때 그 사람이 지니게 될 역량을 기대한다면 오히려 '학력(學力)'이 더 적합할 것이다. 학력(學歷)이 학교라는 교육기관을 거쳐온 일종의 이력서라면, 학력(學力)은 학교에서 배운 것을 바탕으로 무엇인가를 성취할 수 있는 역량을 나타내는 지표, 즉 자격증이라고 보아야 할 것이다. 이러한 두 종류의 학력과 밀접한 관련이 있는 것이 바로 교육과정이다. 교육과정을 제대로 알아야만 무엇을 배우는지, 무엇을 할 수 있는지를 명확하게 파악할 수 있다.

교육과정에 대한 정의(定義)는 집단과 개인에 따라 다양하지만, 일반적인 견해는 실제적인 입장과 이론적 입장으로 구분된다. 우선 실제적 입장으로 교육과정을 '학교에서 배우게 될 교과들의 목록(course of study)'로 보는 입장과 '단순한 교과목록이 아닌 학습경험'으로 보는 입장이 있다. 전자는 학교와 교사를 중심으로 학생들이 학습해야 할 지식을 전달해주어야 한다는 것이고, 후자는 학생의 관점에서 학생의 성장을 위한 가치 있는 경험이 주어져야 한다는 것이다. 또한, 교육과정을 '문서상의 교육계획'으로도 볼 수 있다. '교육목적을 달성하기 위한 교육 목표와 내용에 대한 계획'으로 규정한다. 이러한 교육과정은 단위 학교에서 벌이는 수업 및 평가의 전략과 기준에 영향을 미쳐 학생의 변화라는 궁극적인 교육목적을 이루는 데 도움을 주도록 계획된다.

다음으로 이론적 입장을 살펴보자. 교육과정(curriculum)의 어원은 라틴어 쿠레레(currere)로 말이 경주로를 달린다는 의미이다. 재개념주의자 파이너(Pinar)는 쿠레레의 '달리다'라는 의미에 주목하여 사람들이 자신의 삶에서 반추하고, 자신을 성장시키는 '과정'이 교육과정에 반영되어야 한다고 주장했다. 이와 같이 교육과정을 쿠레레로 이해하기 위해서 학습자 자신의 경험을 토대로 한 자서전적인 방법이 필요하다고 하였다. 교육과정의 개념에 대한 다양한 입장을 표로 나타내면 다음과 같다.

교육과정의 개념			
실제적 입장			이론적 입장
교육내용	학습경험	문서상의 계획	재개념주의

2) 교육과정과 인간상

교육과정은 학생이 경험하는 총체 또는 학교가 제공하는 경험의 총체라는 광의의 의미로 정의된다. 국가 수준의 교육과정에 근거하여 편성 · 운영하는 각급 학교의 교육과정은 단순히 교육 목표와 내용만을 의미하는 것이 아니라, 학습자의 '교육 경험의 질'을 관리하는 구체적인 교육 프로그램을 계획하는 것을 포함하는 개념이다. 교육 프로그램은 목표와 내용, 방법,

평가, 운영 방식 등을 중심으로 구성되며, 이러한 구성 요소에 영향을 주는 제 요인이 관련된다. 이것은 교육과정을 통해서 개인의 성장과 사회의 발달을 고루 실현할 수 있는 계획과 실천이 이루어져야 한다는 뜻이다. 현대 사회에서 요구되는 혁신적 인간, 창의적 인간, 융합형 인재 등은 미래 핵심역량으로 구현되기를 의도한다.

교육의 목적이 무엇인가? 이 질문에 답하려면 교육적 인간상에 관한 탐구가 필요하다. 교육과정이 단순하게 교육내용의 보따리쯤으로 치부되어야 할 것이 아니라, 왜 이러한 내용으로 구성되었는지 그 이유와 목적에 대한 이해가 선행되어야 한다. 우리나라는 교육의 목적을 「교육기본법」 제2조의 교육이념으로 규정하고 있다.

교육기본법 제2조(교육이념) : 교육은 홍익인간의 이념 아래 모든 국민으로 하여금 인격을 도야하고 자주적 생활 능력과 민주시민으로서의 자질을 갖추게 하여 인간다운 삶을 영위하게 하고 민주 국가의 발전과 인류 공영의 이상을 실현하는 데 이바지하게 함을 목적으로 한다.

교육목적은 고등학교 이하 교육기관의 국가 수준 교육과정을 구성하는 핵심가치가 된다. 국가 수준 교육과정 문서 맨 앞에 제시된 '추구하는 인간상' 또한 교육의 목적을 드러낸다. 교육과정에서 추구하는 인간상이 바로 교육적 인간상이다. 교육적 인간상은 '인간이란 어떤 존재이며, 어떤 모습으로 될 수 있는가?'라는 물음에 답하는 '인간의 자기 자신에 대한 의식'을 전제로 수립되는 교육의 목표이다(양은주, 2001). 교육적 인간상은 학생들이 도달해야 할 궁극적 목표이기 때문에 학생이 교육 현실에서 갖추어야 할 능력과 태도 등이 무엇인지 구체적으로 드러난다. 2015 개정 교육과정의 교육적 인간상인 '추구하는 인간상'을 살피면 다음과 같다.

교육과정	추구하는 인간상	비고
2015 개정 교육 과정	2015 개정 교육과정에서는 「교육기본법」 제2조에 근거를 두고 추구하는 인간상을 다음과 같이 제시하고 있다. – 전인적 성장을 바탕으로 자아정체성을 확립하고 자신의 진로와 삶을 개척하는 자주적인 사람 – 기초 능력의 바탕 위에 다양한 발상과 도전으로 새로운 것을 창출하는 창의적인 사람 – 문화적 소양과 다원적 가치에 대한 이해를 바탕으로 인류 문화를 향유하고 발전시키는 교양 있는 사람 – 공동체 의식을 가지고 세계와 소통하는 민주 시민으로서 배려와 나눔을 실천하는 더불어 사는 사람	

교육적 인간상을 통해 교육의 목적이 학생 개인의 지성과 정서 능력의 개발, 사회적 가치의 함양, 행복추구를 통한 자아실현 등임을 알 수 있다. 교육목적의 추상성으로 인해 수업 현장의 구체성을 충족시킬 만한 근거를 찾기 어려울 수도 있다. 그러나 교육적 인간상은 교육의 큰 방향을 제시하며, 교육과정과 수업 그리고 현장에서의 모든 교육활동이 지향해야 할 가치를 내포하고 있다고 보아야 할 것이다.

3) 교육과정의 수준

교육과정은 그 수준에 따라서 국가 수준 교육과정, 지역 수준 교육과정, 학교 수준 교육과정으로 구성되었으나 최근에 '교육과정 재구성'의 유행과 더불어 교사 수준의 교육과정이 주목받고 있다. 국가 수준의 교육과정은 교육에 대한 국가의 의도를 담은 문서를 말한다. '2015 개정교육과정'처럼 국가 수준의 교육과정은 국가의 교육목적, 내용 기준, 학생의 성취기준, 운영기준 등이 포함되어 있다. 국가 수준 교육과정의 대강화 지침에 따라 필수적인 최소한의 기준만을 담고 있다. 지역 수준 교육과정은 교육에 대한 지역 교육청의 의도를 담은 문서이다. 지역의 특성과 여러 가지 여건 등을 고려하여 국가 수준 교육과정을 지역 현실에 맞게 조정한 뒤 학교 교육과정으로 부드럽게 연결하는 역할을 담당한다. 학교 수준 교육과정은 학부모와 학생의 특성을 분석하여 교육에 대한 학교의 의도를 가진 문서라 볼 수 있다. 이러한 학교 수준 교육과정은 교육의 목표, 교육내용, 수업 방법 및 평가 등으로 이루어진다. 마지막으로 교사 수준 교육과정은 국가 · 지역 수준의 교육과정을 기준과 지침으로 학교 수준 교육과정에서 제시하는 요구 및 환경 등을 반영하여 단위 학급(학년)별로 편성 · 운영되는 실천 중심 교육과정을 말한다. 교사 수준 교육과정은 교실 현장의 복잡성과 맥락성에 따라 교사의 교육철학이 반영된 교육과정을 능동적으로 편성 · 운영하는 것을 말한다. 이는 4차 산업사회로의 변화에 학교현장이 신속하게 대응하기 위해 교사의 교육과정 재구성 역량 함량에 주목하고 있음을 뜻한다.

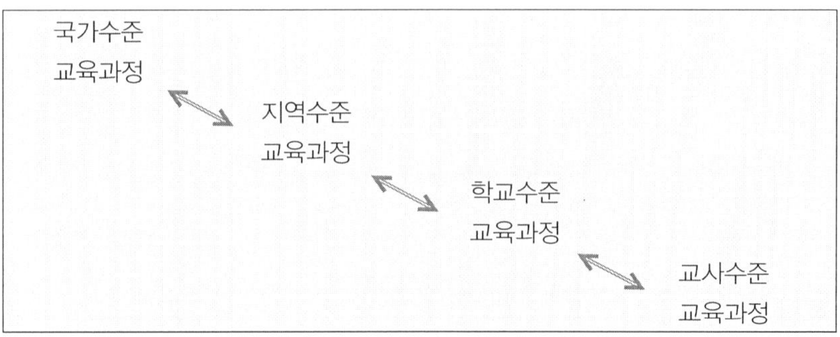

4) 교육과정 재구성

교육과정을 재구성해야 한다는 구호는 최근에 유행하기 시작했다. 교육과정이라고 하면 국가 · 지역 수준의 교육과정으로 한정하여 현장과 유리된 문서상의 계획만으로 오해했던 시절이 있었다. 그러나 이제는 급변하는 세상에 발맞추어 교사를 주축으로 한 교육과정 재구성의 과제가 요청되고 있다. 이러한 교육과정 재구성은 구체적으로 어떠한 의미를 지니고 있는지 살펴볼 필요가 있다.

교육과정 재구성에 관한 최근의 연구 동향을 분석하면 그 개념적 특징은 다섯 가지로 정리된다. 첫째, 교육과정 재구성의 주체는 실제로 교육과정을 실행하는 교사라는 점이다. 둘째, 교육과정 재구성의 대상은 교과서를 포함한 국가, 지역 수준의 교육과정이라는 점이다. 셋째, 교육과정 재구성의 이유는 학생과 학교의 특성에 대한 현실적인 적합성 제고, 학생의 학습 과정 및 교수 · 학습 방법의 효과성 제고를 위함이다. 넷째, 교육과정 재구성의 실제적 실천은 국가 및 지역 수준 교육과정과 교과서에 대한 전문적 판단을 토대로 계획, 수정되는 것을 말한다. 다섯째, 교육과정 재구성의 여건은 교육과정 실행자의 교육과정 재구성 권한 부여에서 시작된다. 이러한 교육과정 재구성 개념적 특징을 종합하면 교육과정 재구성이란 '교육과정 실천자가 학생과 학교의 특성, 현실적인 제반 상황, 학생들의 교수학습과정, 교수 · 학습의 효과 제고 등을 위해 국가 및 지역 수준의 교육과정과 교과서를 전문적 판단을 토대로 계획, 수정, 보완, 통합하는 것'이라고 볼 수 있다. 교육과정 재구성은 교사에게 교육활동의 주체로서의 적극적인 권한을 부여하고, 교육활동 수행자의 책임감을 요구하고 있음을 알 수 있다.

그렇다면 이러한 교육과정 재구성을 해야 할 이유는 무엇인가? 교육과정 재구성의 의미를 바탕으로 필요성을 말해보면 다음과 같다. 첫째, 획일적이고 중앙 집중적인 교육과정 결정을 벗어나기 위해서이다. 이는 국가 수준의 교육과정을 비판 없이 수용하여 지역, 학교의 특성을 고려하지 못한 교육과정이 운영되어 온 것에 대한 반성적 접근이다. 둘째, 적합한 교육과정 내용을 확보하기 위함이다. 학생들의 실제 문제 상황에 알맞게 교육과정을 재구성한다면 학습 의지를 높일 수 있을 것이다. 셋째, 교육과정에 대한 교사의 관심과 역량을 촉진하기 위함이다. 의미 있는 수업을 위해서 교사는 수업의 목표, 내용의 구성 방식, 수업 방법, 평가를 재고해야 한다. 이러한 교실

현장의 고민에 대한 이해와 교류가 발생하고, 독창적인 교육과정 구성과 운영이 가능해질 것이다.

2. 이상(理想)한 교육과정

교사들이 주도한 교육과정 재구성의 사례로 어느 고등학교 교육과정 운영을 통해서 이상적인 교육과정의 면모를 살펴보고자 한다.

1) 이상(理想)적 교육과정 사례: 일이관지(一以貫之) 프로젝트

고등학교 2학년 부장 교사인 Y는 프로젝트 수업을 구상하였다. 모든 학생이 공통적으로 경험할 수 있는 프로그램으로 적합한 것은 없을까? 기존의 프로젝트 수업은 학교나 교사가 학생에게 큰 주제를 지정하여 발표 보고서를 작성하게끔 하지만, 학생들 수만큼 다양한 인생과 적성을 고려하여 다채롭게 구현할 방법은 없을까? 또한, 수업과 수업 사이의 교량을 만드는 방도는 없을까? 아이들의 학습량을 줄이고, 교사로서 동지애를 느끼고 싶은데 그 묘안은 없는 것일까? 고등학교에서 학생과 교사의 성장을 맛보고 싶은 Y 교사는 문득 공자가 설파한 '일이관지'라는 내용이 떠올랐다. 일이관지는 모든 것을 꿰뚫는 하나의 진리를 일컫는다. 공자가 말한 일이관지를 그의 제자 증자는 '충(忠)'과 '서(恕)'라고 기막히게 풀이했다.

그렇다면 앞서 말한 모든 염원을 꿰뚫는 진리는 무엇일까? 그것은 바로 '수업 간 연결 짓기' 일 것이다. 낱개의 수업만을 지극 정성으로 분석하고, 공유하는 개체론의 틀에서 벗어나, 수업을 아이들의 삶을 중심으로 재구조화하는 것. 그것이 바로 공자가 말했던 일이관지의 참뜻을 교육과정과 수업에 적용한 모습일 것이다. 새로운 도전에 살짝 들뜬 마음으로 Y 교사는 '일이관지 프로젝트'를 구상해보았다. 이왕이면 학생들이 주제를 선정하여,

다수의 과목에서 수행평가로 실시하는 것은 어떨까 하는 무모한 생각을 구체화하기로 마음먹었다. 그래서 Y 교사는 일이관지 프로젝트라고 하여 그 뜻을 '학기별로 다수의 과목 수행평가를 특정 주제 혹은 학생이 선정한 하나의 주제로 실시하여, 학생들의 학업역량을 성장시키고 성장내용을 유기적으로 기록'하는 것이라고 정의하였다. Y 교사는 일이관지 프로젝트를 통해서 학생의 자기주도적 학습 역량을 극대화하고, 학생이 직접 선정한 주제에 대한 과목별 다양한 수행평가 활동을 펼치게 하여 창의 · 인성 능력과 의사소통 능력을 향상하고자 하였다. 이러한 새로운 시도를 통해서 교육의 공공적 가치가 학생들의 교실 환경에서 이루어지기를 기대한 것이다.

2) 프로젝트 수업의 유형

	프로젝트법 (Project Method)	프로젝트 기반 학습 (Project Based Learning)	프로젝트 수행법 (Performing Project Method)
개념	프로젝트 성격의 학습 방법	프로젝트를 통해 공부하도록 설계된 학습 방법	실제 프로젝트를 수행하는 방법
성격	프로젝트를 통한 학습		프로젝트를 통한 학습 프로젝트에 대한 학습
교사	안내자	설계자 / 안내자	연구 책임자
학생	설계자 / 참여자	참여자	공동 연구자
성과	연구 보고서 / 작품(포트폴리오)		논문 / 특허 / 시연

*출처: 우치갑 외 12명(2020), 과정중심평가를 위한 프로젝트 수업

보통 프로젝트 수업은 위의 3가지로 이해된다. 일이관지 프로젝트는 '프로젝트법'과 '프로젝트 기반 학습'의 두 가지 성격을 모두 지닌다. 학생이 교육과정을 분석하여, 화두어에 따라 자신의 진로에 부합하는 개인 소주

제를 선정하는 방식으로, 학생의 자율적인 탐구 활동에 기반하여 진행되기 때문이다. 학생의 소주제 선정 과정과 과목별 모둠 활동 시 담당교사의 지속적인 피드백과 조언이 필요한 것도 바로 이 때문이다.

그리고 고등학교 2학년 선택 과목을 중심으로 운영되기 때문에 '교사 수준의 교육과정'의 한 유형이라고 볼 수 있다. 앞서 설명하였던 교사 수준의 교육과정은 학년 단위로 교육과정을 재구성하는 것도 포함되어 있었다. 학생들이 선택한 과목에 따라 일이관지 프로젝트의 개인별 주제는 달라질 것이다. 또한, 과목별 수행평가를 중첩되게 운영하는 것을 통해 융합형 교육과정의 초기 단계의 모습을 드러내기도 한다. 한 학기 동안 지속적으로 운영될 것이기 때문에 프로젝트 수업법의 형식이라 볼 수 있고, 학생이 선정한 주제에 따라 과목별 수행평가에 참여한다는 맥락에서 융합형 교육과정의 초기 모형으로 이해될 수 있는 것이다.

또한, 고등학교 교육과정 편성 운영 지침에 '범교과 학습' 주제를 교과와 창의적 체험활동을 통해서 다루라고 안내하고 있다. 범교과 학습은 곧 일이관지 프로젝트 수업이 지향하는 '학생 주도의 주제선정'과 맞닿아 있다. 일이관지 프로젝트는 학생들이 교과와 비교과 등의 다양한 교육활동을 통하여 자신의 진로를 탐색할 계기를 마련하고, 복합적 사고 능력과 자기주도적 학습 능력을 함양시키는 데 큰 도움을 줄 것으로 예상되기 때문이다. 범교과 학습을 비롯한 프로젝트 수업의 근본적인 목표가 수업 간의 긴밀한 연결고리 제공을 통한 학생들의 심층적인 사고력 발달이라는 점에서 일이관지 프로젝트는 적합한 모형일 것이다.

3) 수업들을 묶어야 하는 이유

수업 간 잇기를 위해 Y 교사가 고민한 화두는 '성장'과 '강제성' 그리고 '보편성'이다. 교사 수 만큼 다양한 수업이 존재하기에 저마다의 특성이 반영된 수업을 한 가지로 묶는다는 것은 결코 쉬운 일이 아니다. 특히, 입시 위주의 대한민국 고등학교 현장에서 어설픈 교과 간 프로젝트는 구성원의 불화를 초래할 수 있기 때문이다.

첫 번째로 제시한 '성장'은 두 가지 의미를 지닌다. 본질적인 성장과 표면적인 성장이 바로 그것이다. 본질적인 성장은 교육적 가치로 무장되어 교육 주체들의 심장 박동을 촉진 시킨다. 단일한 수업의 틀에서 벗어나, 다양한 과목에서 자신이 선택한 주제에 따라 과제를 수행하는 아이들의 모습을 상상해보라. 한 가지의 현상을 다양한 이론의 관점에서 이해하고 숙고하는 기회를, 교실 현장에서 직접 제공한다고 생각해보라. 이 얼마나 고무되는 일인가? 그러나 이러한 본질적인 성장의 논거는 Y 교사를 '유교맨'으로 보이게 할 것이다. 즉, 자유로운 영혼을 가진 교사들은 그렇게 생각하지 않을 것이기 때문에 그들을 설득하기 어렵다는 것이다. 그래서 표면적인 성장의 논거가 필요하다. 표면적인 성장은 이러한 일이관지 프로젝트로 인해 아이들이 좀 더 나은 '입시 결과'를 산출할 수 있음을 말한다. Y 교사는 다른 교사를 설득할 때 가장 효과적인 방법이 바로 '입시 결과'임을 알게 되었다.

다음으로 '강제성'과 '보편성'은 함께 설명할 필요가 있겠다. 강제성은 수업들의 꼬리를 묶는 것이고, 보편성은 교실 현장에서 단 한 명도 예외 없이 활동에 참여하는 것을 말한다. '프로젝트 수행법을 위한 융합 교육과정의 설계(2010)'라는 연구자료에서 교과 간 프로젝트를 통해서 '화차(火車)'를 제작한 학생들의 놀라운 성과가 두드러진다. 그러나 아쉬운 사실은, 소수의 우수한 아이들을 중심으로 이야기가 진행된다는 것이다. '공학 프로젝트반'의 우수한 아이들의 성취만 주목받는다면, 나머지 아이들의 학습과 고민은 어떻게 책임져야 할까? 모든 아이의 학습 동기를 고취하고, 저마다 문제의식을 느낀 탐구 활동을 하도록 해야 하지 않을까? 그리하여 Y 교사는 교육 성취의 보편성을 위해서 '교과 간 수행평가 주제를 연결짓기'라는 강제성을 도입하고자 했다.

4) 구체적으로 어떻게 운영하는가?

(1) 과목별 그룹

2학년 1학기 한국지리, 경제, 화학 Ⅰ, 생명과학 Ⅰ, 문학, 영어 Ⅰ 과목의 수행평가 계획에 '일이관지 수행평가 요소'를 적정 수준으로 반영하도록 하였다. 탐구선택 2과목(과목 Ⅰ 그룹)의 성취기준, 교과 핵심역량, 교과 내용 등을 분석하여 학생들이 자신의 진로에 부합하는 소주제를 선정할 수 있도록 지도하였다.

과목	과목 Ⅰ 그룹				과목 Ⅱ 그룹	
	한국지리	경제	화학 Ⅰ	생명과학 Ⅰ	문학	영어 Ⅰ
담당 교사	김**	서**	신**	이**, 한**	남**	김**

창체융합 수업(1반~7반)과 자기이해 수업(8반, 9반)을 활용하여 일이관지 프로젝트의 학생 개별 주제 선정 및 교육과정 분석을 하도록 하였다.

창체융합 수업 및 자기이해 수업 시간에 학생들이 탐구할 주제를 2학년 사회, 과학 탐구 과목 교육과정 범위 내에서 선택하게 하고, 과목별 수행평가에 맞추어 심화한 주제 탐구 학습을 할 수 있도록 하였다. 학생이 선택한 주제에 맞추어 과목별 연계성을 고려한 프로젝트형 수업을 통하여 협동심 및 자기주도적 탐구 능력을 향상하도록 문제 해결 중심의 수업을 적용하여 실시하도록 하였다. 그리고 코로나19로 인한 온라인 학습을 대비하여, 구글 G-Suite 클래스룸을 반별로 활용하여, 학생들의 과제를 포트폴리오로 저장 및 관리하여 학생들의 성장 과정을 일목요연하게 파악하도록 하였다.

(2) 일정 로드맵

<table>
<tr><th>2월, 3월</th><th>3월</th><th>3월, 4월</th><th>4월, 5월</th><th>6월, 7월</th><th>8월</th></tr>
<tr><td rowspan="3">일이관지
프로젝트
교육과정
교사모임
구성</td><td rowspan="3">일이관지
프로젝트
교육과정
편성</td><td rowspan="3">과목별
수행평가
반영</td><td colspan="2">–융합수업 실시(1반~7반)
–진로자기이해 수업 실시(8반,9반)</td><td rowspan="3">일이관지
프로젝트
발표</td></tr>
<tr><td>학생 주제 선정</td><td>주제 발표 준비</td></tr>
<tr><td colspan="2">구글 클래스룸 운영</td></tr>
</table>

(3) 창체융합 수업 및 자기이해 수업

창체융합 수업 및 자기이해 수업을 매주 1시간씩 총 14간을 주제 선정, 주제별 토의, 자료 준비 시간으로 활용하였다.

<table>
<tr><th></th><th>차시별 수업 주제</th><th>비고</th></tr>
<tr><td>4.16</td><td>*일이관지 프로젝트 융합 교육 소개, 연구방법론 소개
과목별 수행평가 방식 안내, 학생별 개인 주제 선정을 위한 준비 안내</td><td rowspan="3"> 온라인 개학으로 인한 영상 강의 제공 (클래스룸에 학생 개인 과제 제출하게 함)</td></tr>
<tr><td>4.23</td><td>*탐구과목별 탐구주제 안내
*학생별 개인 주제 선정 작업</td></tr>
<tr><td>5.7</td><td>*학생별 개인 주제 선정</td></tr>
<tr><td>5.14</td><td>*학생별 개인 주제 선정
유사 주제별 모둠 토의 후 자신의 주제 구체화하기</td><td> 구글클래스룸에 학생 개인 과제 제출하게 함</td></tr>
</table>

5.21	*학생별 개인 주제 심화하기 *학생별 개인 주제를 과목별 수행평가 과제와 연결짓기	
5.28	*학생별 개인 주제 심화하기 *학생별 개인 주제를 과목별 수행평가 과제와 연결짓기	
6.4	*학생별 개인 주제 심화하기 *학생별 개인 주제를 과목별 수행평가 과제와 연결짓기	
6.11	*학생별 개인 주제 심화하기 *학생별 개인 주제를 화학1 과목의 수행평가와 연결짓기	
6.18	*학생별 개인 주제 심화하기 *학생별 개인 주제를 생명과학1 과목의 수행평가와 연결짓기	
7.2	*학생별 개인 주제 심화하기 *학생별 개인 주제를 경제 과목의 수행평가와 연결짓기	
7.9	*학생별 개인 주제 심화하기 *학생별 개인 주제를 한국지리 과목의 수행평가와 연결짓기	
7.16	*학생별 개인 주제 심화하기 *학생별 개인 주제를 영어 과목의 수행평가와 연결짓기	
7.23	*학생별 개인 주제에 대한 과목별 수행평가 내용 정리하기	
8.6	*학생별 개인 주제 전시 준비	
합계	총 14시간	

(4) 과목별 수행평가

과목별 교사와 긴밀하게 소통하여 학생들이 선정한 주제를 각 과목의 특징에 부합하게 표현할 수 있도록 지원하였다. 문학, 영어Ⅰ, 한국지리, 경제, 화학Ⅰ, 생명과학Ⅰ 등 6개 과목에서 적정 시간을 확보하여 수행평가를 실시하도록 하였다. 일이관지 프로젝트와 관련된 과목별 수행평가 방식은 아래와 같다.

<table>
<tr><td>과목</td><td>문학</td><td>영어 I</td></tr>
<tr><td>평가
방식</td><td>학생별 관심 문제의식을 담은 한 권의 책을 선정하여 책 탐구 발표 수행 실시</td><td>학생별 개인 주제 선정 및 조사를 통한 리플릿 제작하기</td></tr>
<tr><td>수행
평가
방법</td><td><table><tr><td>영역</td><td>책 탐구 발표(일이관지)</td></tr><tr><td>배점</td><td>100점</td></tr><tr><td>반영
비율</td><td>30%</td></tr><tr><td>시기</td><td>5월 ~ 7월</td></tr></table></td><td><table><tr><td>영역</td><td>일이관지 프로젝트</td></tr><tr><td>배점</td><td>100점</td></tr><tr><td>반영
비율</td><td>30%</td></tr><tr><td>시기</td><td>5월 ~ 7월</td></tr></table></td></tr>
</table>

<table>
<tr><td>과목</td><td>생명과학 I</td><td>화학 I</td></tr>
<tr><td>평가
방식</td><td>생명과학 관련 주제를 스스로 선택하고, 주제 관련 내용에 대해 페임랩 원고 작성 및 발표</td><td>화학 I 교육과정의 주요 내용 중 학생들이 주제를 선택하여 관련 내용에 대한 자료를 조사하고 발표함</td></tr>
<tr><td>수행
평가
방법</td><td><table><tr><td>영역</td><td>일이관지 프로젝트</td></tr><tr><td>배점</td><td>100점</td></tr><tr><td>반영
비율</td><td>15%</td></tr><tr><td>시기</td><td>5월 ~ 7월</td></tr></table></td><td><table><tr><td>영역</td><td>일이관지 프로젝트</td></tr><tr><td>배점</td><td>100점</td></tr><tr><td>반영
비율</td><td>10%</td></tr><tr><td>시기</td><td>5월 ~ 7월</td></tr></table></td></tr>
</table>

<table>
<tr><td>과목</td><td>경제</td><td>한국지리</td></tr>
<tr><td>평가
방식</td><td>일이관지 프로젝트 수업시간에 실시한 경제영역 활동 기록지 정리 및 발표</td><td>일이관지 프로젝트 활동 후 프로젝트 보고서 제출 및 발표</td></tr>
<tr><td>수행
평가
방법</td><td><table><tr><td>영역</td><td>일이관지 프로젝트</td></tr><tr><td>배점</td><td>100점</td></tr><tr><td>반영
비율</td><td>10%</td></tr><tr><td>시기</td><td>6월 ~ 7월</td></tr></table></td><td><table><tr><td>영역</td><td>일이관지 프로젝트</td></tr><tr><td>배점</td><td>100점</td></tr><tr><td>반영
비율</td><td>20%</td></tr><tr><td>시기</td><td>5월 ~ 7월</td></tr></table></td></tr>
</table>

5) 학생 활동의 결과

(1) 수행평가 발표 모습

<table>
<tr><td>담당
교사</td><td>이**, 한**</td><td>일시</td><td>*월 *일</td></tr>
<tr><td>수업</td><td colspan="3">생명과학Ⅰ 수행평가</td></tr>
<tr><td>사진
파일</td><td colspan="3"></td></tr>
</table>

사진 파일	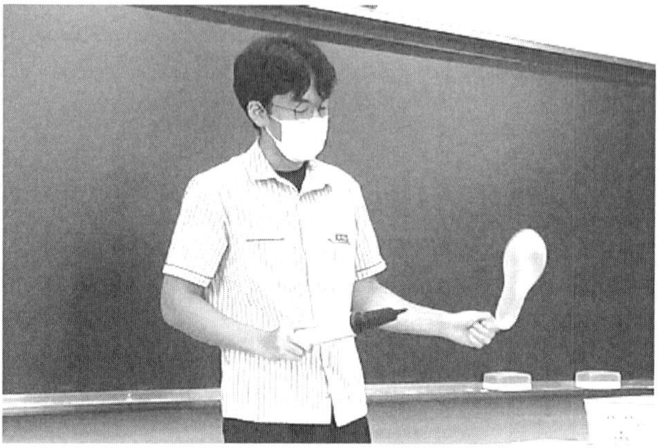
사진 설명	생명과학1 교과서 내에 있는 내용 중 자신이 고른 주제에 대해 탐색하고 제한된 시간 안에 자신의 연구 활동을 소품을 활용하여 발표하는 모습임. 1. 생물의 진화 과정을 구체적인 사례를 제시하여 발표하는 모습 2. 박테리오파지가 세균을 터트려 죽이는 모습을 풍선에 비유하여 발표하는 모습

담당 교사	신**	일시	*월 *일(*교시) *월 *일(*교시)
수업	일이관지 프로젝트(화학)수행평가 학생 발표		
사진 파일			

사진 파일	 
사진 설명	일이관지 프로젝트로 학생들이 화학에 관련된 10가지 주제 중 하나를 선택하여 자료를 준비하고 자신의 진로와의 연관성, 다른 교과목과의 연계에 대하여 발표하는 활동을 수행함.

(2) 학생별 과목 세부능력 및 특기사항 기록 내용

① *A 학생*

선택과목 : 생명과학 Ⅰ + 화학 Ⅰ + 문학 + 영어
〈생명과학 Ⅰ〉 평소 관심이 많던 G단백질 연계 신호전달 과정을 친구들이 쉽게 이해할 수 있도록 일이관지를 수행평가로 발표함. 발표하는 능력이 뛰어남. 근수축의 과정에서 ATP가 사용되는 데 필요한 아세틸콜린의 분비 과정, 무스카린성 아세틸콜린 수용체와 니코틴성 아세틸콜린의 차이..(후략)
〈화학 Ⅰ〉 일이관지 프로젝트에서 코로나19의 치료제 진행에 대하여 친구들에게 적극적으로 프레젠테이션하며 뛰어난 과학적 의사소통능력을 보여주고, 백신이 생성되는 과정에서 생명과학에서 배운 바이러스의 비생명적 특성과 증식과정을 연관하여 조사하는 활동을 수행함.

〈문학〉 책 탐구 발표 수행평가(일이관지)에서 유네스코 키즈로 국제기구를 방문한 후 신약개발연구원의 꿈을 키웠고, '인보사' 사건을 보며 제약회사의 이윤추구와 윤리의식 문제에 관심을 두고 있어 '마취(김유명)'를 찾아 읽고, 이윤추구를 위해 윤리의식을 저버린 제약회사가 사회에 주는 악영향에 대해 인식하고..(후략).
〈영어〉 일이관지 프로젝트를 통해 'New Drug Development Process of COVID-19'이라는 주제로 리플릿을 만들어 봄.

① *B 학생*

선택과목 : 경제 + 한국지리+ 문학 + 영어
〈경제〉 교과 간 융합적 주제 탐구식 교육과정의 하나로 실시한 일이관지 프로젝트에서 '통일을 전제로 한 미래의 한국 경제 성장'을 주제로 하여 축소된 군 병력을 생산 가능 인구로 활용, 유라시아 운송로 개발을 통해 새로운 물류시스템을 갖춰 국가 경쟁력 강화.. (후략)
〈한국지리〉 일이관지 프로젝트에서 우리나라의 경제 성장 과정과 우리나라와 북한의 차이점을 파악하고 더불어 우리나라의 경제 성장으로 생긴 문제점을 정확히 파악하여 남북통일 이후 생겨날 문제점을 예상하여..(후략)
〈문학〉 책 탐구 발표 수행평가(일이관지)에서 배웠던 인플레이션에 관심이 생겨 인플레이션(하노 벡 외)'을 찾아 읽고 교묘하게 인플레이션을 이용해 양극화가 심해지는 문제를 인식하고 ..(후략)
〈영어〉 일이관지 프로젝트를 통해 'The Economic Benefits of the Unification of the North and South Korea' 에 대해 조사하여 영어 리플릿을 만들어 봄.

학생 스스로가 선정한 주제를 각 과목의 교육과정과 연계하여 관련 내용을 조사 및 탐구하는 활동을 통해서 심층적 지식으로 내면화할 수 있게 되었다. 자신이 선정한 주제이기 때문에 흥미와 몰입도가 상당히 높고, 하나의 주제에 대한 다양한 내용을 토의토론을 통해서 파악하게 되었다. 학생이 선택한 하나의 주제로 수행평가를 실시하기 때문에 수행평가 준비 부담이 줄어들었다. 또한, 하나의 주제로 학생부를 꿰뚫기 때문에 학생부 자체에 대한 신뢰도와 매력도가 상승하였다. 마지막으로 일이관지 프로젝트 융합교육을 운영함으로써 학생의 '전공 적합성', '학업역량', '발전 가능성' 등이 유기적으로 드러나게 되었다.

3. 이상(異常)한 교육과정

1) 두 학생의 이야기

일이관지 프로젝트를 실제 경험한 학생 두 명의 사례를 상황에 맞게 각색하였다.

〈A 학생〉

나는 교도관이 되고 싶은 평범한 학생이다. 가진 꿈에 비해 내신 성적이 받쳐 주지 못해서 속상하지만 4교시 마치고 달려갈 급식소를 생각하니 마음이 편안해진다. 우리 학년부터 교육과정이 바뀌어서 선택 과목에 따라 반 아이들의 구성이 많이 달라져 수업시간마다 교실을 옮겨 다니는 것이 학기 초에 좀처럼 적응되지 않았다. 지금은 과목별 이동수업에 적응되어서 괜찮다. 2학년 1학기 탐구과목으로 한국지리, 경제를 2학기에는 생활과윤리, 지구과학 I 를 선택했다. 1학기에 과목 융합형 일이관지 프로젝트를 한 것을 떠올려 보았다. 무엇을 했는지 잘 기억나지는 않지만 작성한 개인 기록지를 살펴보니 무언가를 많이 하기는 한 것 같다. 한국지리와 경제 과목의 내용 요소 중에서 탐구 주제를 선택해야 하는데, 별로 관심 가는 분야가 없었다. 그래서 주제를 선정해야 할 창체 융합

시간에 스마트 폰으로 주제를 찾는 척하면서 다른 정보를 검색하곤 했다. 솔직히 말한다면, 일이관지 프로젝트를 어떻게 하는지 처음에는 잘 몰랐다. 지나고 나니 알게 된 셈이다. 친하게 지내는 친구한테 물어보니, 그 친구도 어떻게 하는지 잘 몰라서 한국지리 교과서를 보고 제시된 자료를 보고 뭔가를 적곤 했다. 그래서 매주 목요일 6교시 창체 융합 시간은 그냥 스마트 폰 보고 시간 떼우다가 개인 기록지 몇 줄 작성하고 끝내 버렸다.

선생님들한테 질문도 해봤는데, 내가 귀가 어두워서 그런지 어떻게 하라는 것인지 좀처럼 이해되지 않았다. 그리고 성적이 저 아래에 있는 나한테 이 모든 상황을 자세하게 설명해 줄 수 있는 여유로운 선생님은 안 계셨다. 수업은 늘 바쁘고 정신없다. 진도 나가고, 수행평가 하기 바쁜데 아직 1도 모르는 나한테 어느 누가 처음부터 다시 설명해줄 수 있을까? 그래서 1학기의 한국지리, 경제, 문학, 영어의 수행평가 주제는 따로 놀게 되었다. 그런데 특별히 큰 문제는 없다. 내가 교도관이 되는 것과 학교 성적과는 크게 관련이 없기 때문이다. 솔직히 교도관이 될 수 있을지도 잘 모르겠다. 수업시간에 간혹 졸기도 하지만 그래도 모둠활동을 비롯한 수행평가 시간에는 나름으로 열심히 참여하는 편이다. 그러나 일이관지 프로젝트 수업은 나에게 넘기 힘든 큰 산과 같았다. 이런 것을 왜 하는 것일까? 그냥 선생님께서 수업을 다 해주시면 좋겠다. 그러면 나는 어느샌가 잠이 들겠지만 말이다.

〈B 학생〉

나는 의대 진학을 목표로 하는 고등학교 2학년 학생이다. 과학중점 학교의 과중반에서 나름 에이스를 맡고 있는데, 내신 관리하기가 좀처럼 쉽지가 않다. 과중반은 수요일도 8교시까지 수업을 한다. 다른 반 친구들은 수요일 6교시 후 하교하는데, 우리 반은 여유 시간이 주어지지 않는 것이 못마땅하다. 과학 주제 관련 탐구 보고서 대회를 준비하려면 자료 준비할 시간이 필요한데 결국은 밤늦게 혹은 새벽까지 보고서와 씨름하는 일이 빈번하다. 1학기 탐구 선택 과목은 생명과학 I, 화학 I 이고, 2학기는 지구과학 I, 물리 I 이다. 국어, 영어, 수학 과목은 거의 모든 학생이 수강하기 때문에 내신 등급 받는 것에 대한 부담이 덜하다. 하지만 화학 I 은 세 학급밖에 되지 않아서 한 문항 차이로 등급이 갈릴 것을 생각하니 아찔하다. 생명과학 I 은 그나마 인기가 많아서 다섯 학급이다.

코로나19로 인해서 온라인 수업 기간에 학교 선생님들의 강의뿐만 아니라 EBSi 온라인 강좌도 틈틈이 수강하여 학교 시험에 대비하였다.

온라인 기간부터 일이관지 프로젝트 수업의 취지를 설명 들었다. 나름 참신하고 괜찮아 보였다. 처음에는 주제 탐구 보고서의 주제와 연관 지어 일이관지 프로젝트 수업을 준비해야 하겠다고 생각했었다. 화학 I 의 '백신 개발' 내용을 큰 주제로 하여, 일이관지 프로젝트 주제를 선정하였다. 그러나 생명과학 I 의 일이관지 수행평가 방식이 3분 동안 빠르게 말하기 방식이어서, 화학 I 의 '백신 개발' 주제와 연관 지어 심화한 수행평가 내용을 구성하는 것이 상당히 까다로웠다. 그리고 애당초 주제 탐구 보고서의 주제와 일이관지 주제를 연관 짓고자 하였으나, 주제 탐구 보고서가 팀별로 진행되다 보니 개인별 주제로 진행되는 일이관지 주제와 연계시키는 것이 거의 불가능에 가까웠다. 주제를 과목별로 융합시키기 위해서 자료를 찾는데 며칠 밤을 지새운 적도 있으나 실패했다. 일이관지 프로젝트에서 문학 수업의 수행평가는 일이관지 주제를 심화시키는 도서를 읽는 것이었는데, 학기 초에 선정한 주제가 달라져서 전혀 다른 책을 읽고 수행평가를 하고 말았다. 다양한 자료를 찾고 검색하고 정리하는 과정에서 분명 나에게 도움이 되는 부분이 있었다. 하지만 학교생활을 충실하고 원만하게 이루기 위해서 해야 할 일이 너무나도 많았다. 평일 야간 자율학습 이후 새벽까지 공부한 것과 주말 또한 쉼 없이 달렸던 지난 시간만큼 아직 더 고생 해야 하는 시간이 남아 있다는 것이 섬뜩할 뿐이다. 이렇게 체력과 건강을 갉아먹으면서까지 공부를 하지만, 특정 과목에서 내신 등급이 뚝 하고 떨어지면 이때까지 쌓아온 모든 스펙들이 허물어진다는 불안감에 다시 한번 나 자신을 채찍질해 본다. 고등학교에서 쉬는 것은 사치고 허영이다. 쉴 시간에 책이라도 한 자 더 보아야겠다.

2) 두 교사의 이야기

일이관지 프로젝트를 실제 운영한 두 교사의 입장을 상황에 맞게 각색해 보았다

〈Y 교사〉

2학년 부장 교사를 맡을 줄 몰랐다. 애초에 담임보다 연구부장에 관심이 있어 지원하였는데, 교감 선생님께서 부장을 지원했으니 이왕 하는 김에 2학년 부장에 도전하라고 하셨다. 왜 나는 적극적으로 거절하지 못했을까? 덜컥 맡게 되니 깜냥이 부족하여 나를 거칠 아이들이 불쌍해 보였다. 이제 돌을 갓 지난 내 딸 아이를 양육하는 것도 벅찬데 250명의 남의 자식들을 돌아보아야 한다는 압박감에 모든 것이 걱정되었다.

2월부터 일이관지 프로젝트 계획을 구상하고 있었고, 전염병이 창궐하여 학교 등교가 지연되자 포기할까도 싶었다. 옆에 있던 문학 선생님의 "이왕 하는 것, 같이 도전해봅시다."라는 응원에 힘입어 무모하게 시도하게 되었다. 이제 나에게 더 이상의 칼퇴근은 없으리라. 우선은 2학년 1학기 수업 선생님들을 찾아뵈었다. 2학년 부장 교사라는 막강한 보직으로 인해 2학년 담임 선생님 섭외는 생각보다 쉽게 이루어졌다. 하지만, 다른 교무실에 계시는 선생님들에게 일이관지 프로젝트를 이해시키고, 활동에 동참하게끔 협조를 구하는 일은 참으로 지난하고 버거운 일이었다.

교사의 평가권은 교권의 한 축으로 존재한다. 수업 운영 및 평가의 방식은 교과 교사의 고유한 권한이기에 선생님들의 수행평가에 '일이관지 프로젝트 수행평가'를 침투시키는 일은 언감생심이었다. 어떤 선생님은 당신의 수행평가를 이래라저래라하는 것으로 수용하여 상당히 언짢아하셨다. 자신만의 수행평가 계획이 있기에 정중하게 거절하신 선생님도 계신다. 어떻게 동료 교사를 설득할 것인가? 그분들의 마음을 돌릴 교육적으로 확실한 명분은 무엇일까? 예의를 지키면서 꾸준하게 찾아갔다. 입시에 분명하게 도움이 될 것이라는 희망적 메시지와 함께 말이다.

여차여차해서 일이관지 프로젝트 시작하게 되었다. 협력의 손짓을 보내주신 동료 선생님들이 없었다면 불가능한 일이었다. 2학년 부장 교사로 해야 할 일과 담임교사로서

해야 할 일 그리고 교과 교사로서 해야 할 일 등이 겹치면서 분주한 시간을 보내었다. 작년에 수업 연구를 위해서 상당한 시간을 할애하였는데, 올해는 일이관지 프로젝트를 비롯한 맡은 업무들이 과다하여 본인의 교과 수업을 준비할 시간이 너무나도 부족하였다. 교사 정체성의 전부라 할 수 있는 '수업'을 제대로 준비할 수 없는 안타까운 현상이 지속되었다. 나의 수업에 흥미와 열정이 없어지니, 교사로서 무언가 공허한 기분이 들었다. 나는 무엇 때문에 교사가 되었는가? 그럴듯한 문서를 생산하기 위해서인가? 혼자서 야단법석인 모양이다. 혼자서 감독, 연출, 주인공, 무대 준비 등을 다 하는 것 같아 분주하면서도 정작 내가 해야 할 일을 놓치고 있는 것이 속상하다. 이렇게까지 해야 하는지 의문이 들었다.

〈K 교사〉

올해 이 학교로 전근 와서 지난번 학교와 다른 점이 많아 적응하기 어려웠다. 원하지 않게 2학년 담임을 배정받았지만, 새로운 환경에 익숙해지려고 노력하였다. 하지만 2학년 부장 교사를 만나고 많은 생각을 하게 되었다. 처음 학년 부장을 하게 되어서 그런지 뭔가 분주하고 걱정이 많아 보였다. 가보지 않은 길을 처음 걷게 될 때의 약간의 두려워하는 마음이 느껴졌다.

일이관지 프로젝트를 처음 들었을 때 별것을 다 한다는 생각이 먼저 들었다. 일반고 고등학교의 스펙 쌓기의 새로운 타입쯤으로 보았다. 교사가 바빠지고 덩달아 학생이 바빠지는 상황이 자연스럽게 머릿속으로 그려졌다. 별로 하고 싶은 생각은 없었으나, 부장 교사의 간곡한 부탁에 차마 물리칠 수가 없었다. 그리고 수행평가로 이미 내가 계획해둔 내용이 있어서 그것을 다른 사람의 아이디어에 따라 수정하려고 생각하니 머리가 지끈거렸다.

입시 제도가 이러하니 교과 활동을 비롯한 비교과 활동을 풍성하게 준비할 수밖에 없었다. 차라리 과거처럼 수능으로 한 줄 세워 대학에 들어가게 하는 것이 교사 관점에서 몸도 마음도 편할 것이다. 물론 그렇게 된다면 그 아이들이 나의 수업을 듣고 있을지는 장담할 수 없겠지만 말이다.

코로나19로 인해서 등교가 지연되자, 아이들의 학생부를 모두 출력하여 입시 상담 자료를 만들기 시작했다. 모든 아이의 자료를 분석하고 정리하는 데 5일이 걸렸다. 반 아이들한테 전화를 걸어 학생부를 근거로 학습 및 진학 상담을 하였다. 얼굴보다 목소리를 먼저 듣고 상담하려니 기분이 묘했다. 사진 속의 아이들이 실제 말하는 것을 상상해보았다. 사진 속 모습보다 좀 더 성장했을 것을 감안해서 말이다.

온라인 개학과 격주 등교로 1학기는 마무리되었다. 250명이 넘는 아이들의 수행평가를 일이관지 프로젝트에 맞추어 진행하려니 여간 힘든 일이 아니었다. 이렇게까지 꼭 해야 하는지 의문이 들었다. 더 두려운 일은, 학생의 수행평가를 토대로 과목별 세부특기사항을 기록해야 한다는 일이다. 맞은 편에 앉은 부장 선생님의 얼굴이 보였다. 학기 초와 달리 반짝거림이 거의 소멸한 상태였다. 중력을 이기지 못한 다크 써클이 얼굴을 덮고 있었다. 한 번씩 심장 쪽에 통증이 온다고 말하며 주위 사람을 걱정스럽게 만들기도 하였다. 과한 업무를 수습하느라 자신의 건강을 돌보지 못하고, 자신의 학급도 제대로 신경 쓰지 못하는 모습이 안타까워 보였다.

4. 이상(理想)에서 이상(異常)으로

1) 학생의 삶과 배움

교도관이 꿈인 A 학생은 학교 교육과정을 통해서 자신의 진로를 이룰 수 없다는 사실을 담담하게 받아들이고 있다. 실제로 교도관이 되기 위해서 교정직 공무원 채용 시험에 응시하여 합격하는 것이 일반적인 경로이다. 경찰행정학과나 교정보호학과에 진학한다면 좀 더 유리해질 것이지만, A 학생의 고백처럼 학교 성적이 뒷받침되지 않는다면 진학이 쉽지는 않을 것이다. 일이관지 프로젝트는 A 학생까지 품기 위해서 기획되었는데, 실상은 전혀 그러하지 못하였다. 교육활동이라는 것이 단순하게 수업 하나만으로 설명될 수 없듯이, 이 아이가 성장하기 위해서는 관련된 모든 교사의 역량과 관심이 집중되어야만 하는데 어디 그게 쉬운 일인가. 차라리 꿈이 없었다면 모를까 분명하게 교도관이 자신의 진로임을 확신하는 친구를 놓치게 된 배경은 무엇일까? 여러 이유가 있을 것이다. 이 친구가 본인 입으로 말했듯이 학교 성적이 좋지 않아서 그럴 수도 있다. 또한, 수업시간에 종종 조는 것도 그 이유가 되리라. 이것은 배움과 삶이 분리된 상황이다. 수업시간에 많은 양을 신속하게 배우지만 그 내용이 지니는 의미를 잘 알지 못하며, 학교에서 배우는 내용의 효과는 학교 안에서만 겉돈다. 학교에서 습득한 내용은 학생들의 이후 삶에 크게 연계되지 못하는 것이다. 아이들의 배움이 자신들의 생생한 실제적인 삶과 연계되지 못한 채 허우적거리는 공부를 반복적으로 하는 것이 안타까울 뿐이다. 자신의 학습으로부터 철저하게 소외당하는, 배움과 삶이 유리된 교육은 무서운 질병을 옮긴다. 학습된 무기력감, 낮은 자존감, 눈치 보는 공부, 외적 가치 달성 순간에 공부를 중단하는 습관, 학교 공부와 실제 사회적 삶의 괴리를 당연시하는 상실감 등을 전파한다.

수업 자체에 큰 관심이 없는 친구들을 어떻게 수업 안으로 끌어들일 수 있을까? 자신의 성적과 무관하게 현재 지닌 꿈의 생동감에 따라 수업시간이라는 백지 위에 진로 계획을 작성하게 하는 방법은 무엇일까? 너무나도 많은 교육 관련 저서에서는 아마도 이렇게 처방을 할 것이다. 첫째, 학생들의 실생활과 밀접한 수업 디자인을 구성해야 한다. 학생들의 삶과 아무런 관련 없는 수업 내용이나 교육과정은 지속적인 학습 동기를 주기가 어려우며, 수업을 통해 달성해야 할 역량을 학생 자신의 삶에 적용할 기회를 제공하지 못한다. 프로젝트 방식, 협동학습, 거꾸로 교실, 배움의 공동체 등의 다양한 수업 철학과 기법을 활용하여 접근해야 해야 할 것이다. 둘째, 아이들의 다양한 학습 수준과 특징을 고려하여 꼴지부터 일등까지 포함한 모든 아이가 배움의 기쁨을 만끽할 수 있도록 해야 할 것이다. 이러한 교육적 처방과 훈수는 앞서 일이관지 프로젝트에서도 이미 문서의 계획상 갖춰진 내용임을 상기할 때, 현실적으로 갖추어야 할 것은 무엇인지 재삼 고민하게 된다.

이론과 계획은 곳곳에 널렸으나, 이러한 교육적 개념어들은 현장의 에피소드와 서로 만나지 못한 안타까운 현실을 어떻게 바라보아야 하는가. 이상적인 교육과정은 무늬만 현란해서는 안 될 것이다. 아이들의 실제 삶과 교육활동을 접목하는 시도가 필요하다는 것도 잘 알고, 그 아이들을 포기하지 않고 끌고 나가는 것이 우리들의 큰 의무임을 자각하고 있지만, 여전히 그것은 난제로 다가올 뿐이다.

2) 쉼 없이 분주한 학생들

앞서 언급한 B 학생은 일이관지 프로젝트를 통해서 얼마큼 성장했을까? 의과대학에서 이 학생의 학생부를 검토해본다면, 이 학생이 새벽까지 자료를 찾느라 애쓴 흔적을 발견할 수 있을까? 일이관지 프로젝트 주제 발표를 통해서 계획상 원했던 학습 성취의 결과를 이 학생은 온전히 누리고 있는 것일까? 계획은 수정될 가능성을 내포하기 때문에 계획 자체에 연연할 필요는 없다. 그러나 계획상의 결과와 정반대의 결과가 도출된다면 계획이 문제이든지 상황이 문제이든 아니면 둘 다 문제이든 할 것이다. B 학생은 분주해 보인다. 아니, 실제로 학생부 종합전형에 대비하여 자신의 진학과 관련된 비교과 활동을 챙기기에 여념이 없다. 그 어느 것 하나도 허투루 할 수 없는 백척간두의 상황임을 부인할 수 없다.

학생들의 삶의 질과 관련하여 '학생 행복도가 낮은 원인', '정규 수업시간 이외의 학습시간', '수면시간' 등을 조사한 결과를 보면 학생들의 삶의 질이 상당히 좋지 않다는 것을 확인할 수 있다. 현재의 행복 정도에 대한 조사에서 '전혀 행복하지 않다', '행복하지 않은 편이다.' 등 부정적으로 응답한 청소년들에게 왜 행복하지 않다고 생각하는지 그 이유를 조사한 결과 '학업 부담 때문에(30.9%)'가 가장 높은 비율의 응답을 보였으며, 다음으로 '미래에 대한 불안 때문에(22.2%)', '내가 하고 싶은 것을 할 수 없으므로' 등의 순으로 조사되었다.

학교급별 수면시간 조사 결과, 일반고는 2011년 6.3시간, 2013년 5.5시간, 2014년 5.4시간, 2015년 6.1시간, 2016년 6.0시간으로 나타났다. 아동 · 청소년 중 54.1%가 수면시간이 부족하다고 응답하였다. 수면시간의 부족을 경험한 집단이 주관적 행복, 스트레스 인지, 우울감, 자살 생각, 음주 흡연 등 건강 위해 행동 등의 지표가 상대적으로 더 나쁜 것으로 나타나 부족한 수면시간이 학생들에게 부정적인 영향을 미치고 있음을 확인할 수 있다.

위 지표를 근거로 본다면 B 학생은 학업에 대한 높은 부담감, 정규수업시간 이외의 많은 학습시간 등으로 수면시간이 부족하기에 일상적인 삶의 영역에서의 휴식과 회복이 충분하지 못한 실정임을 알 수 있다. 체력이 회복될 시간도 부족할 정도로 소진되고 있는 것이다. 학생의 소진에 관한 연구는 학생의 주 활동인 '공부'를 '직무'로 규정하고, 오랜 기간의 학업에 대한 부담과 압박, 스트레스로 인하여 소진을 경험하게 된다고 한다. 학생에게 있어 소진은 학업소진(academic burnout)으로 나타나는데 학업소진이란 지속적인 학업에 대한 스트레스나 과도한 학업 요구로 인해 나타나는 학생의 정서적 탈진, 학업에 대한 냉소적 태도, 무능감 등으로 나타나는 심리적 징후를 의미한다.

오늘날 학교에서 이루어지는 학생들의 학습문제는 심각한 지경이다. 그 심각한 문제를 몇 가지로 나누어 설명해보겠다. 첫째, 학생들이 학습해야 할 내용이 지나치게 방대하다. 이수해야 할 교과가 많고, 수업에서 배워야 할 내용과 공부해야 할 내용이 많다. 둘째, 학습 속도전에 숨 가쁘다. 많은 양의 내용을 정해진 시간에 이해하고 암기해야 한다. 자신이 제대로 이해하고 있는지 스스로 점검할 겨를도 없다. 교사들은 정해진 시간 안에 정리해야 할 내용을 학생들에게 힘껏 던지고 있다. 셋째, 활동 기반 수업이 차고 넘친다. 범람하는 활동 수업에서 학생과 교사가 방향을 잃기도 한다. 활동 수업을 왜 하는지, 그 활동을 통하여 어떠한 의미를 음미하고, 해석하고 구성할 것인지가 빠져 있다. 학생은 그냥 참여하는 것을 자신의 할 일이라고 생각하기도 한다. 수업은 수업의 목적이자 교육 활동 속에 있는 의미를 음미하고 해석하고 구성하는 능력을 길러주는 일이지 단순하게 활동에 참여하는 것이 아니다. 반성적인 활동이 없이는 수업의 목적은 이미 상실한 셈이다.

교육과정 재구성을 비롯한 교사 수준의 교육과정을 고등학교의 고교학점제와 연계하여 제대로 안착시키기 위해서 통상적으로 즐겨 사용한 '채우고 쌓는' 접근보다 '덜고 비우는' 전략을 고려해 볼 필요가 있다. 현재 고등학교에서 학생 선택 과목 중심의 교육과정을 편성 및 운영할 때 시간표상 학생 개인의 공강이 발생하지 않도록 고민하는 것은, 현재 어떠한 전략을 주로 구사하고 있는지를 여실히 드러내고 있다.

3) 성취를 정당화하는 교육적 인간상

Y 교사는 학교에서 일꾼 노릇을 마다하지 않았다. 교사라기보다는 노동자로서의 교사라고 보아야 할 것이다. 교육자가 노동자보다 우월한 지위를 가지고 있다는 차별적 언사가 아님을 알아주기 바란다. 영역이 다른 곳에서 저마다의 가치와 땀방울을 가진 고유한 존재자들임을 너무나도 잘 알고 있다.

최근의 교육 동향은 4차 산업 운운하면서 그 전까지의 교육과정을 부정하기에 여념이 없었다. 학생 중심이든 배움 중심이든지 간에 무엇인가 새로운 안티 테제(These)를 던지는 익숙한 변증법의 자세를 취했다. 그러나 외양은 달라지나 교육의 속살은 늘 변함이 없었다. 마치 노동자들이 근면 성실하게 일을 하는 것을 권장하고 칭찬하듯이, 학습을 열심히 하여 저마다의 성취를 나타내라는 언표는 여전하였다.

교육이념과 교육적 인간상을 본다면 우리는 언제 어떻게 멈추어야 하는지 도무지 알 길이 없다. 전력 질주하고, 지식을 섭취하여, 사회의 발전을 위해 공헌해야 한 시민으로서의 자아를 실현하고 개인의 행복과 사회의 안녕을 도모할 수 있다는 것이다. 물론, 틀린 말이 아니다. Y 교사도 성과 지상주의의 분위기에 따라 교육활동을 실천할 수밖에 없었을 것이다. 교육과정의 재구성과 교사 수준의 교육과정은 현재로서 효과적인 전략이겠지만 영원하게 유효하지는 않을 것이다. 잠정적인 처방을 일종의 도그마처럼 숭배하여 무비판적으로 현장에 투하한다면, 아이들 또한 '성과 산출'의 압력에 따라 움직이게 될 것이다.

학생과 학습자 중 어떤 지칭이 먼저일까? 학생에 대해 학습자로서의 접근은 학생이 아닌 학습자로 제한하려는 의도를 가진다. 학생에 대해 학습자로서의 접근은 학습의 주체자로서 학습자의 능동적인 학습활동과 자세를 요구한다. 그러나 학습자로서의 학생관은 교육적 인간상에 효과적으로 도달하기 위한 하나의 수단적 의미를 지니게 된다. 즉, 학습하는 사람인 '학생'보다 학생이 도달하고 성과를 내야 하는 '학습 그 자체'가 목적이 되어 학습자인 학생이 좀 더 많은 것들을 생산하게 만드는 과잉 학습을 조장하게 되는 것이다. 교육과정에서 제시되는 교육적 인간상은 시대적 특징과 사회적 요구에 따라 '학습자로서의 학생관'의 모습으로 전개되었다.

현재까지의 교육적 인간상은 무엇인가를 얻어 내야만 하는 성취형 인간상에 가까웠다. 2015개정교육과정의 핵심역량은 성취형 인간상의 모델을 공고화시켰다. 교육과정의 첨병이라 할 수 있는 '교육적 인간상'에 대한 재정립이 필요해 보인다.

4) 교육적 의미로서의 쉼

교육은 무엇인가 가치 있는 것이 도덕적으로 온당한 방법으로 의도적으로 전달되고 있거나 전달되었다는 것을 함의한다(Peters, 1966). 즉, 교육은 학습자에게 가치 있는 삶을 살게 하고, 지적인 안목을 갖추도록 해주며, 도덕적으로 온당하게 실시되어야 한다는 것이다(김대현, 2017). 이러한 교육의 개념에 따라 교육적 의미가 있다는 것은 의도된 교육과정을 통해서 학습자의 지적인 성장을 비롯하여 전인적 성장을 일으켜 좀 더 나은 삶을 살도록 도와주는 것이다.

쉼과 휴식의 교육적 기대는 교육적인 성장이며, 교육적 성장은 곧 전인적 성장을 위한 전인교육을 의미한다. 일반적으로 전인 교육을 논의할 때 지적 · 신체적 · 사회적 · 심미적 측면의 조화로운 발달을 강조한다. 패터슨(Patterson)은 생각하고, 느끼고, 생활하며, 행동하는 인간적이고 인간다운 전인적 존재(whole beings)를 양성하는 것이라고 주장한다. 전인적인 사람들은 사랑하고, 깊이 있게 느끼며, 내면적인 자아를 확장하며, 창조하고, 부단하게 스스로 배워 나가는 사람이다. 즉 충분하게 자신의 기능을 발휘하는 사람으로서 여러 사람들과 함께 어울려 살아갈 수 있는 인간을 길러 주어야 한다고 주장했다.

전인교육에서 쉼은 정신적이고 신체적인 기능의 회복을 담당한다. 쉼과 휴식을 통해서 정서적인 안정을 확보할 수 있고, 신체적인 기능의 발달 혹은 회복을 담보할 수 있다. 최근 들어 쉼의 또 다른 교육적 의미는 상당 부분 뇌신경 과학에 의해 증명되고 있다. 앤드류 스마트(Andrew Smart)는 깨어 있지만, 아무것도 하지 않는 뇌의 기저 상태를 DMN(Default Mode Network, 휴지상태 네트워크)이라 부르는데 DMN은 일종의 자동항법장치라고 말한다. 그에 따르면 어떠한 것도, 하지 않는 것처럼 보이더라도 우리의 두뇌는 지속적으로 움직이고 있다고 한다. 아무런 생각 없이 멍하게 있는 상태는 마치 온몸에 힘을 빼고 있는 것처럼 정신을 이완하는 운동을 하는 셈이다. 아무 생각 없이 있는 동안 두뇌에서 DMN 부위가 활성화되는데 이때 마치 PC점검 프로그램이 작동하여 불필요한 정보를 제거하는 것처럼 두뇌는 오랫동안 사용하지 않는 정보를 삭제하고 늘어난 기억공간에 최근에 입력된 정보를 다시 저장한다고 한다.

DMN에 놓여 있을 때만 '지각, 기억, 연상, 사고가 두뇌에서 형성되고 새롭게 연결'되는 뇌 활동이 일어나며(Andrew Smart, 2014), 여러 창의적인 생각도 이때 떠오른다(신민정, 2015). 창의적 사고에는 통합, 통찰, 발견 과정이 포함된다는 점에서 거대 신경 네트워크인 DMN은 통찰이나 문제 해결과 같은 형태의 창의성에 중요한 역할을 하며, 이러한 기능은 편안한 상태에서 잘 작동한다는 점에서 스트레스가 없는 심리적 환경이 창의적 사고에 중요하다는 것을 보여준다(강갑원, 2018). DMN은 주로 스트레스가 없는 휴식

상태, 자동적 사고, 과제와 관련이 없는 상태일 때 작동한다는 점에서 교육과정에서의 쉼의 보장은 교육적 가치가 크다. 이와 관련하여 신민정(2018)은 DMN을 활성화시키기 위한 구체적인 방안으로 양육과 교육과정 속에서 아이들의 쉬는 시간이 온전히 쉬는 시간으로서 확보되어야 한다고 주장한다.

휴식과 쉼을 통해서 교육적 목표를 효과적으로 달성할 수 있고, 뇌신경과학의 최근 자료를 통하여 막연하게 긍정되었던 휴식과 쉼의 가치의 실증적인 효과가 규명되고 있다. 휴식과 쉼은 건강을 유지하기 위한 하나의 지표로 채택 가능하고, 신체적 · 정신적 건강은 학생들의 전인 성장을 돕는 요소로 작용한다. 교육적 의미로서의 쉼은 쉼과 휴식이 학생들의 심미적 · 신체적 · 정서적 건강을 도모하여 전인적 성장을 이루는 데 그 가치가 있겠다.

5) 체계와 문화

배움의 공동체의 사토 마나부는 학교의 체질이 바뀌기 위해서는 3년의 세월이 필요하다고 하였다. 첫해는 모든 교사의 수업 공개를 전제로 하는 교내연수 체제를 구축하는 데 할애한다고 한다. 다음 해의 중점사항은 연수회의 내용 수준을 높이고, 수업 만들기와 연수를 중심으로 학교의 조직을 재구성하는 것이다. 마지막 3년 차에 수업 만들기와 교육과정 만들기를 본격화하게 된다고 한다. 학교 조직에서 공생적 협력의 단계가 실현되려면 최소한 3년 간의 준비와 시행착오가 필요하다는 말이다.

앞의 K 교사는 지극히 평범하고 평균적인 교사상일 것이다. 자신만의 교육철학을 가지고, 학생 상담에 최선을 다하며, 부담스러운 교육 실천 프로그램일지라도 묵묵히 따라주는 현실적인 교사의 모습을 띠고 있다. 새로운 학교에 오자마자 처음 듣는 프로젝트 수업을, 그것도 자신이 구상한 평가계획을 수정하면서까지 동참해야 하는 이유는 무엇일까? K 교사는 고민이 깊었을 것이다. 위에서 살펴보았듯이 학교 조직의 이상적인 협력 시스템이 구축되려면 최소한 3년이 걸린다고 하였으니, 3일 만에 그 어려운 부탁을 수용해준 K 교사는 평균 이상으로 마음이 넓은 사람일지도 모르겠다.

교육과정의 재구성을 비롯한 교사 수준의 교육과정을 현실화, 일상화하기 위한 체계 확립이 우선 요구될 것이다. 문서로 계획하고, 현장에서 뛰어다니면서 섭외하여, 다양한 교육적 가치관을 지닌 구성원과 소통하여 가치 있는 결과를 유도하는 일은 말 그대로 중노동에 가깝다. Y 교사는 오직 직진만 하는 사람처럼 저돌적으로 실천하여 교육과정을 재구성하여 학생들과 교사들이 하나의 주제로 고민하는 상황을 연출하게 하였다. 이러한 결과는 분명 동료 선생님들의 협조 없이는 불가능했을 것이다.

그러나 두 가지 관점에서 우려되는 지점이 있다. 첫째, 원맨팀의 한계이다. 시작도 과정도 끝도 모두 Y 교사의 손을 거치지 않은 것이 없다시피 하다. 단순 협조가 아니라 협력의 대상으로서 마치 수업 친구와 같은 진정한 동료가 부재하다는 것은 '다음'을 기약하기 어렵게 만든다. 일이관지 프로젝트와 같은 교육과정 재구성의 전략이 지속하기 위해서는 협력의 친구가 있어야 하지만 현장에서 뜻을 같이하는 사람을 구하기는 정말 어려운 일이다. 둘째, 장기적인 계획의 부재이다. 신선한 과제를 던지고 성과를 맛보았다면 일이관지 프로젝트 2기를 염두에 두고 더 발전된 모형을 제시해야 한다. 이것은 체제의 구축만으로 결코 이룰 수 없다. 문화가 성립되어야 가능하다. 마치 학기 시작 전 학년별로 모여, 교육과정을 재구성하는 것이 통과의례이고, 우리 학교만의 고유한 문화임을 정착시켜야 할 것이다. 이것은 장기적이고 지속적인 계획 추진을 통해서만 가능한 일이다.

6) 이상(理想)적 교육과정과 이상(異常)한 교육과정

이상(理想)적인 교육과정은 화려한 수식어와 멋진 성과지표를 장식처럼 달고 있기에 우리의 마음과 눈을 훔치기에 충분하다. 해 아래 새로운 것이 어디 있으랴마는 그래도 좀 더 신선한 소재와 제재를 찾기 위해 동분서주하는 사람들 눈에는 이상적인 교육과정의 사례는 일종의 바이블처럼 다가올 것이다. 앞서 살펴본 교사 수준에서의 교육과정 재구성은 시대적 요청에 가깝다. 분주한 사회에서 긴급하게 요청하는 사항일수록 신중하고 면밀하게 볼 필요가 있다. 주마간산(走馬看山)으로 하여 혹 간과하고 깜빡하고 있는 것이 없는지 돌아보아야 할 것인데, 그 일이 참으로 무겁게 다가온다.

교육과정을 업데이트하여 운영할 때, 유의해야 할 점이 너무나도 많다. 보여주기 식으로 꾸미고 있는 것은 아닌가? 학생들의 관점에서 교육내용 구성을 추진하고 있는가? 형식과 문서의 기록만 중시하여 성과 기록에 매달리고 있는 것은 아닌가? 협력을 끌어내기 위한 교육적 명분도 없이 갑의 위치에서 동료 교사를 소진시키고 있는 것은 아닌가? 단지 실현 가능성만을 앞세워 돌격 대장처럼 행동하고 있지는 않은가? 성과사회의 자기 착취적 노동자의 화신처럼 지나친 학습함을 찬양하고 있지는 않은가? 학생의 인생과 관련 없는 껍데기 배움에 집착하고 있지 않은가? 학생을 앞만 보고 달리는 경주마처럼 대하며 쉼 없이 채찍질하는 교사의 모습을 보이는 것은 아닌가? 이상(異常)한 교육과정이 될지도 모른다는 두려움은 새로운 도전을 주저하게 할 것이다.

주저함을 타개하기 위해서 교사에게 요구되는 것은 바로 '교육과정 문해력'일 것이다. 교육과정 문해력은 '교육과정을 바르게 읽고 새롭게 쓰는 능력(신지승, 2020)'이라고 정의한다. 교육과정 문해력은 각 교과의 성취기준의 의미를 긴밀하게 파악하고, 다양한 교과 간 융합의 지점을 포착하여 학생

중심의 교육과정을 펼칠 수 있는 내부 역량을 일컫는다. 이러한 교육과정 문해력을 바탕으로 한 교육과정 재구성에 대한 교사의 전문성을 준비하는 것이 1차적인 과제라고 볼 수 있다.

참신한 교육과정 재구성을 하려면 용기가 필요하다고 말하는 이도 있을 것이다. 그것도 틀린 말은 아니다. 그러나 평범한 교사들이 용기가 없어서 엄두를 내지 못하는 것이 아니라, 교육과정을 창의적으로 재구성할 수 있는 심리적, 물리적 여건이 부족하다는 것이 더 적확할 것이다. 예를 들어 분주한 3월보다 2월에 교육과정 재구성을 하면 가장 적절하지만, 공립교사들 입장에서 학교를 옮기게 되면 소속이 현임지에 머물다 보니, 신임지의 업무를 꼼꼼하게 준비하는 데 한계가 있다. 2월에 한해서 신임지로 일시적 파견 기간을 설정하여, 신임지에서 신학기를 대비한 업무를 미리 준비할 수 있는 여건을 만들어 준다면, 교육과정 재구성에 대한 논의가 더 안정적으로 진행될 수 있을 것으로 보인다. 물론 이러한 업무 여건은 교육부와 시도 교육청의 행정적 지원이 선행되어야만 가능해지리라 여겨진다.

CHAPTER 03

이상한 수업과 평가

1. 수업과 평가의 의미

1) 세 가지 수업

온라인 서점과 전자책 시장이 활성화되면서 단 하루면 읽고픈 책을 구매하고 받아 읽을 수 있는 요즈음. 서적의 제목으로, 또 내용으로 인기를 끄는 용어가 있다. 바로 '수업'이다.

인터넷 검색창에 '수업'을 검색하면 수백 수천 권의 서적과 미디어 콘텐츠가 검색된다. 독서 수업, 자존감 수업, 행복 수업, 재테크 수업 등. 여러 방면의 '수업' 들이 시장을 점령하고 있는 것이다. 공급이 이토록 다양하고 많다는 것은, 그만큼의 수요가 있다는 이야기이다. 그렇다. 사람들은, 무언가를 '수업'하고 수업받기를 원한다. 수업을 통해 성장하기를 바라는 것이다.

과연 수업이란 무엇일까? 어원을 살펴 뜻을 헤아려보자. 표준국어대백과사전에 수록된 수업을 뜻하는 한자어는 크게 세 가지가 혼용되고 있다. 수업(受業), 수업(修業), 수업(授業)의 그것이다. 받을 수(受)를 쓰는 첫 번째 수업과 닦을 수(修)를 사용하는 두 번째 수업의 수업들(受業, 修業)은 학습의 주체-보통은 학생-가 주어라 할 수 있다. 첫 수업(受業)이 기술이나 학업과 같은 대상[業]을 '받는' 것에 초점을 맞추는 용어라면 두 번째 수업(修業)은 학생이 스스로 학업과 기술을 연마[修]해 나가는 것에 집중하여 주체성을 강조하는 단어이다. 최근 시장에서 가득하게 활용되는 저 '수업'들은 학생이 받아야 할 가르침을 담은 '교재'라 할 수 있다. 그리고 학생은 그를 바탕으로 학업과 기술 등을 닦아 나간다.

마지막 세 번째 수업의 '수'는 줄 수(授)를 쓴다. 이때 주어는 학교 등에서 가르침을 주는[授] 주체인 교사 등으로 변경된다. '교사가 교실에서 수업하다.', '김 선생님은 일주일에 총 스무 시간을 수업한다.'에서 쓰이는 수업이라는 용어가 수업(授業)이라 할 수 있다.

단어	정의
수업(受業)	기술이나 학업의 가르침을 받음. 또는 그런 일.
수업(修業)	기술이나 학업을 익히고 닦음. 또는 그런 일.
수업(授業)	1 교사가 학생에게 지식이나 기능을 가르쳐 줌. 또는 그런 일. 2 학습을 촉진하는 모든 활동.

〈세 가지 수업의 사전적 정의〉

우리가 고민하고 연구하는 수업 역시 이 마지막 수업인 경우가 많다. 영어로 번역했을 때도 그러하다. 수업은 보통 Lesson, Teaching, 혹은 Instruction으로 번역되는데, 모두 '가르침'의 뜻을 함의하고 있다 볼 수 있다. 이외 Class의 수업일 경우는 공간적 · 구성적 동질성(학급)을 염두에 둔 용어로, 학교 상황에서 주로 활용된다고 볼 수 있다.

학교에서는 여기 제시된 세 가지 수업 형태 모두 고르게 전개될 필요가 있다. 교사의 가르침만 있거나 학생의 받고 닦음만 있어서는, 우리가 목적으로 여기는 학생의 행복한 성장이 온전히 이루어지기 어렵다. 학교는 수업(授業)이 제대로 이루어짐으로써 학생의 수업(受業)을 지원하고, 자기 주도적인 수업(修業)을 촉진하는 공간이 되어야만 하는 것이다.

학교에서 이루어지는 수업의 의미를 다시 정의해보자. 세 가지 수업의 사전적 의미를 종합해 정리하면, 수업이란 "학생의 지식 혹은 기능 등의 학습을 촉진하는 활동"이다. 학생은 이때 학습하는 주체가 된다. 상대적으로 교사는 주로 가르치는 주체로 여겨지며, 지식이나 기능 등과 같은 학습의 대상을 교수 내용으로 조직하거나 혹은 학습을 활성화할 수 있는 환경을 구축하는 설계자로서 기능하게 된다. 여기서 '학습 촉진 환경의 구축'이라 함은 학생의 개인적 · 사회적 학습이 잘 이루어질 수 있도록 비계(飛階)를 설정하는 것이다. 즉 학생의 잠재적인 역량을 끌어올리도록 수업을 구성할 수 있어야 한다는 것을 뜻한다. 상기한 학습 촉진자이자 활동 설계자로서의 '교사'와 학습의 주체로서의 '학생', 그리고 학습이 이루어지는 '환경'은 우리가 다루는 이 '수업'의 필수 요소로 이해할 수 있겠다.

2) 배움을 위한 수업

이처럼 수업은 교사와 학생, 학생과 학생이 함께 만들어가는 유의미한 활동이다. 최근에는 이러한 활동을 두고 '배움'이라는 용어를 활용해 설명하고 있다.

배움의 공동체의 창시자인 사토 마나부(Sato Manabu)는 저서인 『수업이 바뀌면 학교가 바뀐다』에서 배움의 의미를 정확히 정의할 것을 촉구한다. '배움'이란 교사, 교재, 동료, 환경과의 관계 속에서 생성되고 발전되는 것인데, 이를 오역한 채 자기 교육력 즉 자기 주도적 학습 역량에 초점을 맞추어 다루고 있다는 것이다. 그러면서 배울 학(學)자를 통해 배움의 명백한 의미를 설명하고 있다.

'學'이라는 문자의 상부 중심에 있는 두 개의 X는 교류를 의미한다. 위의

X는 선조, 즉 문화유산과의 교류이고, 아래의 X는 아이들이 교류하고 있는 모양이다. 그리고 이 교류를 양쪽으로 감싸고 있는 것은 어른의 손[手] 형상이다(사토 마나부, 2000). 배움의 본질은 이 '學'자와 같다. 교사와 학생들이 함께 자립하고, 함께 수행하는 활동이라 할 수 있는 것이다.

이처럼 기존에 통용되어 온 '학습'의 의미와 달리, '배움'은 배움과 가르침의 과정 속 다양한 상호작용에 초점을 맞춘다. 그리고 학습 환경, 즉 학생의 학습 촉진과 그 비계를 함의하는 개념이다. 이러한 배움을 중심으로 하는 수업이란, 아이들이 교류하며 서로 성장하는 관계를 교실에 구축하는 일, 나아가 그 교류를 교사가 촉발하고 원조하는 수업을 전개하는 일이라 할 수 있다.

수업은 학생의 개인적 · 사회적 '배움'이 일어나도록 하는 모든 시간적 · 공간적 활동을 총칭한다. 배움을 목적으로 하는 하나의 교육 단위라 정의할 수 있겠다.

3) 수업과 평가의 연계

학생의 배움이 일어나도록 하는 교육 단위가 수업이라면, 평가의 의미는 무엇일까? 사전적 의미에 따르면 교육 평가란 "교육과정의 계획 · 실천에 있어서 교육 목적은 올바르게 설정되었는지, 목적 실현을 위한 교육 활동의 계획과 과정은 적절한지, 그리고 궁극적으로는 교육의 목적이 제대로 성취되었는지를 확인·판단하는 일련의 과정"을 말한다. 즉 교육의 목적을 학생의 행동을 바람직한 방향으로 변화시키는 것이라 한다면, 교육 평가는 궁극적으로 교육이 학생의 행동을 변화시켰는가를 확인하는 과정이라는 이야기이다(성태제, 2009). 따라서 수업이 학생의 배움을 목적으로 한다면, 평가 역시 학생의 배움이 잘 일어났는지 살피도록 기능해야 한다.

어느 체육 수업의 사례를 떠올려보자. 교사는 학생들이 배구 수업을 통해 다양한 활동을 경험하고, 여러 가지 기능을 함양할 수 있도록 수업을 설계했다. 공동체 의식을 기를 수 있도록 팀 구호 및 팀 노래를 기획하는 활동을 진행하고, 서로를 배려하는 배구 규칙 만들기 활동 및 게임 활동을 통해 협업적 문제 해결 역량의 증진을 도모하기도 했다. 그러나 정작 수행평가는 '배구 개별 토스 기능 수행평가'였다. 토스를 교차해 실시한 총 횟수를 세어, 15개 이상인 경우 만점으로 채점되었다. 팀 노래의 작사 · 작곡을 도맡고 팀 활동을 적극적으로 이끌며 매 차시 수업에 충실했던 연주는 4개의 토스밖에 해내지 못했고 결국 C를 맞았다. 체육 시간마다 배가 아프다며 팀 수업에 제대로 참여하지 않았던 민하는 20개의 토스를 수행해 A를 맞았다.

여기서 평가는 과연 제 기능을 수행한 걸까? 정말 연주는 C를 받아야 하는 학생이었고, 민하는 A를 받아 마땅한 학생이었는가? 교육 평가의 본래적 의미를 떠올렸을 때, 우리는 분명하게 말할 수 있다. 아니다. 이는 정당하지 않은 평가 점수이다. 수업의 목표가 공동체 의식, 협력 역량, 의사소통 역량의 함양이었다면, 평가 역시 수업 목표가 제대로 성취되었는지를 평가하도록 만들어져야 했다. 이런 관점에서 이 배구 수행평가는 평가해야 할 대상을 평가하지 못한, '실패한 평가'라고 할 수 있다.

학생들이 '수업시간에 배운 것'을 평가해야 한다는 것은 상식이다. 그러나 수업과 평가가 괴리된 위와 같은 상황은 학교 현장에서 비일비재하게 일어난다. 수업시간 동안 아무리 다양한 역량 중심 활동이 즐겁게 이루어졌고 또 모든 학생이 적극적으로 참여했다고 하더라도, 시험이 '배구 토스의 개수를 세는 것'만 측정하려 한다면, 학생들은 수업 외의 시간을 들여 따로 평가를 위한 배구 토스 기능을 연습해야만 한다.

이러한 평가 설계는 교사에게도 부담이 된다. 우선 수업 중에 관찰해야 할 학생들의 배움 과정을 놓치게 만든다. 또한, 수업은 수업대로 전개해야 하고 평가는 평가대로 별도의 계획을 세워 운영해야 하는 번거로운 상황에 놓이게 된다. 이처럼 실제 수업 활동과 평가의 불일치는 교사와 학생, 둘 모두를 지치게 할 수 있다.

평가는 학생의 배움을 위해 실시되어야 한다. 단순히 학습 결과를 진단하여 서열화하는 것은 평가의 원 목적을 경시한 것이다. 평가는 학생의 학습을 촉진할 수 있어야 한다. 위 배구 수행평가는 수업에 열심히 참여해도 점수를 얻지 못한 연주에게 좌절감을 심어줄 우려가 있다. 반대로 수업 과정에 불성실하게 임했음에도 좋은 점수를 얻은 민하는 앞으로도 수업에 잘 참여하지 않을 가능성이 높다. 수업과 평가의 괴리로 인해 학생의 학습의욕이 꺾일 수 있는 것이다.

따라서 평가는 수업 중에 일어나는 학생의 배움 과정을 관찰하여 실시하여야 한다. 학습 결과를 진단하는 데에서 더 나아가 학생의 학습 촉진과 개개인의 발달을 돕는 차원에서 이루어져야 한다. 수업과 평가가 일치되고 연계될 때, 학생의 배움과 성장이라는 교육의 궁극적인 목적이 실현될 수 있다.

2. 이상(理想)한 수업과 평가

1) 이상적인 수업에 대한 다양한 논의

과연 이상적인 수업이란 무엇인가? 우리는 누구나 좋은 수업을 추구한다. 그러나 '이상적인' 수업에 대한 정의는 상대적인 개념이기에 당연히 사람마다, 관점마다, 맥락마다 달라질 수밖에 없다. 여기서는 학교가 이상적으로 여겨야 할 '좋은 수업'에 초점을 맞추어 생각해보자.

일반적으로 살폈을 때 좋은 수업이라 함은 학생들이 재미를 느끼고, 교육적으로 의미가 있는 교육 경험을 제공해주며, 교사와 학생 간, 학생과 학생 간의 충실한 상호작용이 일어나 교수 학습 효율을 극대화하는 수업이라 할 수 있다.

수업 전문가 힐베르트 마이어(Hilbert Meyer)는 『좋은 수업이란 무엇인가?』에서 "좋은 수업이란, 민주적인 수업 문화의 틀 아래서 교육 본연의 과제에 기초하여 성공적인 학습 동맹이라는 목표를 갖고 의미의 생성을 지향하면서 모든 학생의 능력이 계속적으로 발전되도록 기여하는 수업"이라 정의한다(Hilbert Meyer, 2011). 이 정의는 듀이, 비고츠키, 교육 민주화를 주창하는 저명한 교육학자들의 논의를 함축하고 있어 두루 동의를 얻고 있다.

최근엔 변화하는 시대의 새로운 지식관과 연계하여 수업을 바라보는 패러다임이 전환되고 있다. 즉, 학생의 배움과 성장 그 자체에 주목하는 배움중심수업이 좋은 수업으로 주목받고 있는 것이다. 배움중심수업은 앞서 언급된 사토 마나부의 '배움의 공동체'를 토대로 하며, K 교육청을 중심으로 주로 활용되는 수업 개념이다. 수업 혁신의 모델이자, 구체적인 방향성으로 자리 잡고 있기도 하다. K 교육청이 정의한 배움중심수업은 다음과 같은 특징을 갖는다(경기도 교육청, 2016).

- ➔ 배움중심수업은 학생의 자기 주도성과 자발성에 기초하여 배움과 삶이 서로 관계하는 교육을 추구한다.
- ➔ 학생들이 삶 속에서 실제적으로 무엇인가를 알고 실행할 수 있는 능력인 역량 신장을 통한 행복한 배움을 지향한다.
- ➔ 교사의 역할은 소극적이지 않다. 다만, 가르침은 학생의 유의미한 배움과 연계될 때에서야 참된 의미를 갖는다. 교사는 수업을 끊임없이 성찰해야 하며, 그를 바탕으로 성장해간다.

➔ 소통과 상호작용을 매우 중시한다. 학생은 소통과 협력의 과정을 통해 스스로 배움의 주인으로 성장해간다.

➔ 배움중심수업은 교육과정-수업-평가의 일체화에 기반하여 이루어진다.

소위 좋은 수업, 우리가 지향해야 할 이상적인 수업으로 불리는 수업들은 다음과 같은 공통적인 관점을 공유하고 있다.

첫째, 지식은 완성된, 고정불변의 것이 아니라 끊임없이 창조, 형성되어 가는 것이다. 따라서 수업 역시 지식을 학습하는 것뿐만 아니라, 학습자가 자신의 지식을 구성하고 탐구하는 과정에서 함께 이루어져야 한다.

둘째, 행복한 수업 경험을 통한 학생 삶의 성장을 추구한다. 수업의 목표는 배움을 통해 학생들이 다양한 가치와 삶의 문제를 숙고하고 실천하는 주체적인 삶의 주인으로 성장하는 것이다.

셋째, 수업 중 일어나는 교사-학생 간, 학생-학생 간의 상호작용과 의사소통을 중시한다. 수업은 일종의 대화를 통한 예술작품이다. 지속적인 교류와 소통을 바탕으로 탐구를 전개한다.

넷째, 수업을 실행하는 교사는 단순한 지식 전달자도 아니고, 소극적인 학습 방임자도 아니다. 수업 설계의 전문가이자, 실행자이며, 배움 과정의 조력자이고 동료 학습자여야 한다.

2) 학생의 성장을 돕는 이상적인 평가

미국의 교육전문가 리사 카터(Lisa Carter)는 『교육과정, 수업, 평가의 일체화』에서 '시험 가르치기'의 개념을 들어 오늘날의 교육을 설명했다. 교육에 가해지는 표준화된 학업성취도 평가의 압박감이 상당하기 때문에, 현대의 학교와 교사들이 아이들이 '시험에서 좋은 점수를 얻게 하기 위한' 즉, 시험 가르치기의 수업을 하고 있다는 이야기이다(Lisa Carter, 2017). 우리의 현실도 미국과 그리 다르지 않다. 역량 중심 교육과정이 도입되고 다양한 활동 수업이 전개되며 학교 현장의 분위기가 바뀌었다 하더라도, 결국 '시험에 나올 내용'을 모르면 '평가를 제대로 치를 수 없다'라는 생각이 지배적이다. 학교 현장에서 교과서에 적혀진 텍스트 속 내용, 아니 대학입시에 활용될 교과 내용을 그대로 전달하는 형태의 주입식 수업과 그 내용을 확인하는 지필 평가가 일반적인 이유가 여기에 있다.

그러나 이는 평가에 대한 오해에서 비롯된 것이다. 다양한 도구 중 하나인 시험을, 총체적 개념인 평가와 동일시하는 편협한 시각이라 할 수 있다. 교육 평가를 처음으로 정의한 것으로 알려진 타일러(R. W. Tyler)는 "평가는 학생들의 학습 도달도를 평가하는 것이자, 학생들에게 효과적인 학습 가이드라인을 제공하기도 하며, 교수·학습 자료나 수업의 질을 개선하는 데 사용되는 것"이라 하였다. 그러므로 제대로 된 이상적인 평가는, 학습에 대한 평가(assessment of learning)뿐만 아니라, 학습을 위한 평가(assessment for learning), 학습으로서의 평가(assessment as learning)로 이루어져야 한다(한국교육과정평가원, 2016).

최근 교육계의 평가관은 급격한 전환을 맞이했다. 학습자의 변별을 위한 결과 중심 평가, 선발적 평가관을 지양하고, 학생 개개인의 성취 능력 자체에 초점을 맞추는 과정 중심 평가, 발달적 평가관으로의 방향 전환이 대두한 것이다. 즉, '학습의 결과'와 '상대적인 서열'이 아닌, '학습 과정'과 '개인의 성취도'를 바탕으로 '학생의 성장'을 중시하도록 변화하고 있다.

좋은 평가는 학생의 성장을 돕는 과정 중심, 성장 중심의 평가로 이루어져야 한다. 과정(성장) 중심 평가는 모든 학생이 성취기준에 도달할 수 있다는 신념을 전제로 학생의 현재 상황보다는 앞으로의 발달 가능성과 잠재력에 대한 진단을 중시하는 평가이다. 그렇기 때문에 학습 중 이루어진 평가에 대한 피드백이 매우 중요하다. 학생 성장을 목표로 주어진 피드백은 학생의 상황을 판단하는 데서 그치는 것이 아니라 앞으로 나아갈 길을 제시하고 힘을 북돋아 주는 기능을 한다.

학생들은 자신의 지식에 의지하여 문제를 혼자서 푸는 것이 아니라, 교사나 동료와 서로 협력하며 해결해 나간다. 틀리면 주변의 도움을 받아 다시 해결할 기회가 생기며 평가 결과에 대한 적절한 정보를 제공받고, 추수 지도를 통해 학습을 지속적으로 성찰하고 개선해 간다. 평가의 결과로 자신의 등수를 알게 되는 것이 아니라 무엇을 알게 되고 할 수 있게 되었는지를 즉, 자신의 성장 정도를 확인한다. 그리고 피드백을 활용하여 그 이상의 성장을 위한 학습의 밑거름으로 삼는다. 이처럼 평가는 학습자의 삶을 응원하는 도구가 되어야 한다.

다음은 과정 중심 평가를 포함한 이상적인 평가의 특징들이다.

첫째, 평가가 수업과 분리된 것이 아닌, 수업 자체가 평가가 되도록 하여 학생의 배움을 도울 수 있어야 한다. 수업 중 이루어지는 효과적인 피드백을 통해 학생이 어느 지점에 와 있고, 어떤 방향으로 나아가야 할 것이며 목표에 도달하는 방법은 무엇인지를 밝혀 학생이 자신의 학습을 지속적으로 성찰하고 개선할 수 있도록 한다.

둘째, 평가는 학생의 발달을 중심으로 이루어져야 한다. 먼저 학생별로 도달 목표와 속도가 다를 수 있다는 것을 인정해야 한다. 나아가, 학생들이 함께 협력해 문제를 해결함으로써, 모든 학생이 저마다의 학습 목표를 달성하도록 지원하는 것이다.

셋째, 학생들이 서로 협력할 수 있는 평가를 진행해야 한다. 도전적인 과제, 실생활과 밀접하게 관련되어 있어 흥미를 유발하는 과제, 혼자서는 해결하기 어려우나 협력하면 해결할 수 있는 과제를 제시해야 한다. 과제를 해결하는 전 과정에서 교사와 학생, 학생과 학생 간의 협력을 통해 과제를 수행하는 과정을 보여주고 이를 바탕으로 학생의 잠재적 발달을 이끈다.

넷째, 주어진 답을 찾기 위해 이루어지는 평가가 아니라, 보다 깊고 넓은 자기 생각 만들기, 참된 학력 신장에 기여하는 평가로 이루어져야 한다. 이때 다양한 정답이 있을 수 있다는 것을 인정하고, 그것을 찾아 나가는 과정에서 여러 번의 도전기회를 부여해야 한다.

다섯째, 미래를 살아갈 학생들의 실생활에서 필요한 실천적 지식을 함양할 수 있도록 평가를 활용할 수 있어야 한다. 자기 주도적인 학습을 독려하고, 새로운 지식을 적용하는 고등 사고 능력과 문제 해결 능력을 균형적으로 평가해야 한다.

3. 현재 우리의 수업과 평가는?

1) 수업과 평가 혁신 운동

어제 가르친 그대로 오늘도 가르치는 건, 아이들의 내일을 빼앗는 짓이다.

— 존 듀이(John Dewey)

인류는 날마다 변화해왔다. 어제와 다른 내일이 존재하기에, 교육은 지속적으로 변화와 발전을 도모할 필요가 있다. 우리의 교육 역시 학생들의 내일을 위해 다른 것을 가르칠 것을 주문받는다. 허나 계속된 요구에도 한국의 교육은 근본적인 변혁을 이루지 못했다는 비판에 직면하곤 했다. 고질적인 문제로 지적되는 학생들의 학습 흥미 상실, 통합적 지식관의 결여, 맥락적인 학습이 이루어지지 않고 있다는 점, 수업과 평가의 괴리, 교실 붕괴와 협력적 윤리의식 저하 등은 수업과 평가가 왜 혁신되어야만 하는가를 여실히 말해준다(노상우, 2015).

특히 21세기 사회에서 요구되는 미래 역량 담론은 획일적인 주입식 교육, 시험 지식의 습득과 평가에 의존하는 기존의 학력관이 주를 이루는 우리의 수업과 평가 문화에 대한 비판을 가속화하였다(이혁규 외, 2020). 자기만의 문화를 가꾸어 개성과 정체성을 확보하려는 청소년을 두고 '예의 없는', '말 안 듣는' 학생으로 인식하는 데서 오는 갈등의 문제 역시 사회적 속도에 적합하지 않은 학교 문화에 대한 부정적 인식으로 이어졌다. 계속되는 학교교육 위기 담론에 대응하여 다양한 정책적 노력이 진행되었으나, 학교의 교수-학습 수준은 사회 변화에 민첩히 대응하지 못하고 있다는 지적을 받기도 했다(김태은 외, 2016).

고무적인 것은 2000년대 들어 소위 '혁신'의 바람이 불면서, 적극적인 교사들을 중심으로 수업 및 평가 개선 노력이 증대하고 있다는 것이다. 배움중심 수업, 학생 주도 수업, 거꾸로 수업, 하브루타 수업, 배움의 공동체, 프로젝트 수업, 참된 학력을 위한 역량 중심 수업 등 학생을 중심으로 하는 다양한 수업에 대한 목소리들이 계속 커져 나갔다. 수행평가로부터 촉발되어 서논술형 평가, 과정중심평가 등의 평가 혁신 문화도 확산되고 있다.

교사들은 '수업과 평가 방법에 대한 단순한 비판을 넘어, 교육과정-수업-평가를 일체화시키자.', '수업 성찰과 수업 나눔의 확산을 통해 학교 문화를 바꿔나가자.', '교사들의 학습공동체 활동을 바탕으로 전문성을 신장해나가자.' 등의 구호를 내세워 총체적인 변화를 도모하고 이끌어나가고 있다.

정부의 정책적이고 적극적인 노력도 함께 전개되었다. 현행 교육과정인 2015 개정 교육과정은 핵심역량에 기반한 교육과정을 지향하며, 교과 특성에 맞는 다양한 학생 참여형 수업을 활성화하여 학생들의 자기 주도적 학습 능력을 기르고 학생들이 학습의 즐거움을 경험하도록 하는 것을 추구한다. 평가에 있어서도 큰 진전이 있어, "학습의 과정을 중심으로 하는 평가를 강화하여 학생이 자신의 학습을 성찰하도록 하고, 평가 결과를 활용하여 교수 · 학습의 질을 개선한다."라고 명시하여 제도적 조건을 공고히 했다(교육부, 2015). 또한, 이를 성공적으로 실행하기 위한 다양한 자료 개발 및 보급, 대규모 교사 연수 시행, 패러다임 등을 공유하며 뒷받침하고 있다(이혁규 외, 2020).

허나 획일적이고 강제적인, 위로부터의 혁신은 교사들의 자발적 변화를 이끌어내는 데에는 한계가 있다. 그보다는 교사들 중심의 교원 단체나 교과별 연구회, 모임 등에서 추진하는 수업 변화 노력 혹은 지역교육청 단위에서 진행한 혁신학교 운동이 더 효과적이다. 전통적인 교사 주도의 강의식 수업을 변화시키기 위한 교내 구성원들의 노력은 꾸준히 제기되고 시도되어 왔다. 최근에는 교사들 간의 협업 규모가 커지면서 범교과적 융합 수업 및 평가, 다양한 프로젝트 수업과 이와 연계된 평가나 주제 중심의 통합 수업 등이 시도되기도 한다.

2) 혁신 보편화의 구조적 어려움

아래로부터의 변혁 추동과 위에서의 적극적 수용 및 정책지원은 분명 학교 현장을 변화시키는 동력으로 작용하고 있다. 그러나, 이런 수업 및 평가 혁신의 경향과 확산 속도는 학교별, 지역별로 많은 편차를 보인다. 일반화에 닿기에는 여러 장애가 존재하기 때문이다. 특히 수업과 평가를 설계하고 새롭게 시도해야 하는 주체인 교사에게 가해지는 제도적 · 구조적 · 사회적인 방해요소가 큰 부담이 된다.

먼저, '진도'에 대한 압박이 존재한다. 활동 수업시간을 배치하고 과정 중심 평가를 시행하기 위해서는 기존에 가르쳐야만 한다고 생각했던 내용 요소 중 일부를 덜어내야만 한다. 또한, 활동 중 발생하는 다양한 변수로 인해 시간이 지체되거나, 설계한 의도대로 활동이 진행되지 않는 경우도 있을 수 있다. 학생들에게 지속적인 활동이 피로로 누적되기도 하고, 학부모는 학생들의 지식 습득 과정에 우려를 표하기도 한다. 그러다 보니 교사는 효율적인 수업 계획 운영에 어려움을 느끼고 체계적인 강의식 수업으로 돌아오게 된다. 분명 교사에게는 핵심 성취기준을 중심으로 학습량을 적정화할 수 있는 재량권이 존재함에도, 이러한 압박은 가시질 않는다.

이는 '대입'이라는 사회적 패러다임이 변화하지 않은 채 수업 변혁만 추구하는 구조적인 문제에서 비롯된다. 진학과 입시의 문제가 해결되지 않은 채 학생 주도형의 수업을 진행한다는 것은 설득력을 갖기 어렵다. 당장 눈앞의 '꿈'이 대학인 학생들에게 삶과 연계된 핵심역량이 과연 어떤 의미가 있을까? 학생의 배움이 일어나기 위한 수업을 진행한들, 그 배움이 학생과 학부모에게 갈급한 이 상황을 해결하지 못한다면 과연 목적을 달성한 것이라 할 수 있는가? 경쟁 구조를 부추기는 상대평가가 존속하는 이 상황에서, 모두가 행복한 수업과 평가, 교육이 과연 가능한 것인가?

결국 '평가'가 문제다. 앞서 살펴보았듯 평가는 학생의 성장을 목적으로 이루어져야 한다. 그러나 사회는 평가의 '공정성'만을 중시한다. 예컨대 사회과 논술형 수행평가를 치를 경우 교과서가 설명하는 정답과 같은 내용을 수려하게 써 내려간 학생이 있는 반면, 문장의 주술구조는 명확하지 않지만 독창적인 문제해결방안이 돋보이는 글을 쓴 학생이 있다. 어떤 교사는 후자의 학생에게 좋은 점수를 준다. 그러면 종종, "너무 주관적이다."라며 이에 대한 반발이 일어나곤 한다. 평가 점수에 대한 이의를 제기하는 것이 잘못되었다는 것이 아니다. 교사가 채점 기준으로 삼은 독창성을 신뢰하지 못하는 것이다. 김성우와 엄기호(2021)는 이를 두고 '공정성에 갇힌 평가'라고 표현했다. 평가자가 공공적인 기준을 갖고 평가하리라는 것에 대한 믿음이 없다 보니, 공정한 평가가 가능한 단답형과 선다형 방식의 문제 출제를 선호한다는 것이다. 그런데 과연, 정답이 확실한 단편적인 지식을 묻는 것이 가장 공정하다고 할 수 있는가? 이 공정성의 신화에 갇혀 학생들의 배움이 일어나도록 하는 평가를 운영하지 못하는 것은 정당한가?

교사의 공공성에 대한 신뢰뿐만 아니라 교사의 지위와 교권의 문제 또한 수업과 평가의 변화를 저해한다. 학교에 대한 불신은 교사의 교과 전문성에 대한 불신으로 이어진다. 신학기를 맞이해 새로운 수업을 모색했던 교사는 동 교과 교사, 관리자, 학부모와 학생 등의 등쌀에 시도하지 못하고 좌절하기도 한다. 교실 내부의 권력 관계도 변화했다. 이제 교실에는, 과거 교사와 상하 관계를 이루어 수동적이어야만 했던 학생들이 아니라, 스스로 자신에게 적합한 강의와 과목을 선택해서 공부하는 소비자로서의 학생들이 앉아있는 것이다. 개개인의 목적에 따라 교사의 변동이 달갑지 않은 수요자들의 적극적인 표현은 '민원'이라는 이름의 방해요소로 작용하기도 한다. 전문가로서의 교사에 대한 존중, 도전에 대한 지지가 확보되지 않고서는 그 부담을 이겨내기 어렵다.

교사의 과중한 '업무' 역시 교육에 대한 고민과 성찰, 변모를 방해한다. 오죽하면 수업에 대한 고민만 했으면 정말 소원이 없겠다는 푸념이 곳곳에서 들리겠는가. 첫 발령지 첫인사 때, 전임 선생님께서 긴밀히 하셨던 말씀이 기억에 남는다. "선생님, 이 학교는 수업이나 학생보다 업무가 중요해요. 수업시간 중에도 업무 잘못되면 불려가니까 그렇게 알고 계세요." 공강 시간에 교과서를 펴 놓고 교재연구를 하고 있으면 "여유 있나 봐?" 하며 비아냥을 들은 적도 있다. 본연의 교육 이외의 번잡한 업무들이 우선시되는 학교 현장의 분위기는 반드시 개선될 필요가 있다.

이처럼 수업과 평가 혁신의 바람이 일반화되기에는 구조적인 어려움이 따른다. 그럼에도 불구하고. 고군분투하며 이상적인 수업을 실천하고자 하는 교사들은 계속해서 증가하고 있었다. 지속적인 노력 덕분일까, 최근에는 마인드가 유연화된 학부모와 관리자들이 많아지면서 혁신의 분위기가 무르익는 학교의 비율이 높아지기 시작했다.

그렇다면 학생의 삶을 위한 배움이 가득한 수업과 평가는 어떤 수업일까? 이상(理想, ideal)한 학교의 이상한 수업, 이상한 평가의 사례를 살펴보자.

4. 이상(理想)한 수업과 평가, 여기에 있다

1) 이상한 역사 수업 : 우리는 현재다 프로젝트

(1) 프로그램 진행 과정

	수업 내용	
1차시	방과 후 수업 개설 목적 OT : 개별 발표 주제 선정 및 교육과정 디자인	
2차시	교육과정 리디자인 및 읽기 자료 배부	
3차시	발제 1 – 수탈당한 청춘, 노동	
	라티푼디움과 플랜테이션	학생1
	일제강점기 강제 징용	학생2
4차시	발제 2 – 수탈당한 청춘, 여성	
	공녀와 환향녀	학생3
	조혼	학생4

<table>
<tr><td rowspan="3">5차시</td><td colspan="2">발제 3 – 수탈당한 청춘, 전쟁</td></tr>
<tr><td>일제 강제징병과 6.25 학도병</td><td>학생5</td></tr>
<tr><td>일본군'위안부'와 라이따이한</td><td>학생6</td></tr>
<tr><td rowspan="3">6차시</td><td colspan="2">발제 4 – 수탈당한 청춘, 배움 그리고 우리</td></tr>
<tr><td>일제강점기 황국신민화 정책</td><td>학생7</td></tr>
<tr><td>반공 교육</td><td>학생8</td></tr>
<tr><td rowspan="3">7차시</td><td colspan="2">우리 교육 개선 프로젝트 – '우리는 현재다'
1. 우리의 청춘은 현재다</td></tr>
<tr><td colspan="2">발제 - (가) 조</td></tr>
<tr><td colspan="2">우리들이 직접 디자인한 교육과정에 따라, 우리는 4가지 키워드, 8개의 소주제의 문제를 다루는 수업을 진행해왔다. 이 중 수업 과정에서 거론되었던, 혹은 수업을 진행하다 보니 떠오른 방안 등 우리 수업과 연관된 내용의 교육 제도 분석 및 개선안을 정리해서 살펴본다.</td></tr>
<tr><td rowspan="3">8차시</td><td colspan="2">우리 교육 개선 프로젝트 – '우리는 현재다'
2. 우리의 청춘은 미래다</td></tr>
<tr><td colspan="2">발제 – (나) 조</td></tr>
<tr><td colspan="2">우리 사회는 여러 '혁명'과도 같은 변화를 거치며 급변해왔으나, 학교는 사실 그 변화에 둔감한 편이었다. 분명, 우리가 살아갈 '미래'는 더 빠른 속도로 변화해 갈 것이다. 우리의 학교 교육은, 우리가 '살아갈' 미래에 필요한 배움을 제공해주고 있을까? 미래 세대인 우리들의 삶과 연관된 교육 제도 분석 및 개선안을 제안해본다.</td></tr>
<tr><td rowspan="3">9차시</td><td colspan="2">우리 교육 개선 프로젝트 – '우리는 현재다'
3. 우리의 청춘은 행복하다</td></tr>
<tr><td colspan="2">발제 – (다) 조</td></tr>
<tr><td colspan="2">우리 수업은 '수탈당한 청춘'이라는 키워드를 바탕으로 진행된 역사 수업이었다. 우리의 청춘은 그렇다면 어떠한가? 우리의 청춘이 행복하기 위해서 학교는 어떤 곳이 되어야 하는가? 우리 청춘의 현재를 되짚어보고, 행복한 청춘을 만들기 위한 교육 제도 분석 및 개선안을 제안해본다.</td></tr>
</table>

교육과정 리디자인 활동 계획

(2) 학생이 주도하는 교육과정 디자인

A 고등학교의 방과 후 어느 교실. 이 고등학교는 방과 후 수업의 방식으로 '아카데미 수업'방식을 도입하였고, 이를 적극적으로 지원하였다. 교과와 관련된 심화 내용이나 비교과 및 진로에 연관한 주제를 선정해 학습하는 형태였으며, 수업 혁신 예산을 배정해 소인수 방과 후 수업의 경제적 부담을 덜도록 하였다. 아카데미 수업 방식의 방과 후 수업이 열리자, 역사에 관심을 지닌 8명의 학생이 자발적으로 모였다. 수강인원이 적어 개설되지 않을 수도 있다는 역사 교사의 전언에 학생들이 직접 업무 담당 교사에게 간곡히 부탁해 수업을 개설했다.

수업을 관통하는 키워드인 '수탈당한 청춘'은 교사가 제시했다. 이 역시 학생에게서 시작된 용어였다. 지난 학기 한국사 수업의 마지막 날 현재사로서의 학생 인권사를 학습한 뒤 이어진 토론 중, 어느 학생이 말했다.

"매일 같이 공부를 해야 하고, 경쟁에 놓여있어야 하는 우리들의 청춘은 마치 거대한 무언가에 의해 수탈당하는 느낌이에요."

행복하고, 건강하기에도 모자란 10대 청소년에게 '수탈'이라는 용어를 듣게 될 줄은 몰랐던 교사는 우리의 교육과 수업이 무언가 잘못되어가고 있다고 직감했다. 이에 꽃다운 청춘이 수탈당하지 않도록 하기 위한 노력에 착수했고, '수업'을 혁신하는 데서 이를 시작하고자 했다.

그러나 학교 현장의 일과 중 수업을 바꾸어간다는 것은 쉬운 일이 아니었다. 내신 수업과 등급, 대학입시라는 거대한 장벽, 특히 수능 필수인 한국사 수업에서 주제 중심 프로젝트 학습을 시행하기엔 부담이 컸다. 이때 학교 차원에서 아카데미 방과 후 수업 프로그램이 한시적으로 운영된다는 이야기를 듣고 이를 활용하기로 하였다. 소규모 그룹의 심화 주제 탐구 수업을 지원하는 프로그램이었다.

대학 입시와도 상관이 없었고, 진도의 압박도 없었다. 학생들의 꿈과 끼, 흥미와 적성에도 적합했다. 소규모의 인원이었기에 과제 수행과 토론 수업에도 부담이 없었다. 모든 장비가 갖춰졌기에 교사는 마음껏 학생에게 요리의 주도권을 쥐어줄 수 있었다.

1차시가 시작되었다. 교사는 학생들에게 이 수업에서 어떤 이야기를 나누고 어떤 성장을 이루고 싶은지를 물었다. 저마다 자신의 꿈과 진로, 고민에 관해 이야기를 나누었고, 교사는 그에 관련해 키워드를 제시했다. '수탈당한 청춘, 그리고 학생들이 직접 8시간의 교육과정을 디자인해볼 것을 제안했다. 우선 키워드에 대한 나름의 정의를 나눈 학생들은 역사 속 사례를 발제하고 이를 바탕으로 토론을 진행하는 수업 형태를 선택했다. 브레인스토밍 활동을 통해 수탈당한 청춘의 사례를 찾아보는 활동을 진행했다. 그리고 이를 바탕으로 8가지의 사례를 선정하고 발제자를 정하였다.

2차시는 거칠게 디자인된 교육과정을 교사와 함께 다듬는 리디자인 작업이었다. 교사는 학생들이 선정한 주제에 관련된 읽기 자료를 엄선하여 배부하고, 추가적인 자료를 검색하여 발제에 활용하도록 안내했다. 아울러 미디어 리터러시 교육을 진행해 정보 활용 및 탐색 역량을 함양하도록 하였다. 학생들은 8가지의 사례를 어떠한 관점에서 발제할 것인지를 논의하고, 관점에 맞게 순서를 배정해 차시를 구성했다. 총 9차시의 짧은 방과 후 수업시간이었기에. 한 차시에 두 명이 발제할 것으로 정했다. 그리고는 약 3차시 정도는 자신들의 삶과 연계하여 현재 우리의 청춘에 대한 자유 토론을 진행해보자고 제안, 구체적인 주제는 수업을 진행하며 결정하기로 하였다.

학생들은 자신들이 흥미 있어 하는 주제가 주어지자, 이에 적합한 수업의 방향을 결정하고 이에 필요한 수업시간도 정했다. 교사와 학생들 모두가 협력하여 교육과정을 새롭게 구성하는 작업을 진행하는 오리엔테이션 수업을 진행하는 것은 여러 방면에서 긍정적이다. 첫째, 학생들이 수업 자체에 책임의식을 느껴 집중력이 높아지며, 둘째, 본인들이 직접 정한 교육과정과 수업 주제이기에 학생들 삶과 연계되어있을 확률이 높다. 셋째, 학생들의 손에서 교육과정이 결정되는 과정에서 교사는 조력자로서 기능하게 되는데, 이때 교사와 학생 간 래포와 동료의식이 형성되어 수업 진행에 도움을 받을 수 있다.

(3) 학생이 이끌어가는 수업 방식, 발제식 토론

학생들의 발제문 모음

발제식 토론 수업이란, 발제자가 해당 주제에 관련해 5~6페이지 정도의 발제문을 작성하고 수업시간 중 간단히 발표하면 그 내용을 바탕으로 자유로운 토론이 진행되는 형태의 수업 양식이었다. 발제문은 미리 공유되어 모두 읽어오는 것을 원칙으로 하였고, 발제문과 발제자의 질문에서 비경쟁 자유 토론이 시작되었다. 사실 토론보다는 '토의'에 가까웠다.

다양한 토론 거리가 쏟아져 나올 때 교사는 이를 관찰하며 기록하고, 여러 질문을 던지고 생각을 나누면서 동료 학습자로 기능하였다. 아울러 학생들의 자유로운 사고확장과 생각 전개를 방해하지 않도록 노력했다. 학생과 학생, 학생과 교사 간의 자유로운 의사소통과 상호작용을 바탕으로 수업이 전개되었다. 학생들은 자신의 견해를 어렵지 않게 이야기하고, 서로의 이야기를 경청했다. 평소 수업 중 발표 활동에 어려움을 느꼈던 학생들도 친구들과 편하게 이야기하는 자리라고 생각하니, 열띤 토론을 이끄는 주인공으로 성장하였다.

(4) 우리 교육의 미래를 학생이 직접 그려보다

발제와 토론 수업이 마무리된 뒤에는 7~9차시에 걸쳐 우리 교육 개선 프로젝트를 진행했다. 수탈당한 청춘의 역사적 사례를 바탕으로 우리의 청춘을 지키기 위해서는 우리의 교육이 변화할 필요가 있다는 결론에 도달했기 때문이다. 학생들은 다양한 교육 개선 방안을 논의하였는데, 마냥 불만과 비판만 가득한 것이 아니라 우리 교육 자체에 대한 애착도 가득했다. 학생들은 자신들에게 어떠한 배움이 필요한지를 명확하게 알고 있었고, 배움이 제대로 이루어지기 위해서는 어떤 교육적 노력이 지원되어야 할지도 정확하게 파악하고 있었다. 그리고 이러한 학생의 문제의식이 교육정책을 제정하고 개정할 때 적극적으로 반영될 필요가 있음을 주창했다.

우리는 학생들이 '미숙'할 것이라는 우려로 그들의 목소리를 제대로 반영하지 않는다. 그러나 학생들은 자신들의 미래를 끊임없이 그린다. 그들 역시 현재를 살아가는 시민이며, 미래는 우리보다는 학생들의 현재에 가깝다. 오늘은 학생들의 삶이 가득한 공간이자, 그들을 위해 존재하는 시간대일 것이다. 이상한 수업은 이처럼 학생들이 목소리를 낼 기회를 제공한다. 학생들의 삶과 미래를 위해 수업이 존재해야 한다는 시각을 거두지 않는다.

2) 이상한 영어 수업과 평가 : 체인지 메이커를 키우는 영어 수행평가

B 중학교의 영어 교사는 학생들의 삶을 위해서는, 체인지 메이커 교육이 필요하다고 보았다. 체인지 메이커 교육이란, 변화(change)를 만드는 사람(maker), 자신의 아이디어와 자기 주도적인 실행을 통해 문제를 효과적으로 해결하고 긍정적인 변화를 만들어 낼 수 있는 개인으로서, 이를 위해 필요한 자질과 목적의식을 분명히 가진 사람을 말한다(최선경 외, 2018). 문제 해결의 목표가 사회적 편익의 극대화를 위해서라면 누구든지 체인지 메이커가 될 수 있다. 즉, 체인지 메이커는 개인의 이익을 넘어서 사회 전체의 이익에 초점을 두고, 공공의 문제 해결을 위해 행동하는 사람들이다(이은상 외, 2019).

교사는 그 시기 어느 중학교의 사회 수행평가가 사회를 바꾸어나가는 걸 목도했다. D 중학교 3학년 사회 과목 '지방선거 수업'에서 '교육 주체로서 교육정책을 직접 만들어보고 정책 결정에 참여해보기' 수행평가가 진행되었다. 학생들은 다양한 정책을 제안하고, K 교육청 정책제안 홈페이지에 정책 제안 글을 올렸다. 그중 '9시 등교 정책'이 채택되어 바로 다음 학기부터 시행되기에 이른 것이다.

교사는 이에 영감을 얻고 학생들이 사회를 변혁시킬 수 있는 수업을 구상해갔다. 그리고 이러한 교육을 '체인지 메이커 교육'이라고 하는 것을 알게 되었다. 체인지 메이커 교육은 대상에 따라, 교육기관의 목적에 따라 다양한 형태로 진행되고 있다. 사실 프로젝트 학습, 디자인 씽킹, 사회 참여 교육, 민주시민교육, 세계시민교육 등은 모두 체인지 메이커 교육과 밀접히 관련되어 있다. 교사는 그중 사회 실천에 초점을 맞춘 체인지 메이커 교육을 시도하기 위해 교육과정을 재구성하기 시작했다.

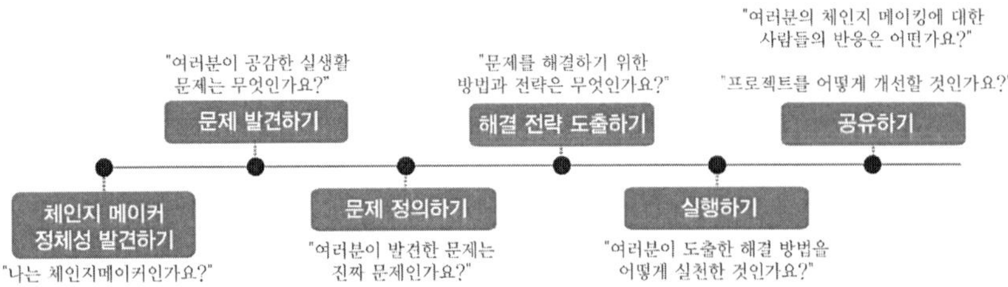

체인지 메이커 교육 전개 과정

(1) 문제를 발견하기

먼저 우리 사회와 관련된 문제를 찾아보는 활동을 통해 프로젝트의 주제를 선정했다. 1차시로 진행된 <What is the our Problem?> 활동은 다양한 사회문제들이 나와 분리된 것이 아닌 연결된 속성, 관계성을 지니고 있음을 파악하게 하는 활동이었다. 우리 학교의 문제점을 찾아보자고 주었더니 막상 쉽게 떠오르지 않는 것 같았다. 이에 이전 차시에 세계시민교육에서 다루었던 세계에 만연한 사회문제들에서 출발할 것을 제안했다. 학생들은 다양한 이야기를 쏟아냈고, 실생활에 관련된 사회문제를 발견해 나갔다.

	문제 발견하기(공감하기)
1모둠	고래의 죽음 → 분리수거가 잘 안된다
2모둠	자연 보호 → 교정에서 자연을 느낄 수 없다
3모둠	홍콩 민주화 시위 → 학교 교칙이 불합리하다
4모둠	인권 문제 → 화장실이 더러워서 청소하시기 어렵다

우리 학교 문제 발견하기 예시

세계시민교육에서 언급한 다양한 세계적 사회문제들이 우리 학교의 문제, 나아가 나의 문제에 해당할 수 있다는 것을 알게 된 학생들은 배움이 곧 나의 삶과 연계되어있음을 깨달았다. 이처럼 수업 안에서 학생들은 삶과 연결된 나의 배움을 주도해나갈 수 있었다.

(2) 해결 전략 세우기

2~4차시에는 모둠별로 결정한 사회문제의 해결방안을 찾아 나가는 시간을 진행하였다. 2차시엔 먼저 5 why 기법을 활용하여 문제의 본질을 생각해보도록 하였다. 모든 질문을 영작하는 과정에서 학생들이 크게 어려움을 느끼는 듯하여 마지막 학급에서는 끝의 2개 질문만 영작하도록 하였다.

3차시에는 해결방안을 정리하여 발표문을 작성하도록 하였다. 문제에 대한 근본 원인을 발견한 학생들은 학교의 사회문제를 해결하기 위한 구체적인 실행 방안을 토론하여 정리했다. 4차시에는 이를 바탕으로 영어 칼럼을 작성하도록 진행하였으며, 원어민 선생님과 함께 팀티칭을 진행했다.

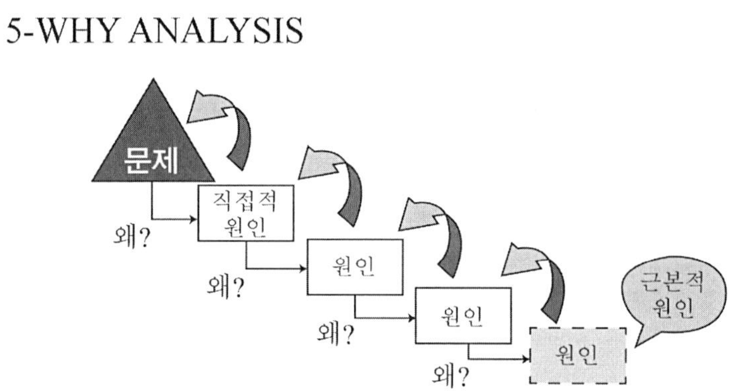

〈5 why **분석법**〉 어떤 문제의 근본 원인을 찾아내기 위해 다섯 번의 왜를 물어 근본적인 문제 해결 방안을 도출하는 방법이다

문제의 본질을 찾아 이를 해결하는 구체적인 방안을 도출하는 과정에서 학생들은 자신의 삶에 필요한 협력적 문제해결역량을 크게 함양할 수 있었다. 교사는 이러한 과정에서 나타난 학생들의 활동 전반을 관찰 평가하고

기록하였다. 중요한 것은 배움을 곧 공유하는 과정이 반드시 연계되어야 한다는 것이다. 이에 교사는 학생들의 칼럼을 발표하는 프레젠테이션 과정을 구상하고 더 많은 사람에게 공감을 얻기 위해 영상 촬영을 계획하였다.

(3) 공유하기

작성한 영어 칼럼을 바탕으로 프레젠테이션을 준비했다. 5~6차시에 걸쳐 영어 프레젠테이션 스크립트를 제작하고 모둠별로 준비하였다. 7차시에는 각 모둠별 10분 안팎의 발표 활동을 진행하였는데, 발표 내용은 영상으로 촬영되어 학교 게시판에 공유되었다. 교사와 원어민 교사는 담임 교사와 학교 교직원들에게 메시지를 보내 학생들의 활동을 홍보했다. 영어 칼럼 제작물은 각 학급의 복도 벽에 게시되었는데, 해결방안에 공감할 경우 '좋아요' 하트 스티커를 붙이도록 하는 캠페인도 함께 진행하였다.

모든 활동은 과정 중심 평가와 연계되어 운영되었다. 1차시의 문제 발견하기 과정에서의 적절성, 2차시의 5 why 기법을 적용한 문장의 영작이 잘 되었는지, 3~4차시에 작성한 칼럼, 5~6차시 모둠 활동 과정은 모두 루브릭을 활용한 과정 중심 수행평가로 치러졌다.

기말고사 준비로 인해 전체 학생을 대상으로 하는 캠페인 활동을 직접 하지 못했던 점은 아쉽지만, 영상물에 대한 반응이 뜨거웠다. 특히 화장실 깨끗하게 쓰기 프로젝트 활동과 교칙 개선 프로젝트 활동은 대토론회의 안건으로 채택되어, 부당한 교칙을 개선하는 데까지 나아갔다. 학생들은 체인지메이커 교육을 바탕으로 자신의 삶을 자주적으로 계획하고 역동적으로 운영해가는 주체이자, 시민이 되어갔다.

3) 이상한 온라인 수업과 평가 : 미래 세대의 인권 수업

(1) 이상한 미래학교

C 중학교는 혁신학교로 지정되어 운영되고 있다. 이 중학교는 학생의 삶을 중심으로 하는 교과 융합의 교육을 추구하고 있다. 이 학교는 매 수업시간을 블록 타임제로 운영하는데, 블록타임제가 연계성 있는 양질의 수업활동이 이루어지는 데 필수조건으로 여겨졌기 때문이다. 특히 수업의 주도권을 학생들에게 넘기기 위해서는 충분히 활동하고 숙고할 수 있는 수업시간을 확보하는 것이 중요하다고 여겼다.

학교는 교사들이 터치 디스플레이를 갖춘 랩톱(서피스, 크롬북 등)을 구비할 수 있도록 지원하고, 학생들에게도 태블릿 PC를 지원한다. 교사는 학교 공용의 드라이브(원 드라이브, 구글 드라이브 등)에 해당 차시의 수업활동이 가능한 자료를 업로드 해둔다. 학생들은 태블릿 PC에서 로그인하여 드라이브를 활용해 자료 파일을 다운로드받는다. 수업은 이처럼 ICT를 기반으로 운영된다.

모둠 활동은 모둠별 채팅방(팀즈)에서 이루어졌다. 학교는 파일이 자유롭게 오갈 수 있는 채팅방을 개설해두고 학생들이 자유롭게 활용할 수 있도록 했다. 교내 구성원만 활용할 수 있도록 플랫폼(마이크로소프트, 구글 클래스룸 등)을 구축해두었기 때문에 안심하고 활용할 수 있었다. 드라이브와 연계된 전자 필기장(원노트)이 있어 글쓰기에 기반한 과제도 원활하게 이루어질 수 있다. 교사와 동료 학생들은 친구들이 작성하는 글을 실시간으로 확인하고 댓글이나 메모 기능을 활용하여 피드백한다. 동료 피드백과 교사 피드백을 받은 학생들은 실시간으로 자신의 과제를 수정할 수 있으며, 수정 기록이 서버에 남아있어 이를 반영한 과정중심평가를 진행할 수 있다.

학교 공동의 드라이브를 구축하는 경우, 과정을 확인할 수 있는 수업 산출물들이 드라이브에 쌓이게 된다. 이 경우 교사의 채점뿐만 아니라 학생들이 피드백을 확인하기에 용이하다. 특히 원격수업과 대면 수업이 분리되지 않고, 온-오프라인을 넘나들며 일관성 있는 수업 및 평가 활동을 이어갈 수 있었다.

(2) 이상한 인권 수업

C 중학교의 사회 교사 역시 확장된 교육 생태계를 적극적으로 활용했다. 교사는 매 학기가 시작하기 전에, 미리 교육과정을 재구성하여 주제에 적절하도록 성취기준을 조합한다. 이번 학기의 한 학기 주제는 '코로나19'로 잡고, 코로나19 시대의 정의, 약자, 경제, 인권, 사회 변화라는 소주제를 선정했다. 소주제 당 6~9차시의 수업시간을 분배하여 블렌디드 러닝을 구성했다.

코로나 시대의 '인권' 수업은 총 8차시로 구성되었다. 1차시는 온라인 수업으로, 읽기 자료에 바탕을 둔 하브루타 수업을 진행하였다. 먼저 온라인 퀴즈 프로그램(띵커벨)을 활용하여 전시 수업의 내용을 퀴즈로 정리하여 학습에 대한 동기를 유발했다. 그리고 교사는 교과서와 뉴스 자료를 활용해 만든 읽기 자료 PDF 파일을 원노트에서 공유해 학생들이 자신의 태블릿 PC로 읽을 수 있도록 하였다. 읽기 자료를 바탕으로 질문을 제작한 학생들은 줌의 소회의실 기능을 활용한 짝 토론을 실시한다. 최종 질문으로 선정된 질문은 패들렛을 통해 공유되는데, 다른 친구들이 제작한 질문 중 세 가지 질문에 댓글을 달아 소통하는 시간을 가졌다. 이를 바탕으로 인권의 역사와 인권에 대한 개념을 깊게 이해할 수 있었다.

2차시와 3차시 역시 온라인 수업이었다. 주제는 코로나19 시대의 인권 문제였는데, 모둠에서 직접 세부 주제를 정하도록 하였다. 줌의 소회의실 기능을 통해 모둠 활동이 진행되었으며, 2차시에는 모둠 활동 계획서 작성 및 제출을 했고, 3차시에는 자료 조사 및 공유의 시간을 가졌다.

4차시와 5차시는 오프라인 수업이었다. 온라인 PPT 제작 활동을 진행하였는데, 교사는 프레젠테이션이 만들어지는 과정을 실시간으로 확인할 수 있었다. 각자 태블릿 PC를 활용하여 조사한 내용을 자신의 페이지에서 작업하도록 하였다. 교사는 온라인 작업 활동이 이루어지는 과정을 확인하며 채팅과 댓글을 활용해 실시간 피드백을 진행하였다.

6차시는 모둠이 제작한 프레젠테이션 발표 수업이었다. 발표를 듣는 친구들은 패들렛을 통해 발표에 대한 실시간 피드백을 진행했다. 4차시와 5차시의 프레젠테이션 제작 및 6차시 발표 내용은 모두 수행평가로 반영되었다. 즉, 과정중심평가를 진행한 것이다.

7차시와 8차시는 다시 원격수업 주간, 7차시는 사회적 약자에 대한 다큐멘터리를 시청하고 자기 생각을 타이포그래피로 나타내는 활동이었다. 종이에 그려 사진으로 찍어 올리거나, 온라인 화이트보드를 활용해 표현하기도 하였다. 8차시에는 온라인 공유문서를 활용하여 인권 문제에 관련된 글쓰기 활동을 진행하고, 글에 대한 댓글 달기 활동을 진행하였다. 이를 바탕으로 인권 감수성을 함양하고 지금까지의 배움을 직접 정리하는 시간을 가질 수 있었다.

이 수업은 진정한 블렌디드 러닝이라 할 수 있었다. 이처럼 온라인과 오프라인을 넘나드는 이상한 수업과 평가는, 학생의 삶과 배움, 그 성장을 응원하는 교육 도구가 되고 있었다.

5. 이상(理想)한 수업과 평가는 왜 이상(異常)한가?

지금까지 우리는 이상적인 수업과 평가들을 살펴보았다. 배움이 중시되는 '좋은 수업'과 '좋은 평가'에 가까운 이상한 수업과 평가는 교사 대부분에게 긍정적인 자극을 준다. 그리고, 이어지는 푸념. "우리 학교는 저거 못 할 거야." 학생의 성장을 적극적으로 독려하는 수업과 평가들이 이상적으로 보이고 또 지향해야겠다 생각하지만, 또 한편으로는 극복하기 어려운 문제들이 산재해 있기 때문이다.

1) 학교가 먼저, 이상한 학교 되기

우리 학교는 안돼. 틀리기만 한 말은 아니다. 이상적인 수업과 평가가 제대로 이루어지기 위해서는 무엇보다 '학교'가 이상해야 한다. 짜놓은 교육과정의 틀을 깰 수 있어야 하고, 학생들에게 권한을 주는 것을 걱정하지 말아야 한다. 학교에 배정된 예산을 수업과 평가 혁신에 쏟아야 하고, 교사의 수업 성찰과 수업 나눔, 평가에 대한 철학 공유 활동들을 적극적으로 지원해야 한다. 그런데, 이런 학교가 얼마나 있을까? 왜 우리 학교는 이러지 못할까?

이상한 수업과 평가를 지원하는 이상한 학교가 되기 위해서는 '업무분장'이 빨라야 한다. 2월 초나 되어야지만 올해의 학교 구성원이 결정된다는 제도적인 제약으로 인해, 교사가 가르칠 학년과 올해의 업무는 2월 말이 될 때까지 알 수 없다. 당장 3월 초부터 교육을 수행해야 하는 교사의 마음은 속이 타고 애가 탄다. 그 짧은 시일 내, 교육과정을 언제 재구성하고 언제 수업과 평가를 고민할 수 있겠는가? 따라서 전년도 말부터 미리 업무분장을 해놓는 것이 필요하다. 그래야 겨울방학동안 양질의 수업과 평가를 위한 제반의 준비를 갖출 수 있다.

아울러, 교사의 수업과 평가 전문성을 인정하고, 교사의 교육과정 재구성에 대한 노력을 지지해 주어야 한다. 평가의 공정성 시비에 있어 교사의 수업과 평가권을 지켜줄 수 있어야 하며 다양한 방식의 수업과 평가가 이루어질 수 있도록 예산 지원 등을 아끼지 말아야 한다. 이를 위해서는 교육의 공공성에서의 신뢰를 확보하기 위한 선제적 노력이 필요하다. 교육의 또 다른 주체인 학부모와 마을과의 협력을 통해 성장을 위한 배움중심수업 철학을 공유하고, 필요하다면 설득과 협의를 거쳐야 한다.

또한, 학생의 자율성 발휘를 위해, 학생에게 수업과 평가의 주도권을 넘길 수 있어야 한다. 교육과정 재구성의 기회를 주거나, 수행평가의 주제를 학생이 직접 정하게 하는 도전들은 앞으로 자신의 삶을 주도적으로 꾸려나갈 학생 주체들에게 큰 배움을 안겨줄 것이다.

마지막으로, 학교는 포스트 코로나 시대에 필요한 제반 환경을 갖추어야 한다. 적합한 학습 환경을 구비하는 것은 학교라는 공간의 의무이다. 필요한 예산을 확보하여 미래 교육을 위한 환경을 준비해두어야 한다. 교내 전반에 걸친 와이파이 시설을 구축하고, 수업 중 활용할 대여용 태블릿 PC 등을 충분하게 구비하여, 수업 장비로 인하여 학생들에게 배움의 격차가 발생하지 않도록 해야 한다. 교사의 원격수업 준비에 도움이 되는 교구 준비와 수업 역량과 전문성을 함양하기 위한 연수를 제공하는 등 아낌없는 지원을 제공할 수 있어야 한다.

중요한 것은 단순히 제도적인 차원의 지원에서 그치는 것이 아니라, 학교의 모든 구성원에 대한 존중을 바탕으로 학교 운영이 이루어져야 한다는 것이다. 어느 누군가의 희생을 담보하는 형태의 학교는 절대 이상한 수업과 평가를 지속할 수 없다. 학교는 인문학적인 장소가 되어야 한다. 관련된 모든 사람에게 행복한 성장이 일어날 수 있는 공간으로 거듭나야 하며, 이를 위해서는 학교 구성원들 모두의 생각이 합치될 필요가 있다. 학교는 학교 구성원들에게 필요한, 사회와 시대의 요구에 적합한, 교육이 이루어지는 곳으로서의 정체성이 강화된 학교로서 기능할 필요가 있다.

2) 이상한 수업과 평가를 하는, 이상한 교사의 역할

이상한 수업과 평가가 제대로 운영되기 위해서, 가장 큰 노력을 해야 하는 사람은 누구일까? 바로 교사일 것이다. 실제 학교 현장의 변화를 머리에서 추동해 온 것은 교사들이었다. 수많은 제약에도 불구하고, 활발한 활동식 수업, 학생 중심의 활기찬 수업과 학생들의 수업과 평가를 일치시키는 수행평가를 시행해 온 이상한 교사들 덕분이었다.

그동안 교사의 강의에 치우쳐 있던 학교 교육의 현실을 비판하고, 학생 주도적인 교육을 이상으로 삼은 논의들이 꽤 꾸준히 전개되어 왔었다. 학생들의 활동, 창의 교육, 자기 교육력 등에 초점을 맞춘 다양한 활동 중심 수업과 그와 연계된 평가들을 지향해야 한다는 이야기였다. '학생들에게 맡기면 알아서, 자연스럽게, 성장한다.'라는 말이 유행하기도 했다. 특히 4차 산업혁명 시기에는 기존의 지식이 의미가 없으며 지식 생성력, 창의력, 인성교육 등의 역량교육이 오로지 중요하다는 말들도 더러 이루어지고 있었다. 이는 그간 교사의 '가르침'만 존재했던 수업의 관성에 대한 반대급부였다.

그러나, 최근 이에 대한 반론도 제기되고 있다. Daisy Christdoulou는 자신의 책 『아무도 의심하지 않는 일곱 가지 교육 미신』에서 "최근 너무 많은 교사가 학생들이 '생각'하도록 만드는 일보다 적극적으로 '활동'하게 만드는 일에 더 관심을 두고 있다."라며 비판하였다(Daisy Christdoulou, 2011). 학생들에게 21세기를 대비시켜주기 위해서는 단순한 재미 위주의 활동만 이루어져서는 안 되며, 유의미한 활동이 이루어지기 위해서는 지식 교육을 경시해서는 안 된다는 이야기이다.

그렇다면 이상한 수업과 평가를 하기 위한 교사의 역할은 무엇인가? 교사들은 교육과정을 활발하게 재구조화하여 수업과 평가를 전개할 수 있어야 한다. 실생활에 가까운 요소를 도입해 교육과정을 재구성하고, 학생들의 사전 경험을 반영해 교육내용을 선정한다(김주훈 외, 2002). 그리고 이를 효과적으로 내면화할 수 있도록 수업 활동과 평가를 구상하고 학생들에게 수업의 주도권을 상당 부분 할애한다. 이때, 수업은 협력적으로 이루어지며, 상호 의사소통에 기반하고 있다. 수업과 평가를 수행하는 과정에 있어서는 학생들에게 개별적인 심화 피드백이 제공되고, 피드백을 반영한 수정 후 재제출의 기회가 주어진다.

이것은 단순히 학생에게 모든 것을 맡기는 것과는 다르다. 이상한 수업과 평가가 '이상한' 이유가 여기에 있다. 교사는 학생들의 배움이 의미 있게 이루어질 수 있도록 기반을 마련하여 그들의 잠재적 역량을 끌어낼 수 있어야 하는 것이다.

A 고등학교의 역사 교사는 키워드를 마련하여 학생들의 교육과정 디자인을 돕고, 읽기 자료를 제작하고 미디어 리터러시 교육을 진행하여 학생들의 발제문의 질을 제고했다. 수업 중에는 동료 학습자이자 조력자로서 토론에 참여하되, 학생들의 자유로운 발언을 존중하고 공감하였다. B 중학교의 영어 교사가 설계한 우리 학교의 문제를 찾아가는 체인지 메이커 수업도 그러하다. 교사는 문제의식을 구체화하도록 전시 세계시민교육 수업에서 공부했던 사회문제를 우리 학교에서 찾아볼 것을 독려했다. 학생들이 영작하고 프레젠테이션을 준비할 때에는 원어민 교사의 도움을 받도록 하였다. C 중학교의 사회 교사는 전시 학습을 상기하는 퀴즈를 제작, 제공하여 학습 의욕을 고취했다. 수업 주제와 결부된 읽기 자료를 미리 만들어 하브루타

수업을 설계, 진행하였다. 프레젠테이션 제작과 발표 과정에서는 꾸준한 실시간 피드백, 개별화된 피드백을 제공해 학생의 성장을 힘껏 도왔다.

학생들의 배움을 위한 이상한 수업과 평가는 이처럼 교사의 이상한 노력이 따라야지만 가능하다. 누군가는 보며 "저 학교, 저 선생 참 이상해! 왜 저렇게까지 할까?" 하며 평할 수 있다. 그러나 방임과 교육은 다르다. 비계를 어떻게 설정하느냐에 따라 학생의 성장 정도가 크게 달라질 수 있다. 교육의 질은 교사의 질을 뛰어넘지 못한다는 말이 있다. 이는 교육에 있어 교사가 얼마나 책임감을 지녀야 하는지를 말해준다. 이상한 수업과 평가는, 이상한 교사가 제 역할을 해주어야만 나타날 수 있다.

3) 교육에 대한 다양한 관점을 극복하기

이상한 수업과 평가에 대한 세간의 견해를 정리해보면, 간혹,

> 교사들은 수업 중 그럼 아무것도 안 하는 것 아닌가?
> 결국, 교사 편해지자고 이런 수업과 평가를 시도하는 것 아닌가?
> 이러한 수업과 평가 때문에 학생들이 더욱 공부하지 않는 것 아닌가?

와 같은 강성한 비판이 제기되기도 한다. 하지만 이는 학생 활동 중심 수업과 평가에 대한 큰 오해이다.

우리가 살아온 시대와는 다른, 포스트 코로나의 시대를 살아갈 우리 학생들에게 필요한 역량을 함양하기 위한 교육은 절대 '암기식', '주입식'으로 이루어질 수 없다. 이 시대가 요청하는 '진정한 학습'은 지식의 양을 늘리는 것이 아니라 지혜로워지는 행위이고, 단순히 텍스트에 쓰인 글자를 외워 넣는 것이 아니라 텍스트가 함의한 맥락을 이해하고 자기 생각을 표현하는 활동이다. 자기 주도적인 역량을 발휘한 자신만의 독특한 지적 구조를 체계화하는 학생이 현명한 것이며, 타인의 아픔과 슬픔에 공감하고 그들과 취약성을

공유하며 연민하고 연대하는 능력이 세계 시민으로서 학생들이 갖추어야 할 주효한 능력이라 할 수 있다.

이러한 시대에 앉아있는 시간이 부족해서 '배움이 일어나지 않는다'라고 말한다던가, 지필 평가가 이루어지지 않아서 '공부를 하지 않는다'라고 비판하는 것은 적절하지 않다. 배움은 다른 형식으로도 충분히, 아주 가득하게 일어날 수 있고, 지필이 아닌 다양한 평가로도 학생의 성장을 독려할 수 있다. 우리의 과거를 바탕으로 학생의 미래를 재단해서는 안된다.

이상한 수업과 평가를 진행하는 이상한 학교라면, 학생의 삶과 성장을 위한 지식관과 수업관, 평가관을 지녀야 할 필요가 있다. 물론 모든 교육 주체들이 동일한 관점에서 교육을 바라보지 않을 수 있다. 그러나 이 때문에 학생의 배움을 위한 교육을 등한시하게 되어서는 안 된다.

따라서 다양한 관점을 극복해나가는 뚝심이 필요하다. 이상한 수업과 평가의 유효함을 신뢰할 수 있도록 '다른 관점'을 지닌 교육 구성원과 교육 주체들에 대한 꾸준한 설득 과정이 요청된다. 아울러 교육 주체들은 열린 마음으로 함께 교육의 방향성을 살펴볼 수 있어야 한다. 과연 지금의 시대가, 우리네가 살던 '대학만 잘 가면 성공한다'라는 말이 통용될 수 있는, 그 사회인가? 다른 사회로 거듭났다면, 교육이야말로 최우선으로 변화해야 하는 것이 아닌가? 교육의 목적에 대한 교육 구성원 간의 숙고와 합의가 긴요한 상황이다. 학생들을 위한 배움, 교육, 학교는 어떠한 수업관과 평가관을 견지해야 할 것인가?

4) 포스트 코로나의 시대, 위기를 기회로 삼아야 할 때

코로나19가 발현된 2020년 이래로, 우리의 현실은 참으로 이상(異常)했다. 경험한 적 없는 팬데믹에 모두가 혼란했고, 안정의 기표이자 보루였던

'학교'는 특히 더 당황했다. 학생들은 등교 시간에 맞추어 학교에 갔어야 했는데 그럴 수 없었다. 교사들은 학생과 눈을 맞추며 오늘의 수업을 전개해야 했는데 그럴 수 없었다. 학생과 학생은 학교에서 만나 서로 교류하며 친구가 되고, 교사와 학생은 학교에서 만나 래포를 형성해야 했는데 그럴 수 없었다. 그동안 당연한 것으로 여겨졌던 교실의 안전성은 전염병에 의해 붕괴되었다. 1년의 학교를 운영하는 교육과정 계획은 몇 번이나 새로 고침 당했고, 등교와 원격의 불안정한 사이클에 교사의 수업과 평가 계획도 무너졌다.

그러다 보니 학교는 멈췄다. 어쩌다 한번 오는 대면 수업 때에도 '공동체'를 위한 '거리 두기'가 중요했다. 눈과 눈을 맞춰 서로 소통, 협력하는 모둠 수업과 활동 수업이 진행될 리 만무했다. 실시간 쌍방향 플랫폼의 불안정성, 급격히 도입된 모든 시스템에 대한 불신, 원격수업과 대면 수업의 괴리 등은 수업 중에 실시하는 과정중심평가를 어렵게 하였다.

그리고 학교는 변했다. 아니 변해야만 했고, 그 변화는 급격했다. 네모난 교실 네모난 책가방의 항상성이 깨지고, 교사의 IT 활용 능력과 수업 영상 제작 능력이 새로운 수업 전문성의 주요 요소가 되었다. 교육 공공성을 추구해온 학교 수업이 미처 고민하지 못했었던 도처에서의 교육격차가 큰 이슈가 되었다.

코로나19의 위기는 수업과 평가를 변화시키고 있다

사실 학교가, 그리고 수업과 평가가 바뀌어야 한다는 이야기는 코로나19 이전에도 늘 있어 왔다. 그러나 100여 년 넘게 온존해 온 그동안의 학교 수업에 대한 경로 의존성은 변혁적인 실천을 더디게 했다. 그나마 불어온 작은 바람도 학교 전체를 완벽히 역동하기에는 역부족이었다.

그런데 아이러니하게도 전 세계를 미증유의 공포로 몰아넣은, 그간 제대로 인식하지 못했던 학교의 위생에 대해 의구심을 품게 한, 함께 하는 공동체의 삶을 위해 격리와 고립을 선택하게 하는, 이 엄청난 전염병이 학교를 바꾸어나가고 있다. 원격 수업과 대면 수업을 함께 이뤄나가는 블렌디드 러닝이 급격히 도입되었으며 공고하다 여겨졌던 일제식, 근대식 수업도 반드시 변해야만 하는 상황에 부딪혔다. 교실 안 교사가 주도하는 일방의 수업을 그렇게 문제 삼아 왔는데도 입시와 사회구조, 효율성을 방패 삼아 잘 바뀌지 않았던 것들이, 교실 밖 네트워크를 통해서라도 쌍방향 수업이 긴요하다며 실효성을 준거로 변화해 가는 것이다. 주춤했던 평가 혁신도 다시금 적응을 시작했다. 전 과목에 있어 실시간 수업 시에 평가가 가능하게 된 것은 유의미한 조처라 할 수 있다. 온라인 플랫폼을 활용한 다양하고 기발한 평가들이 이루어질 수 있게 되었다.

코로나19는 이렇듯 이전의 시대와는 전혀 다른 교육의 미래를 전망하게 하고 있다. 극심한 위기가 역설적이게도 발전을 모색하게 하는 모순을 낳은 것이다. 이것은 기회다. 학교가 변화'해야만' 하는 이때, 우리는 이 흐름을 놓치지 말아야 한다.

중요한 것은 변화의 방향이다. 갑작스러운 전염병의 확산에 학교는 제반의 분야에서 오래 걸리는 정도(正道)보다는 효율의 길을 택해야 했다. 이를 핑계로, 코로나 발생 이후의 많은 학교는, 활동식 수업과 과정중심평가를 밀도 있게 시행하기 어렵다고 판단하여 지필 평가의 평가 비중을 높이고 강의식 수업의 양을 늘려가고 있다. 그러나 이는 역행이다. 계속해서 뒤로 가기만 한다면, 학교는 미래 세대를 위한, 그들의-아마도 엄청나게 변화했을- 세상에서 살아가기 위한 역량을 길러줄 수 없을 것이다. '학교 가기=평가'의 도식은 학생들의 행복한 학교생활을 방해하고, 학습 의욕도 크게 저하시킬 것이다. 이는 전화위복의 기회를 놓치는 셈이다.

그동안 가장 크게 변화가 요청되었음에도, 변화의 속도가 더디었고, 결국 그 변화를 멈춤당한 '수업과 평가'에 대해 깊게 고민할 필요가 있다. 단순히 온라인 수업과 오프라인 수업을 섞는 행위에 그쳐서는 안 되며, 평가의 공정성 논의에 얽매여 배움을 가로막는 평가가 되어서는 안 된다. 포스트 코로나의 시대를 살아갈 미래 세대의 행복한 삶을 위한 수업과 평가로 변모해야만 한다. 분위기는 무르익어 교육 주체들의 마음이 조금씩 합치되고 있다. 앞서 나갔던 노력에 주목하고 배우자. 추구하던 교육의 방향을 잃지 말자. 지금 이 기회를 이용하여 변혁의 반등을 도모해보아야 할 때다.

CHAPTER 04

이상한 활동

1. 교과 외 활동

1) 교과 외 활동의 배경

학교는 학생들에게 지식을 전달하는 장소로서 기능해왔다. 학생들이 삶에서 필요한 다양한 지식을 교과에서 전달하고 성장하도록 했다. 하지만 교과 지식만으로는 학생을 성장시킬 수 없다. 아인슈타인(Albert Einstein)은 "지혜는 학교에서 배우는 것이 아니라 평생 노력해서 얻는 것이다."라는 말을 했다. 이처럼 교과 속에 있는 지식만으로는 삶을 지혜롭게 살아갈 수 없다. 그래서 학교에서도 교과 외의 활동을 중시하고 교육과정으로 다루어야 한다는 움직임이 등장했다. 즉, 전통적인 학교에서 교과과정을 다룬 것에서 발전하여 최근에 교과와 교과 외의 활동을 다루는 교육과정이 등장하게 되었다. 4장 이상한 활동에서는 학생의 전인적 성장을 위해 교과와 연계되어 운영되는 교과 외 활동들에 대해 살펴보고자 한다.

교과 외 활동은 언제부터 중시되었을까? 우선 그 배경에는 잠재적 교육과정의 등장이 있다. 잠재적 교육과정이란 학교의 물리적 조건, 지도 및 행정적 조직, 사회 및 심리적 상황을 통하여 학교에서는 의도하고 계획 세운 바 없으나 학교생활을 하는 동안에 은연중에 가지게 되는 경험이다(서울대학교 교육연구소, 1995). 과거 학교는 교과수업을 중심으로 학교가 운영되었다. 교과수업을 통해 학생들은 지적 능력을 함양할 수 있었다. 하지만 학교의 문화와 학급에서의 경험 등 은연중에 배우게 되는 잠재적 교육과정은 학생의 정의적 능력에 큰 영향을 준다는 것이 알려졌다. 이러한 인지적, 정의적 측면의 발달을 위해서 학교가 교과 외의 다양한 활동을 교육과정 내에 편성해야 한다는 필요성이 대두된 것이다.

잠재적 교육과정과 함께 진보주의 교육이 교과 외 활동의 중요성을 더욱 강조하였다. 진보주의 교육은 획일적이고 수동적인 교사중심의 전통적인 학교교육을 비판하면서 교육개혁운동을 전개하였다. 진보주의 학교교육은 아동의 요구와 흥미, 그리고 자발적 활동에 근거하여 일반적으로 교과를 매우 다르게 조직한다(한국교육평가학회, 2014.). 그래서 진보주의 교육에서는 교과 외의 학생의 흥미를 고려하여 삶 속에서 성장할 수 있도록 다양한 교육을 제공해야 한다고 본다. 그 결과 학교의 교육과정에서 교과 외에 학생의 전인적인 성장이 일어날 수 있도록 특별활동이 도입되어 운영되게 되었다.

2) 교과 외 활동이란?

교과 외 활동이란 정규수업 외의 교육과정으로 현재 창의적 체험활동, 자유학년제와 같이 운영을 계획 및 실시하는 것을 의미한다. 더 나아가 조·종례나 점심시간 등을 이용한 활동도 포함될 수 있다. 최근에는 코로나19로 인하여 단톡방이나 SNS 등 온라인을 이용한 활동도 포함될 것이다.

(1) 창의적 체험활동

우리나라는 1차 교육과정 시기 교과 외의 기타 교육활동을 '특별활동'이라 하여 운영하였다. 특별활동은 학급을 민주적으로 조직하고, 학생의 개별 성장과 직업준비 등을 위해 편성되었다. 이후 특별활동의 필요성과 중요성이 강조되면서 점차 시수도 증가되고 체계적으로 편성되었다. 이후 6차 교육과정에서 학교 재량활동이 도입되었다. 재량활동은 학교 생활 적응 및 공동체의식과 사회성을 기르기 위해 학급 및 학교활동, 클럽활동으로 운영되었고, 7차교육과정에서 체험활동이 강화되면서 발전했다. 이후 2009 개정교육과정에서 특별활동과 재량활동이 창의적체험활동으로 통합되면서 학생의 전인적 성장을 위해 운영되었다.

2015 개정 교육과정에서는 '창의적 체험활동은 교과와 상호 보완적 관계 속에서 앎을 적극적으로 실천하고 심신을 조화롭게 발달시키기 위하여 실시하는 교과 외의 활동이다.'라고 명시하고 있다. 창의적 체험활동은 학생들이 자발적 참여로 다양한 활동을 통해 공동체 의식을 함양하고, 자신의 소질과 잠재력을 계발하고 신장시키는 것을 목표로 한다.

창의적 체험활동의 영역으로는 첫째, 자율활동으로 학생들이 특색있는 활동에 자율적으로 참여해 합리적 · 창의적 문제해결 능력을 배양한다. 둘째, 동아리활동으로 자발적인 활동을 통한 소질 및 적성 계발, 삶을 향유하는 심미적 감성 역량을 기른다. 셋째, 봉사활동으로 나눔과 배려 실천, 환경보존 생활습관 형성을 통한 더불어 사는 삶의 가치를 획득한다. 넷째, 진로활동으로 흥미, 적성, 소질에 기반을 둔 자아정체성 확립과 진로 계발 및 지속적 발전을 추구한다. 각 영역은 학생의 공동체 의식 함양과 잠재의식 계발 및 신장이라는 목표 아래 실행된다. 각 영역은 지역과 학교의 여건과 학급, 학생의 특성에 따라 유연하게 운영되며 학생의 자발적 참여를 바탕으로 운영된다.

창의적 체험활동이 마무리될 때 평가를 실시하여 평가결과 분석을 통해 다음 학년에 편성 및 운영하는데 참고자료로 활용할 수 있다. 2015 개정 창의적 체험활동 교육과정에서는 평가를 학생평가와 교육과정 평가로 나누어 제시하였다. 학생평가는 창의적 체험활동의 교육 목표가 잘 이루어졌는지 학생을 대상으로 다양한 평가를 실시한다. 학생에 대한 평가를 실시하는 이유는 학생의 우열을 가리기 위함이 아니라 개인차를 고려하여 발달이 이루어졌는지 확인하기 위함이다. 또한 평가 결과를 토대로 학생 개개인의 성장과 잠재력을 향상 및 진학 등 다양하게 활용할 수 있다.

(2) 자유학년제

자유학기제는 학생들이 시험에 대한 부담감에서 벗어나, 다양한 학생 중심의 활동을 통해 자신의 꿈과 끼를 찾을 수 있도록 2013년부터 시범적으로 운영되었고, 2016년부터 모든 중학교에 도입되어 운영되고 있다. 이후 자유학기제의 문제점을 보완하고 장점을 극대화하여 1년에 2학기 운영하는 자유학년제가 실시되고 있다. 2020년 1월 22일 교육부의 안내에 따르면 17개 시도의 자유학년제 실시 계획을 취합한 결과, 전국 중학교의 96.2%가 자유학년제를 실시하게 되었다.

자유학년제의 교과수업은 학생 참여형 수업으로 토의 · 토론, 협동학습, 프로젝트 학습 등을 지향하고, 학생의 성장을 평가한다. 또한 학생의 자율적인 참여를 위해 주제선택 활동, 예술체육 활동, 동아리 활동, 진로탐색 활동으로 다양한 배움의 기회를 제공한다. 이러한 활동을 바탕으로 자유학년제는 첫째, 학생들의 진로탐색의 기회를 제공한다. 학교에서 자율적으로 운영하는 예체능, 토론, 동아리 활동을 선택하여 학생이 자신의 꿈을 찾도록 한다. 둘째, 다양한 프로그램을 통한 체험학습으로 자신의 적성과 장점을 찾도록 한다. 셋째, 협동학습과 토의 · 토론활동을 통해 창의력, 의사소통능력 등 핵심역량을 발굴 할 수 있다. 넷째, 주입식 교육에서 벗어나 학생 참여형 수업을 통해 학생이 자발적으로 수업에 참여하도록 한다.

이러한 자유학년제는 과정중심평가를 통해 학생에게 경쟁 대신 성장의 과정을 통해 학습에 대한 동기를 불러일으키는 장점이 있다. 그리고 학생중심의 교육활동을 바탕으로 자기주도학습 능력과 다양한 핵심역량을 기를 수 있다.

(3) 그 외 다양한 활동

교과 외 활동으로 교육과정에 명시된 것들만 있는 것은 아니다. 학생들이 학교에서 생활하는 시간인 조 · 종례, 쉬는 시간, 점심시간, 방과 후 시간 등도 매우 중요한 시간이다. 이 시간을 이용해 부족한 상담 및 생활지도 등을 실시할 수 있고 학급회의 등을 실시할 수 있으며, 학생들도 친구와 사회적 교류를 하거나 자기계발을 할 수 있다. 또한 최근에는 온라인을 통한 채팅방, SNS로 학생들에게 배움이 일어날 수 있도록 다양한 활동을 구성하기도 한다.

2. 현재 우리학교의 모습은?

교육과정 내에서 교과 외 활동의 중요성이 강조되면서 창의적 체험활동 시수 증가 및 자유학기제가 자유학년제로 확대되고 있다. 또한 학생들이 친구들과 교류하는 쉬는시간, 점심시간 등도 학생에게 매우 중요한 시간이다. 교과 외 활동이 강조되고 있는 만큼 학생이 민주시민으로 성장할 수 있도록 시수가 증가했고, 모든 학교에서 목표가 이루어질 수 있도록 운영되고 있다. 또한 학급학생들이 의미있는 학창시절을 보낼 수 있도록 다양한 활동을 한다. 하지만 창의적 체험활동에 학생들이 자발적으로 참여하기 보다는 형식적으로 운영되는 아쉬움도 있다. 또한 자유학년제의 경우 다양한 프로그램을 위한 기반의 부족으로 원활한 학급 운영이 어려운 경우도 있다. 학교에서는 많은 교사들이 학생들이 민주시민으로서 성장할 수 있도록 최선을 다하지만, 제도적인 아쉬움들도 있다. 여기에서는 이러한 문제점을 중심으로 다루고자 한다.

1) 창의적 체험활동

(1) 자율활동

자율활동은 학생들이 특색 있는 활동에 자율적으로 참여하여 일상의 문제를 합리적이고 창의적으로 해결할 수 있는 능력을 기르는 것을 목표로 한다. 자율활동은 두 가지 영역으로 활동이 이루어진다. 첫째, 자치 · 적응활동으로 학급회의를 통해 규칙을 만들고 1인1역을 담당하고, 기본생활습관을 형성하는 활동 등이 있다. 둘째, 창의주제활동으로 학교와 학급에서 운영되는 텃밭 가꾸기, 릴레이 책 읽기 같은 특색활동이나 역사탐방, 견학, 프로젝트 학습 같은 주제선택활동이 있다.

학교에서 겪을 수 있는 자율활동의 아쉬운 측면으로는 첫째, 학생들이 자율적으로 주제를 선택해 운영되는 체험활동이 어렵다. 체험활동은 학교 밖에서 학생들이 직접 다양한 경험을 통해 핵심역량을 기를 수 있도록 한다. 하지만 학교에서는 안전상의 이유로 학생들이 직접 장소를 고르는 것이 아니라 제한적으로 지정된 곳을 선택하고 있다. 또한 도시 외곽에 위치한 학교의 경우 학생들에게 경험을 줄 수 있는 적절한 장소를 찾기에 어려움을 겪는 경우도 있다. 둘째, 부족한 시간이다. 자율활동의 영역 중 자치 · 적응활동은 학급회의를 통해 학생의 기본생활습관을 형성하고 민주시민으로 성장할 수 있는 경험을 제공한다. 하지만 1주일에 2시간 정도 운영되는 창의적 체험활동을 통해 학급을 운영할 수 있는 시간은 한 학기에 1~2회 정도로 매우 제한적이다. 그래서 현실적으로 학생의 기본생활습관 형성은 창의적 체험활동 시간보다는 점심시간, 방과 후 등을 이용해 운영하기도 한다. 셋째, 형식적인 운영이다. 자율활동을 통해 '학교폭력예방교육', '성희롱 · 성폭력 예방교육' 등 다양한 생활적응활동이 이루어진다. 하지만 창의적 체험활동을 담당하는 교사는 학급담임 혹은 시수가 적은 교사가 맡아 운영하고 있어서 각 프로그램을 위한 전문지식이 부족하다. 그래서 대다수 자율활동 프로그램을 일괄적으로 관련 영상을 시청하는 것으로 대체하여 운영하고 있다. 그 결과 자율활동에 학생들은 수동적으로 참여하고, 교사는 학교생활기록부 자율활동 부분을 형식적으로 쓸 수밖에 없는 문제가 발생한다.

(2) 동아리 활동

동아리활동은 소질, 적성, 취미가 유사한 학생들이 모여 자신의 소질과 적성을 창의적으로 계발하고 발전시킴으로써 자아실현의 기초를 형성하고 사회성과 협동심을 기르는 것을 목표로 한다. 동아리활동의 영역은 첫째, 예술 · 체육활동으로 밴드부, 미술활동, 체육부 등이 있다. 둘째, 학술문화활동으로 문예부, 역사탐구, 발명반, 컴퓨터부 등이 있다. 셋째, 실습노작활동으로 요리, 원예, 목공, 창업 연구 등이 있다. 넷째, 청소년단체활동으로 국가가 공인한 단체활동 등이 있다.

동아리활동은 과거에 비해 다양해지고 학생들의 적극적인 참여의 기회를 제공하고 있다. 하지만 동아리활동의 목표를 달성하기 위해 아직 부족한 면이 있다. 첫째, 학생의 요구를 충족할 수 있는 자원의 부족이다. 동아리활동이 목표대로 운영되기 위해선 학생의 자발적인 참여가 이루어져야 한다. 하지만 많은 학교 현장에서 아직 학생의 요구대로 동아리를 개설할 수 있는 인적, 공간적 자원이 부족한 현실이다. 동아리를 담당하는 교사는 학생들의 수요에 따른 동아리 운영을 하기에 전문성이 부족한 경우가 있으며, 다양한 동아리활동을 수용할 학교의 공간도 매우 부족하다.

(3) 봉사활동

봉사활동은 학생들이 나눔과 배려를 실천하고 환경을 보존하는 생활습관을 형성하여 더불어 사는 삶의 가치를 체득하는 것을 목표로 한다. 봉사활동의 영역은 첫째, 이웃돕기활동으로 친구나 지역주민 등 도움을 필요로 하는 주변 이웃을 돕기 등이 있다. 둘째, 환경보호활동으로 깨끗한 환경을 만들고, 재활용 및 저탄소 생활을 습관화하기 등이 있다. 셋째, 캠페인활동으로 공공질서를 위한 캠페인, 학교폭력 예방 캠페인 등이 있다.

봉사활동의 목표가 실현되기 위해서는 학교 밖에서 다양한 프로그램이 이루어져야 한다. 하지만 많은 학교에서 안전상의 이유로 체육대회가 끝나고 쓰레기 줍기나 체험활동 장소에서 쓰레기 줍기 등으로 봉사활동을 하고 있다. 학생들은 봉사활동의 목표와 제대로 인식하지 못하고, 수동적으로 봉사활동에 참여하고 있는 것이다. 또한 봉사활동을 실시한 후 소감문 쓰기 등 평가활동이 이루어지지 않는 경우도 있다. 이러한 경우는 학생들이 자발적으로 참여한다기 보다는 학교에서 주어진 활동이다. 이런 활동은 학생들에게 봉사활동의 가장 큰 가치인 '자발성'을 익히는 데에는 한계가 있다.

(4) 진로활동

진로활동은 학생들이 흥미, 소질, 적성을 파악하여 자아 정체성을 확립하고, 자신의 진로를 개발하여 지속적으로 발전시키는 것을 목표로 한다. 진로활동의 영역은 첫째, 자기이해활동으로 자신의 특성을 이해하고 강점을 증진시키는 활동 등이 있다. 둘째, 진로탐색활동으로 직업에 대한 이해를 하고, 진학 및 직업 등의 정보를 탐색하는 활동 등이 있다. 셋째, 진로설계활동으로 자신의 진로를 계획하고 준비하는 활동 등이 있다.

학교현장에서 진로의 중요성으로 진로교육을 확대하고 있지만 진로활동을 위한 시간은 매우 부족하다. 따라서 진로활동의 목표와 충분한 활동을 충족하지 못하는 현실적 한계가 있다. 창의적 체험활동으로 운영되는 진로시간은 적성검사, 심리검사 같은 검사 프로그램만으로 이루어진다. 또한 직업체험을 하는 진로체험활동을 위한 장소를 섭외하기 어려운 경우 진로와 별개인 장소를 가기도 한다. 자율활동과 마찬가지로 담당교사가 진로활동에 대한 전문성이 부족하므로 목표대로 진로체험의 활동과 평가가 이루어지기보다는 형식적으로 운영되는 아쉬움도 있다.

2) 자유학년제

평가에 대한 부담을 줄이고, 다양한 학생중심활동을 통해 학생의 꿈과 끼를 찾아주는 자유학년제는 모든 중학교에서 전면적으로 실시되고 있는 상황이다. 2020 국정 감사 정책자료집 4호(국회 교육위원회 강득구의원이 교육정책디자인 연구소 포함 7개 교육시민단체와 공동 여론조사, 기간: 2020.10.05.~06, 대상: 전국 교사 및 관리자, 교육전문직원, 학부모, 중 · 고등학생 1만 명)에 따르면 '자유학년제 운영을 중단했으면 한다.'라는 질문에 다음과 같은 응답이 있었다.

	전체	교원	학부모	학생
매우 그렇다	23.1%	26.9%	29.3%	9.5%
그렇다	17.4%	16.1%	22.8%	9.4%
보통이다	24.1%	23.7%	24%	24.5%
그렇지 않다	17.7%	18.4%	15.4%	20.9%
매우 그렇지 않다	17.8%	14.9%	8.5%	35.6%

응답결과에 따르면 자유학년제 중단에 대해 교원과 학부모는 긍정적이며, 학생들은 부정적인 입장이다. 하지만 '보통이다' 응답은 23~24%로 대체로 비슷하다. 이는 자유학(기)년제에 대해 만족하기보다는 개선할 점이 있음을 알려준다. 학교에서 겪을 수 있는 아쉬운 점으로 첫째, 진로탐색을 위한 예술체육, 진로독서 등 프로그램이 원활하게 운영되기 위한 전문적 인적자원이 부족하다. 그 결과 학교에서 예체능 및 진로에 대한 전문성을 가진

교사가 부족하거나, 강사를 구하지 못한 경우 시수가 적은 교사가 담당을 하게 되는 결과를 초래했다. 둘째, 학생 참여형 수업이 이루어져야 하지만, 많은 시수를 담당하고 있는 교사 입장에서 부담이 있다. 자유학(기)년제는 학생의 꿈과 끼를 찾을 수 있도록 학생 참여형 수업과 더불어 지필평가 대신, 생활기록부에 학생의 성장을 기록하는 과정중심의 평가로 이루어진다. 따라서 교사의 입장에서 자유학년제의 목표, 내용, 평가를 수행하기 위해선 많은 시간과 노력이 필요하기 때문에 부담이 크다.

3) 그 외 다양한 활동

학급담임으로서 학생을 생활지도할 수 있는 시간은 쉬는 시간, 점심 시간, 방과 후 등이 있다. 개별 상담을 실시하거나, 학급 내 갈등이 있는 경우 해당 학생들과 회복적 생활교육을 실시할 수 있다. 그리고 조 · 종례시간을 통해 학급운영과 관련된 많은 활동을 할 수 있다. 교과를 담당하는 교사의 입장에서 수업 끝나고 이러한 시간을 통해 부족한 학생을 개별지도하는 등 보충학습과 학생들을 개별적으로 상담할 수 있다. 이러한 조 · 종례, 쉬는시간 등은 교육활동에서 매우 중요한 시간이지만, 교육 정책이나 운영에는 명시되어 있지 않다. 그래서 이러한 시간에 활동은 교사의 재량에 따라 자율적으로 운영된다. 게다가 최근에 코로나19로 인해 주로 온라인으로 학급운영 및 교과수업이 진행되면서 교사가 보다 자유롭게 다양한 활동을 운영하고 있다. 그만큼 중요한 시간이지만, 아쉬운 점은 이러한 시간에 대한 매뉴얼로 명시된 정책 또는 활동 등 우수사례나 모델을 찾기 어렵다. 그래서 교사의 역량에 따라 다양한 차이를 보이며, 저경력 교사의 경우 이러한 시간을 어떻게 이끌어 갈지 막막한 고민이 들기도 한다.

3. 이상적 교육활동

1) 창의적 체험활동

(1) 학생들이 직접 계획하고 떠나고 평가하는 체험활동

대부분 수학여행이나 체험학습을 생각하면 적게는 한 학급에서 많게는 학년 전체가 함께 가는 일종의 대규모 여행을 생각할 것이다. 하지만 이러한 틀을 깨고 특별한 형태로 테마여행을 하고 있는 학교가 있다.

이 학교 테마여행의 가장 기본적인 컨셉은 학생들의 주도성 함양이다. 개교 당시 학생들의 주도성을 신장시키고자 계획이 된 프로그램이며 10년이 훌쩍 지난 지금도 그 명맥을 유지하고 있다. 학생들의 주도성 함양을 위해서 이 학교의 테마여행은 특별한 방법을 선택했다. 바로 선생님들이 계획을 하고 주도하는 것이 아닌 4~7명의 학생들이 팀을 이루어 장소를 선정하고 일정을 짠 후에 이 일정을 함께 할 선생님들을 섭외하는 방식을 취한다. 이는 매년 5월(2학년) 및 10월(1학년) 학생들이 참여하고 있으며 50여 명의 교사가 인솔자로 참여하는 행사이며 1년 동안 이루어지는 이 학교 행사 중 가장 큰 행사라고 볼 수 있다.

이러한 테마여행의 테마는 각 학년마다 다르다. 1학년의 경우 2학기 1차 고사가 끝난 10월 말에 테마여행을 실시한다. 이때 자유여행의 형식을 빌려 교과와 융합한 활동을 한다. 평소 수업시간에 배우면서 관심이 가던 부분이나 조금 더 알아보고 싶은 부분에 대해서 주제를 선정해 두었다가 이러한 주제를 바탕으로 하여 여행계획을 짜는 것이다. 예를 들면 '부산 해운대에서 볼 수 있는 자연환경의 특징', '군산 및 익산 일대에서 볼 수 있는 일본문화'와 같은 것이다. 이를 위해 학생들은 수업시간에 자신이 어떠한 주제를 연계할지 미리 계획을 세운다. 이 때 많은 수의 학생들이 평소에 가보지 못했던 여행지를 선정하여 여행을 한다. 여수, 부산, 강릉, 속초 등 전국 각지로 200여명의 학생과 50여명의 교사들이 흩어져 2박 3일 동안의 가치있는 체험을 실시한다.

2학년의 경우에는 1학기 1차 고사가 끝난 5월 초에 테마여행을 실시한다. 앞서 이야기한 것처럼 1학년이 교과와 융합한 활동이라면 2학년의 경우 자신의 진로와 융합한 활동을 수행한다. 그렇기 때문에 팀도 비슷한 진로를 지니고 있는 학생들끼리 편성이 된다. 보건계열은 보건계열끼리, 공학계열은 공학계열끼리 팀으로 구성되어 진로체험 계획을 세우게 된다. 1학년 학생들이 자유여행의 형식을 빌린 교과융합활동인 관계로 전국적으로 흩어지는 반면 2학년 학생들은 주로 수도권에서 활동을 한다. 아무래도 자신들의 진로와 맞는 프로그램을 체험할 수 있는 인프라가 수도권에 많이 구축이 되어 있기 때문이다. 이에 숙박을 하는 곳도 있고 학교에서 매일 왔다 갔다 출퇴근을 하는 형식으로 일정을 구성하는 곳도 있다.

학생들은 가장 먼저 목적지에 따라서 팀을 짜는 것부터 시작한다. 팀당 제한인원은 대개 4~7명 수준이다. 이 인원이 학교에서 판단하기에 1명의 교사가 지도할 수 있는 적정인원이라고 생각했기 때문이다. 팀이 짜여지면 계획서를 작성하기 시작한다. 처음에 작성하는 계획서를 '약식 계획서'라고 한다. 말 그대로 개괄적인 계획과 숙박 장소, 그리고 체험장소 및 테마 등을 적는다. 이렇게 해서 학생들이 약식계획서를 제출하면 학교에서 이 계획서를 심사하는 과정을 거친다. 물론 학생들이 주도하는 활동이지만 교사들이 이러한 계획을 실천에 옮길 수 있는지의 여부, 계획의 구체성의 여부, 안전성 여부 등을 심사한다. 이를 바탕으로 학생들의 계획서에 피드백을 제공하여 조금 더 나은 계획서가 되도록 한다. 그 다음으로 학생들은 자신들의 여행과 함께 할 수 있는 교사를 섭외한다. 이때 학교에서는 이 체험활동에 참여 가능한 교사들의 명단을 게시판에 게시하고 섭외가 완료되면 따로 표시를 하여 현재 상황을 학생들과 함께 공유한다. 교사들의 경우 앞서 피드백을 제공받은 약식계획서를 바탕으로 하여 자신이 이 여행에 함께 할지 아니면 그렇지 않을지를 결정하여 학생에게 답을 준다. 이러한 과정을 거쳐 학생과 교사가 만나 진정한 하나의 팀을 이루게 된다. 이후 마지막 작업인 세부계획서를 작성하면 된다. 세부계획서의 경우 2박 3일간의 시간별 일정, 목적지, 예산활용, 숙박장소, 역할분담 등을 상세하게 적는다. 일종의 여행계획서인 셈이다. 이것이 완성되면 이 역시 제출을 하고 심사를 받아 최종 피드백을 받는다.

이렇게 여행계획에서부터 실천까지는 약 2달의 시간이 소요된다. 물론 교사들이 앞장서서 준비하면 조금 더 효율적으로 그리고 조금 더 빠르게 진행할 수 있다. 하지만 앞서 이야기한 것처럼 이러한 과정의 가장 큰 핵심은 학생 주도성이다. 교사가 주도하는 것이 아닌 학생들이 주도를 하는 것이다. 따라서 교사가 필요한 도움을 제공하기는 하지만 학생들이 대부분의 프로그램을 계획한다. 이것이 아마 이 체험활동을 통해서 얻을 수 있는 가장 큰 소득이 아닌가 싶다. 이 학교를 졸업한 어떤 학생은 자신이 관심사를 두고 있는 부분과 관련하여 진로탐방을 하기 위해 무려 100곳이 넘는 곳에 이메일을 보냈다고 했다. 이러한 과정을 통해서 스스로 어떠한 것을 이루어 내기 위해 노력하고 이것을 이루어 내는 성취감을 얻을 수 있었을 것이다.

이러한 체험을 통해서 얻을 수 있는 또 하나의 강점은 바로 학생들간의 문제해결 능력 향상이다. 여행을 하다보면 계획대로 진행되지 않는 부분이 있을수도 있다. 예를 들어 진로체험을 하기로 한 곳이 문을 닫았거나 처음에 생각한 것과 다른 부분이 있을 수도 있다. 이러한 상황에서 우리가 쉽게 생각할 수 있는 상황은 교사가 학생들을 인도하는 것이다. 하지만 이 학교의 체험활동에서 재미난 광경이 펼쳐진다. 교사는 학생들의 의사결정을 최우선으로 생각한다. 그리고 이것에 대한 N분의 1로서의 의견만을 제시할 뿐이다. 즉 의사결정의 최우선은 학생들에게 있는 것이다. 학생들은 여러 가지 상황에 처하면서 스스로 문제해결을 하는 능력을 키운다. 물론 학생들이 도움을 요청하면 교사가 당연히 도움을 주지만 학생들이 최대한 문제를 해결할 수 있는 상황을 제공한다. 친구들 간의 의견이 다를 수도 있고 이것이 갈등으로 번질 수도 있지만 이를 잘 해결하기 위해 노력하는 학생들의 모습을 볼 수 있다.

마지막으로 교사와 학생들간의 유대형성이다. 어느 누구와도 2박 3일을 함께 보내면 정말 많은 일들이 일어날 것이다. 체험활동을 함께 하면서 버스도 같이 타고 지하철도 같이 타고 다닌다. 그리고 밥도 같이 먹게 된다. 이렇게 생활하다보면 교사와 학생들 사이에 많은 유대관계가 형성이 된다. 이 학교에 재직하고 있는 교사에 따르면 체험활동이 끝나고 집에 돌아온 후에도 학교에서 마주치면 왠지 모르게 더욱 반갑게 느껴진다고 한다. 실제로 이 체험활동을 같이 했던 학생들을 담임으로서 다시 만날 수 있는 기회가 있었는데 그때 정말 반가웠고 담임을 하면서도 많은 도움이 되었다고 한다.

(2) '제주 4 · 3 기림 캠페인 : 비설[飛雪:웡이자랑]' 프로젝트

최근 우리의 교육은 입시와 경쟁에서 벗어나 학생들이 자발적으로 다양한 활동을 통해 성장할 수 있도록 지향하고 있다. E 고등학교에서는 이러한 학생 활동을 바탕으로 한 역사프로젝트가 이루어졌다.

E 고등학교에서는 역사 독서 토론, 역사 소논문 작성, 역사 독후 발표 등 다양한 형태의 '역사하기Doing History'를 함께 하는 방과 후 수업이 진행되었다. 특히 '역사 속 수탈당한 청춘'이라는 키워드 하나에서 출발해 다양한 역사 속에 수탈당한 청춘을 학생들이 직접 떠올리고, 조사한 내용을 보고서로 작성해 발제하고, 이를 바탕으로 자유 토론까지 진행했던 3번째 수업 활동은 교사에게도 학생들에게도 큰 성장과 발전을 안겨주었다. 학생들은

교사와 동료가 되어 교육과정을 직접 재구성하고, 배움을 직접 만들어나갔다. 또한 이를 통해 현재 우리가 받는 학교 교육과 교육현장의 문제점을 조목조목 지적하고 '미래의 학교는 어떤 모습이어야 하는가'에 대한 심도 있는 주제 토론을 진행했을 뿐만 아니라 교육 정책을 제안하는 데까지 나아갔다.

이렇게 방과 후 수업 활동으로 활성화된 모임을 이끌어가는 학생들은 역사 실천 동아리 'HEAD'를 만들었다. 자율동아리를 통해 단순히 역사를 이해하고 공부하는 데서 그치는 것이 아니라, 역사를 직접 자신의 삶으로 실천하여 역사를 이끌어나가는 주체가 되도록 하였다. 그리고 HEAD의 첫 활동은 상기한 '비설 프로젝트'가 되었다.

'제주 4 · 3 기림 캠페인 : 비설[飛雪:웡이자랑]' 프로젝트의 계기는 단체톡방에 한 학생이 기사글을 공유하며 시작되었다. 여수 · 순천 사건 재심과 관련한 4 · 3 특별법 개정 · 여순 특별법 제정 촉구 기사글이었다. 이견이 분분했던 이 기사의 댓글들이 어떤 뜻인지를 모르겠다며, 도대체 이 사건은 무슨 사건이길래 누구는 어떻게 말하고 누구는 저렇게 말하는지 궁금하다는 것이었다. 이에 학생들에게 이 사건의 핵심은 배후세력이 어떤 성향인지가 아니라, 공권력에 의한 민간인 학살이 대량으로 이루어졌다는 데 있고, 그를 강조하기 위해 제주 4 · 3 평화공원의 '비설 모자상'을 예로 들어 설명했다. 잘 알지 못했던 가슴 아픈 역사에 너 나 할 것 없이 분노하던 학생들은 많은 사람들이 '진실'을 기억하게 할 캠페인을 벌이고 싶어 했다.

캠페인 활동을 통해 제주 4 · 3사건의 진상규명을 촉구하고, 억울한 민간인 희생자들을 잊지 않고 많은 사람들이 기리도록 목표를 삼았다. 역사동아리 HEAD 내 회의를 통해 배지 판매 및 기부활동을 포함한 캠페인의 형태를 결정하고, 아이들이 직접 아이디어를 내어 디자인한 배지와 배경지를 이용한 굿즈를 만들었다. 굿즈는 두 종류의 배지를 제작했는데, 하나는 제주

4 · 3을 상징하는 동백꽃을 형상화한 '동백 배지', 또 다른 하나는 비설 모자상을 모티프로 한 '비설 배지'였다.

동백배지와 비설배지 완성품. 배경지는 변병생(옥) 모녀가 비설에 남긴 발자국을 형상화한 원형판에서 영감을 얻어 흩날리는 비설을 강조하도록 제작하였으며, '검정고무신' 시구와 '웡이자랑' 자장가의 가사, 비설프로젝트의 기림 문구를 적어 책갈피로도 활용할 수 있도록 하였다.

캠페인을 할 수 있는 굿즈를 제작한 후 실제 판매 및 기부활동을 하기 위해 동아리 학생들은 팀을 나누어 학교 학생들에게 제주 4 · 3사건을 안내하였다. 1팀은 제주 4 · 3사건의 배경을, 2팀은 제주 4 · 3사건 당시의 참혹함, 3팀은 이후에도 지속되는 제주 4 · 3사건 피해의 현재를 전시물로 제작하여 학교 공간에 각각 다르게 게시하였다. 그리고 학생들의 참여를 독려하기 위해 동백나무 만들기 방명록을 비치하고, 그 중 3일 동안 배지를 판매하는 부스를 열었다.

교내 캠페인 활동 진행 동백 나무 만들기 방명록. 잊지 않고 기리겠다는 뜻에서 인주에 지장을 찍어 동백나무를 완성해달라는 방명록을 함께 전시하여 참여를 독려하였다.

아울러 배지 판매 부스와 캠페인을 홍보하기 위해서 다양한 동아리와의 협업 활동이 진행되었다. 크리에이터를 꿈꾸는 영상 제작 자율 동아리인 '시나브로' 학생들이 2편의 4 · 3사건 기림 영상과 홍보 영상을 제작하여 도움을 주었고, 마케팅 자율 동아리인 '마커'는 제주 4 · 3사건과 배지의 의미를 알리는 카드 뉴스, 교내에 게시할 포스터를 만들어 홍보와 마케팅에 힘써주었다. 아울러 HEAD의 인터넷 홍보팀은 페이스북 페이지를 만들어 이를 업로드하고 공유했다. 총 40여명의 E 고등학교 학생들이 함께 한 거대 프로젝트가 된 셈이다.

(3) 온라인에서 역사 동아리를?!

C교사는 2020학년도에 큰 고민에 빠졌다. 평소 역사를 좋아하는 아이들과 자율동아리를 개설해 역사탐방을 하러 다녔는데, 2020년에 코로나19로 거의 모든 일정을 온라인으로 하게 되었고, 답사도 갈 수 없게 되었기 때문

이다. 어떻게 할지 고민을 하다가 과거에 즐겨하던 게임에서 해답을 찾을 수 있었다. 그 게임은 '대항해시대 온라인'이었다.

'대항해시대 온라인'은 15세기 이후 신항로의 개척의 역사를 소재로 한 역사게임이다. 게임에서 전세계를 돌아다니며 모험과 무역, 전투 등을 통해 신항로의 개척을 경험할 수 있다. 특히 '피사의 사탑', '세비야 대성당' 등 실제 역사건축물이 고증되어 있어 학생들이 간접적으로 세계여행을 하며 답사가 가능하다. 각 도시에는 '미켈란젤로', '레오나르도 다빈치' 등 실제 역사인물이 NPC로 등장해 인물탐구와 미술품, 지리적 발견 등을 할 수 있고, 신항로의 개척부터 산업혁명까지 게임 속 임무를 수행하여 역사의 발전과정을 경험할 수 있는 게임이다.

온라인으로 역사동아리를 운영하는데 효과적이라 생각한 C교사는 역사에 관심있는 학생들을 모아 "대항해시대 온라인 동아리"를 조직하였다. 동아리활동의 목표는 역사게임을 통해 세계의 역사와 지리를 탐험하고, 협동심을 기르는 것이었다. 학생들에게 동아리 첫 시간에 게임에 대한 소개와 세계사 시간에 배운 신항로의 개척 시대를 배경으로 했음을 안내하여 교과에서 배운 내용을 동아리 활동에서 활용할 수 있도록 했다.

게임에 접속한 학생들은 자율적으로 모둠을 편성하도록 하였다. 정해진 모둠으로 1학기 동안 함께 역사적 과제를 해결하는 것으로 운영하였다. 모둠편성 이후에 C교사는 모둠별로 공통과제와 자유과제를 제시하였다. 공통과제는 모든 학생이 이번 동아리 시간에 찾을 유적지와 관련 역사 정보를 탐구하는 것이다. 공통과제를 제시함으로써 한 차시에 정해진 목표를 수행하도록 안내하였다. 공통과제를 해결한 후에는 모둠별로 자유과제를 수행하도록 했다. 자유과제는 게임 속에 수많은 임무 중 모둠별로 토의를 거쳐 선택하여 함께 수행하도록 하였다. 대항해시대 온라인 속에는 역사유적 및 유물 찾기, 도시탐방, 특산물 무역 등 수 천가지의 임무가 있어 학생들이 자유롭게 탐구주제를 선정하는데 효과적이다. 동아리시간동안 공통과제와 자유과제를 해결한 학생들은 소감문 작성으로 활동을 마무리한다. 소감문을 작성할 때는 어떤 임무를 통해 새로운 사실을 알게 된 점을 쓰도록 하였다.

공통과제 - 세비야 대성당 조사하기(대항해시대 온라인 게임화면 캡처)

자유과제 - 모둠별 자유임무 해결하기(대항해시대 온라인 게임화면 캡처)

이렇게 매 차시 온라인에서 역사 탐험을 통해 학생들은 세계의 역사와 지리를 익히고 자신이 알게 된 사실을 소감문에 작성하여 되돌아보는 시간을 가졌다. 등교하는 주간 동아리 시간에는 작성한 소감문을 함께 나눠보면서 모둠별로 발견한 유적 및 유물, 지리 등 정보를 공유하여 배움이 일어나도록 하였다. 동아리활동 마지막 시간에는 학생들에게 범선 모형 퍼즐 맞추기를 하며, 소감을 자유롭게 나누는 것으로 하였다.

코로나19로 온라인으로 학교가 운영되면서 창의적 체험활동이 원활하게 운영되기 어려웠다. 특히 학생이 자신의 소질과 취미에 따라 다양한 활동을 하는 동아리는 영상시청을 하거나, 간단한 활동만 가능하였다. 교사에게는 온라인으로 뭔가를 한다는 것이 처음이기 때문에 어떻게 동아리를 이끌어갈지 어려운 과제였다. 하지만 학생들은 이미 온라인 공간이 매우 친숙하며 다양한 활동을 하고 있던 장소였다. 학생들이 자신의 소질과 취미에 따라 이미 활발하게 참여하고 있는 온라인 공간에 동아리 활동을 접목시킬 수 있는 것이다. 수업시간의 부족으로 다양한 활동을 할 수 없는 문제를 해결하기 위해 거꾸로 수업이 등장하였다. 이처럼 동아리활동도 평소에는 온라인에서 학생들이 다양한 활동을 통해 적성을 찾고, 오프라인에서는 소감을 나누거나 활동한 내용을 발표하는 방법으로 운영할 수도 있다.

(4) 지역사회를 가꾸는 봉사활동

학생들은 봉사활동을 통해 나눔과 배려를 실천하고 환경을 보존하는 생활습관을 형성하여 더불어 사는 삶의 가치를 배울 수 있다. 하지만 창의적체험활동 시간에 다양한 봉사활동을 학생들이 자율적으로 하는데 참여하기 어려운 경우가 많다. A학교에서는 이러한 문제점을 극복하고 학생들이 자율적으로 다양한 봉사활동을 경험할 수 있도록 지역사회와의 협력에 적극적으로 나섰다.

학생들은 학교가 속한 지역에서 창의적체험활동 시간에 가능한 봉사활동을 조사하였다. 봉사활동 프로그램 조사는 창의적체험활동 담당교사와 학생자치회 임원들이 함께 인근 지역 탐방을 통해 진행하였다. 조사 결과 지하철 캠페인 봉사활동, 사회복지관에서 밑반찬 만들기와 배달, 인근 특수학교에 방문하여 도움 주기, 지역 식당에 외국인들이 볼 수 있도록 영어 메뉴판 만들기 등 프로그램을 구성하였다.

학생들은 봉사활동이 이루어지기 전 각 학급별로 4~5명씩 6~8개 모둠을 편성하여, 모둠별로 어떤 봉사활동 프로그램에 참여할 것인지 계획서를 제출하도록 하였다. 학생들이 원하는 프로그램에 참여해 봉사활동이 이루어질 수 있도록 각 프로그램마다 담당교사를 배치하였다. 담당교사는 모둠장들과 연락처를 공유해 안전사고 및 특수한 상황이 발생시 대처하도록 하였다. 또한 모둠별로 제출한 계획서를 검토하여 각 프로그램의 목적과 활동에 부합하는지 검토하여 의미있는 활동이 될 수 있도록 조정하였다. 그리고 계획서를 수합하여 봉사활동 지역 기관에 발송한 후 기관 담당자와 봉사활동을 어떻게 진행할 것인지에 대해 협의하였다.

창의적 체험활동으로 봉사활동이 진행되는 시간에 담당교사의 지도아래 각 프로그램별로 모둠원들이 교외로 나가 참여하였다. 다음은 봉사활동 프로그램의 계획서 일부이다.

1. 지하철 캠페인 활동

① 필요성
- 지하철은 많은 사람들이 이용하는 곳으로 공공질서가 중요하며, 노약자 등 도움이 필요한 사람들도 많이 이용하므로 지속적, 적극적인 봉사활동이 필요함.

② 목표
- 학생들은 캠페인 활동을 통해 공공성, 규범성 등의 가치를 익히고, 함께 살기 좋은 공동체를 만드는 경험을 통해 민주시민으로 성장할 수 있음.

③ 사전 주의점 및 준비활동
- 지하철 시설과 관련된 안내 및 주의사항을 숙지
- 지하철 역사 안내 지도 및 담당교사와 직원 연락처를 저장
- 모둠별로 공공질서 안내를 위한 피켓 제작 및 캠페인을 위한 소품 준비

④ 활동
- 노약자 및 장애인이 지하철 시설 이용할 수 있도록 도움드리기
- 공공질서 캠페인(피켓들기, 공공질서 안내문 나눠드리기 등)
- 지하철 청소 및 시설점검 도움 드리기(고장나거나 이용시 불편한 점 찾기)

⑤ 평가
- 조별 활동 평가지를 작성
- 개인별 소감문을 온라인 게시판을 이용해 소감문 작성

위의 계획서대로 프로그램을 진행한 후 학생들은 온라인 게시판을 이용해 자신이 참여한 봉사활동에 대한 안내와 소감을 나누기로 마무리를 한다. 온라인 게시판을 이용해 소감을 작성하는 이유는 학생들이 이후에도 자신이 참여할 수 있는 봉사활동에 어떤 것이 있는지 확인할 수 있으며, 소감 나누기를 통해 민주시민으로서 성장할 수 있는 계기를 마련하기 위함이다.

A학교는 이러한 봉사활동이 일회적으로 끝나지 않고 학생들이 자발적으로 참여할 수 있는 방안을 모색하였다. 첫째, 온라인 게시판을 통해 학생

들끼리 봉사활동 장소와 방법을 공유하도록 하였다. 둘째, 봉사활동 계획서 및 소감문 작성한 내용을 토대로 봉사활동 왕을 선정하여 동기부여를 하였다. 셋째, 학교생활기록부에 봉사시간이 인정되는 프로그램에 대해 적극적으로 안내하여 많은 학생이 참여할 수 있도록 하고 있다. 넷째, 지역사회 신문과 기관지에 봉사활동 내용을 알려 학생들이 지역사회 발전에 이바지했음을 내면화하도록 했다.

A학교의 봉사활동 프로그램의 결과 봉사활동에 참여 방법을 모르거나 관심이 없던 학생들도 이후 봉사활동에 참여하게 되었다. 교사들도 학생들과 함께 봉사활동에 참여함으로써 학생을 이해하고 도움을 주는 의미가 있었다. 지역사회에서도 도움이 필요한 장소에서 학생들이 다양한 지원과 활동으로 환경개선, 지역경제 활성화 등 긍정적인 효과가 있어 만족도가 높았다.

2) 자유학(기)년제

(1) 학급이 함께 만드는 '꿈 책' 프로젝트

중학교의 경우 진로활동은 창의적 체험활동에서 16시수 정도 비중을 차지한다. K교사는 1학기때 형식적으로 이루어지는 진로활동과 2학기에 놀이공원으로 떠나는 진로체험활동에 아쉬움을 느껴, 학기 초 학생들과 학급회의를 하였다. 학급회의를 통해 1년 동안 진로활동시간을 이용해 학급원들이 '꿈 책'을 만들자고 의견을 모았다. 1장에서는 학급원들이 각자 자신을 소개하고, 자신의 장점과 특징을 쓰기로 했다. 2장에서는 10년 뒤 우리나라에 필요한 직업과 우리지역의 직업들을 조사하기로 했다. 3장에서는 지역에서 직업인들을 인터뷰한 내용을 담기로 했다. 마지막 4장에서는 10년 뒤 나에게 편지쓰기를 통해 미래를 생각하고 진로를 다짐하기로 했다.

1~2장은 1학기 진로활동시간에 1시간씩 이용해 작성하기로 하였고, 3장은 2학기 진로체험활동시간에 지역에 나가서 직업인들을 인터뷰하기로 했다. 4장은 2학기 마지막 진로활동 시간에 나에게 편지쓰기를 작성하는 것으로 계획했다.

첫 번째 진로시간에 1장 '나를 소개합니다'에서 학생들은 자신의 이름을 쓰고 마인드맵 그리기를 했다. 마인드맵을 그려 학생들은 그동안 생각해보지 않았던 자신의 장 · 단점과 특징, 생김새, 취미 등을 생각해보는 시간이 되었다. 그리고 활동이 끝나기 10분 전 학생들이 작성한 내용을 걷어서 이름을 가리고 화면에 마인드맵을 띄워 학급원들에게 누구의 마인드맵일지 찾도록 게임을 진행하였다. 이를 통해 학기 초 학급원들끼리 서로 알아가는 시간이 될 수 있도록 하였다.

2장 '10년 후 직업의 세계'에서는 학생들이 4인 1조로 모둠을 편성하여, 모둠별로 10년 뒤 세계, 우리나라, 우리지역에서 뜨는 직업 TOP3를 토의하여 작성하고 그 이유를 쓰도록 했다. 이 과정을 통해 학생들은 미래 직업에 대한 고민을 나누고, 새로운 직업을 생각함으로써 미래를 대비하는 생각을 할 수 있었다.

3장 '우리 지역의 직업인 인터뷰'에서는 2학기 진로체험활동시간을 이용하였다. 7시간으로 편성된 진로체험활동을 의미있게 보낼 수 있도록 3~4인을 1모둠으로 편성하여 마을을 돌아다니면서 직업인을 인터뷰하기로 하였다. 인터뷰 양식은 사전에 학생들이 함께 논의하여 만들어서 모둠별로 직업인을 4명 인터뷰하였다. 인터뷰 대상이 중복될 것을 방지하기 위해 모둠별로 구역을 정하여 출발하였다. 담당교사는 각 모둠장들과 지속적으로 연락하며 안전지도 및 돌발상황을 통제하며, 지역을 순회지도하였다. 학생들은 지역에 있는 병원, 식당, 마트 등을 돌아다니며 직업

인터뷰가 가능한지 여쭤보고, 인터뷰 활동지를 작성하도록 했다. 인터뷰 활동지에는 직업에 대한 소개, 준비과정, 장 · 단점, 급여 등을 담도록 했다. 그리고 인터뷰 마무리에는 지역이 원활하게 돌아갈 수 있도록 감사의 마음을 전하도록 사전에 만든 작은 과자 선물을 나눠드리는 것으로 마무리하였다.

4장 '10년 후 나에게 편지쓰기'에서는 10년 뒤에 나에게 편지를 써서 자신의 진로에 대해 깊이 고민하도록 했다. 편지를 쓸 때, 유의점으로 첫째, 10년 뒤 내가 꼭 직업을 갖지 않더라도 어떤 분야를 준비하고 있는지 생각할 것, 둘째, 10년 뒤 나는 어떤 하루와 삶을 보내고 있을지 긍정적인 생각을 바탕으로 쓸 것을 안내하였다. 학생들은 미래의 나에게 편지쓰기를 통해 자신의 진로를 계획하고 설계하는 활동을 하였다.

K교사가 학급을 대상으로 운영한 '꿈 책'프로젝트는 1장부터 4장까지 학생들이 개별, 모둠별로 작성한 것들을 학기 말에 모아 문집으로 편찬하여 학생들에게 나누어 주었다. 그리고 문집 마지막 장에 학생들이 롤링페이퍼를 작성하여 졸업하는 친구들에게 응원의 글을 작성하도록 했다. 이 과정을 통해 학생들은 진로에 대해 긍정적인 생각을 하고, 학급원들 간 소중한 추억을 만들 수 있었다.

'꿈 책'프로젝트를 통해 학생들은 자신의 특징과 장 · 단점을 파악해 자신에 대한 이해를 할 수 있었다. 자기이해의 과정을 바탕으로 미래 직업에 대한 탐구와 진업인 인터뷰 활동을 통해 자신에게 맞는 진로를 탐색할 수 있었다. 마지막으로 책을 정리하면서 진로를 계획하고 준비하고 친구들과 함께 미래를 격려할 수 있었다.

(2) 학생들이 만들어가는 나만의 공책

자유학(기)년제는 학생 참여형 수업을 통해 전통적인 주입식, 지식전달 수업에서 벗어나 학생의 경험과 다양한 활동에 자율적으로 참여해 꿈과 끼를 찾을 수 있도록 돕는 것을 목표하고 있다. 자유학년제를 담당하게 된 K 교사도 국어수업을 어떻게 구성해야 자유학년제의 목표에 맞게 운영할 수 있을지 고민에 빠졌다.

K교사는 자유학년제의 취지에 맞게 교과를 재구성하기로 하였다. 우선 국어교과의 목표를 '삶 속에서 얻을 수 있는 배움'으로 정하였다. 이는 국어책 내용을 실제 삶 속에서 활용할 수 있도록 적용해보는 것이었다. 이를 위해서 가장 먼저 교육과정을 재구성하였다. 국어과 성취기준을 나열하고, 하나의 주제로 묶을 수 있는 것들을 결합해 1년 동안 운영할 10가지 주제를 선정하였다. 예를 들어 시와 관련된 성취기준을 모아 '시를 통해 나를 표현하기'라는 주제를 설정한다. 이 주제를 6차시 수업을 진행하면서 나를 이해하는 과정으로 마인드맵, 장단점 찾기, 친구가 보는 나 등을 활동수업으로 진행하고 마지막 주제시간에 나를 표현하는 시를 작성하고 낭송하는 시간을 가지도록 하였다. 이를 통해 학생들은 '시'라는 교과 내용을 통해 나를 이해하고 자아정체성을 확립하는 배움을 얻을 수 있었다.

K교사가 운영한 자유학년제 교과수업은 국어교과 내용을 삶 속에 연계한 것 외에도 다양한 특징이 있었다. 첫째, 모든 과정은 학습지 대신 빈 공책에 학생들이 직접 활동 목표와 내용, 소감을 작성하도록 하였다. 학생들에게 학습지 대신 빈 공책으로 수업에 참여한 이유는 학생들이 직접 수업에 배운 내용을 자유롭게 공책에 표현함으로써 배운 내용을 스스로 구성할 수 있도록 하기 위함이었다.

둘째, 각 프로젝트의 주제는 교사가 정하였지만, 목표는 학생이 설정하도록 하였다. 주제별로, 매 차시 소주제 활동시 학생들은 공책 맨 위에 이 주제를 통해 무엇을 배울 수 있을지 자유롭게 목표를 설정하도록 하였다. 학생들은 직접 이 주제를 통해 내 삶에 어떤 것을 배울 수 있을지 목표를 설정하여 수업 참여도를 높일 수 있었다.

셋째, 프로젝트 수업을 다른 교과와 융합수업으로 진행하였다. 예시로 우리마을을 소개하기라는 주제에서 사회, 미술교과와 융합하여 진행하였다. 학생들은 우리마을을 이해하고 소개하는 안내도를 만드는데, 사회교과에서 배운 지도에 대한 지식과 미술지식을 바탕으로 만들도록 하였다. 이처럼 모든 주제를 다른 교과와 융합하며 진행하여 학생들이 지식을 융합하고 적용할 수 있도록 하였다. 이를 위해서 1학년 자유학년제에 참여한 교과선생님들이 함께 협의회를 거쳐 교육과정을 재구성하고, 평가하는 활동을 매주 갖고 운영하였다.

넷째, 매 차시 노트정리를 바탕으로 학생들이 동료평가를 하고 반성할 수 있도록 하였다. 모든 수업활동의 목표를 학생이 직접 설정하고, 활동에 참여한 뒤 소감문을 작성하여 마무리를 하도록 하였다. 학생은 소감문을 작성한 후 주변 친구들과 공책을 돌려가며 서로 읽도록 하고 포스트잇을 붙여 피드백을 작성하도록 했다. 피드백을 작성할 때, 친구가 작성한 내용을 통해 배운점, 칭찬할 점, 맞춤법 수정, 다르게 생각하는 것 등 다양한 것을 작성하도록 하였다. 그래서 학생들이 서로 매 차시 동료평가를 통해 반성 및 성장의 시간을 가지도록 하였다.

K교사가 운영한 수업의 특징은 학생들이 자유롭게 공책의 빈 공간을 채워나간다는 것이었다. 수업의 목표인 삶 속에서 얻을 수 있는 배움에 어떤 것들이 있었는지 학생이 직접 공책에 표현함으로써 지식을 구성하도록 하였다. 그리고 학생이 직접 목표를 설정해 개별적인 성취기준을 달성할 수

있도록 운영하여 학생이 자신의 능력에 맞게 수업에 참여하도록 했다. 이러한 공책 만들기의 과정을 마무리 하며, 공책 내용을 바탕으로 학교생활기록부를 작성하는데 활용하였다. 학기 초에 비해 학기 말에 학생이 어떻게 성장하였는지 다양한 관점에서 보다 상세하게 기록할 수 있었다.

(3) 뮤지컬을 통한 나의 꿈과 끼 찾기

자유학년제를 뮤지컬로 운영하는 학교가 있다. 이 학교에서는 지역적 특성상 문화체험을 할 수 있는 장소와 기회가 부족해 자유학년제 예술프로그램을 운영하는데 어려움을 겪고 있었다. 그래서 학생들에게 직접 문화체험을 하고, 꿈과 끼를 찾을 수 있도록 1학년을 대상으로 뮤지컬 공연을 기획하게 되었다. 단순히 뮤지컬을 준비하고 공연하는 것이 아니라 모든 교과가 융합수업을 진행하고, 진로와 연계하여 운영하기로 하였다. 그래서 1학기에는 뮤지컬에 대한 이해와 준비를 하고, 2학기에 공연을 계획하였다.

3~4월 간에는 교과에서 융합수업을 진행하여 뮤지컬에 대한 이해와 준비를 할 수 있도록 했다. 1학년 교과를 담당하는 교사들이 함께 모여 뮤지컬을 주제로 성취기준에 맞게 교육과정을 재구성하였다. 그래서 창의적 체험활동 시간에 각 반별로 뮤지컬 주제와 제목을 정하고, 역할배분 및 배역선정 등을 하였다. 국어시간에는 대본 작성 및 읽는 방법을 지도했고, 도덕시간에는 나에 대한 이해와 자아정체성에 대해 알고 어떤 역할과 배역을 선정할 것인지 생각하도록 했다. 또한 음악시간에는 노래연습을 하고, 미술시간에는 소품 제작 등 모든 교과시간에 뮤지컬을 주제로 수업을 진행하여 준비를 하였다.

진로 담당교사는 지역에 있는 극단과 연계하여 학생들에게 직업교육와 뮤지컬에 대해 알 수 있도록 진로체험의 날을 운영하였다. 그래서 각 반별로 극단의 관계자가 들어가서 뮤지컬의 개념부터 대본 작성법, 공연 시 주의

사항 등을 코치하고 지도하였다. 그래서 1학기에 학생들은 반별로 주제를 정하고 역할에 따라 뮤지컬을 준비하였다. 이때, 극단관계자들과 지속적으로 연락 및 만남을 주선하여 학생들이 무대를 잘 구성할 수 있도록 하였다.

2학기에는 창의적 체험활동 시간을 통해 학생들이 역할대로 대본을 작성, 소품제작, 연기 및 노래연습을 실시하였다. 그리고 학교에서는 각 반 대표와 소통을 하면서 소품 및 의상 등 뮤지컬에 필요한 것들을 지원했고, 12월에 뮤지컬 공연을 강당에서 할 수 있도록 준비하였다. 학생들은 준비과정에서 지속적인 협의와 소통을 통해 성장하는 계기가 되었다.

뮤지컬 공연이 시작되기 전 강당에 무대를 설치하고, 소품을 점검하였다. 그리고 뮤지컬 홍보 포스터를 학생자치회를 통해 제작하고, 지역사회에 홍보를 하였다. 뮤지컬 공연은 학생들뿐만 아니라 학부모, 지역주민들도 함께 참여할 수 있도록 했다. 특히 공연이 끝나고 반별로 담임교사와 학생, 학부모가 간담회를 가지도록 했으며 이를 통해 학부모 상담 및 자유학년제에 대한 안내 및 활동 결과를 논의하는 시간을 가질 수 있었다.

뮤지컬 공연이 끝나고 포트폴리오 우수학생 수상대회를 개최하였다. 학생들에게 1년 동안 운영된 뮤지컬 프로젝트 활동에서 매 차시 활동내용과 느낀점 등을 작성하도록 하였다. 그래서 공연이 끝나고 그동안 작성한 포트폴리오를 걷어 가장 잘한 학생에게 수상을 하여, 학생들이 뮤지컬 프로젝트에 적극적으로 참여할 수 있도록 하였다. 그리고 포트폴리오 내용을 바탕으로 학생생활기록부에 자유학년제란을 작성할 수 있었다.

자유학년제에는 학생의 꿈과 끼를 찾을 수 있도록 다양한 프로그램으로 운영된다. 하지만 학교와 지역적 특성에 따라 활동하기 부족한 상황이 있을 수 있다. 위의 사례처럼 학교가 직접 부족한 부분을 채울 수 있는 프로그램을 개발하여 운영한다면 학생들에게 좋은 성장의 기회가 될 수 있다.

3) 그 외 활동

(1) 아무나 콘서트

요즘 FLEX라는 단어가 많이 유행을 하고 있다. 원래 '구부리다'라는 뜻을 지니고 있는데 많은 방송 매체와 SNS상에서 뽐낸다는 의미로 활용이 되고 있다. 이만큼 요즘 세대들은 자신의 능력을 보여주거나 공유하고 싶어한다.

K 고등학교에는 이러한 것을 가능하게 하는 학교 프로그램이 있다. 이 학교는 'ㄷ' 자 형태의 구조를 갖고 있는데 가운데에 잔디밭과 무대가 형성이 되어 있다. 만약 이 학교를 처음 방문하는 사람이라면 이 곳이 무엇을 위한 공간인지가 궁금할 것이다. 이는 학생들의 '게릴라 콘서트'를 위해서 만들어 진 곳이다. 이 학교에서는 '아무나 콘서트'라는 이름으로 운영이 되고 있다. 즉 아무나 와서 노래를 부르고 춤을 출 수 있는 공간이다.

아무나 콘서트에 참여할 수 있는 방법은 매우 간단하다. 자신이 공연을 하고 싶은 날짜를 정해 한 1주일 정도 전에 방송 담당 선생님 혹은 동아리에 이야기를 하면 된다. 춤을 추거나 노래를 하는 경우 방송장비가 필요하기 때문이다. 공연 전에 포스터를 만들어서 자신의 공연을 홍보할 수도 있다. 이러한 콘서트는 대게 점심시간에 이루어진다. 잔디밭에 있는 무대에서 노래를 하고 춤을 추기 때문에 특별히 정해진 객석은 없다. 학생들은 그저 무대를 동그랗게 둘러서 서서 공연을 본다. 비록 점심시간 30분을 활용해서 여는 아주 작은 콘서트이지만 이러한 활동을 통해서 학생들과 교사들은 잠시마나 모든 것을 내려놓고 즐길 수 있는 시간이 아닐까 싶다.

(2) 특색있는 학급운영 학급담임제

교사가 혼자 학급을 운영하는 것은 어려운 일이다. 또한 학생들도 과거에 수동적인 태도로 학급구성원으로 역할하는 것이 아니라 능동적이고 자율적인 태도를 함양할 수 있도록 해야한다. 이러한 바탕속에 K교사는 학생들이 민주시민으로 성장할 수 있도록 특색있는 학생담임교사제 활동을 하고 있다.

학생담임교사제는 일주일에 2일 정도씩 학생들이 돌아가면서 학급담임으로서 조 · 종례와 학급 전달사항, 학급 운영을 담당하는 것이다. 이러한 담임교사의 역할 외에도 조례시간에 '나의 5분 제언'이라는 학급 학생들을 대상으로 훈화자료를 준비하여 발표하도록 하고 있다.

학생담임교사제의 목표는 첫째, 대화와 소통을 통한 민주적인 학급 공동체 구성할 수 있다. 둘째, 학생 스스로 학급의 발전을 위한 목표를 설정하고 추진해가는 리더십을 함양할 수 있다. 셋째, '나의 5분 제언'등을 통한 자치능력 및 발표능력, 진로진학 탐색능력을 향상할 수 있다. 이러한 목표를 달성하기 위해 학생들은 학급담임을 맡은 전날에 담임교사에게 미리 '나의 5분 제언' 주제와 발표 PPT를 제출한다. 학급담임제 당일에는 일찍 등교하여 담임교사와 조 · 종례 안내사항을 조정하여 직접 조 · 종례를 실시한다. 그리고 그날 교육과정 중에는 활동일지를 작성하여 다음날 아침에 제출하여 자신의 활동을 되돌아보고 성장할 수 있도록 한다.

이러한 활동을 통해 학생과 교사의 공감과 소통의 시간이 될 수 있었으며, 학생들도 일일교사를 체험하여 민주시민으로서 성장할 수 있었다. 또한 교사를 꿈꾸는 친구들에게도 좋은 진로체험의 기회가 될 수 있었다.

학생담임제 활동 일지 (예시)

날짜 : 2021년 (　)월 (　)일 (　)요일

학생확인		담임확인	

<table>
<tr><td>공지사항(조회)</td><td colspan="2">1. 내일 6,7교시 OO 활동 준비
2. 드림데이트 신청학생은 종례 후 시청각실로 이동
3. △△대회 신청자 마감</td></tr>
<tr><td>오늘의 계획
(목표)</td><td colspan="2">수업 시작 1분 전 종이 치면 모두 자리 앉아 수업 준비하기
2명 이상의 친구에게 긍정적인 칭찬하기</td></tr>
<tr><td>나의 5분 제언

나의 주장
발표하기(v)

진로/진학
소개하기(　)</td><td colspan="2">< 주제 : 환경을 생각하고, 행복하다고 느끼면서 살아가자 >
- 나의 꿈인 방송PD와 연관지어 내가 가장 감명깊게 본 '지구의 눈물' 시리즈를 소개하였다
- 북극의 눈물
: 빙하가 녹아 피해를 보는 북극곰, 순록 등에 대한 소개
이와 연관해 "북극곰은 걷고 싶다"라는 책을 소개함
- 아프리카의 눈물
:"넌 네가 얼마나 행복한 아이인지 아니?", "세계의 절반은 왜 굶주리는가?" 2권의 책 소개와 함께 선진국들과 개발도상국이 서로 조화를 이루며 살아가면 좋겠다는 의견 제시</td></tr>
<tr><td>공지사항(종례)</td><td colspan="2">1. 시간표 변경 - 내일 3,4교시 교체
2. 내일부터 학습동아리 시작
3. OOO 유인물 내일까지 제출</td></tr>
<tr><td>오늘 우리 반의
학습태도</td><td colspan="2">조는 학생이나 수업에 방해되는 학생이 없었고, 적극적으로 발표함
조용하지만 대부분 수업에 집중하여 교과 선생님께 칭찬을 받음</td></tr>
<tr><td>배우고 느낀 점
또는
학급에 개선이
필요한 점</td><td colspan="2">수업 시작 1분전 종이 치면 바로 교실로 들어오지 않는 학생이 있음
분리수거에 조금 더 신경을 써야 함
평소의 언어습관이 교우관계에 끼치는 영향력에 대해 다시 한 번 생각해봄
대중 앞에 설 때 보다 철저히 준비해야할 필요가 있음</td></tr>
<tr><td rowspan="3">모범학생
활동상황</td><td>성명</td><td>모범활동내용</td></tr>
<tr><td>OOO</td><td>△△△가 (어떠한) 일로 힘들어 했는데 먼저 다가가서 위로함</td></tr>
<tr><td>◇◇◇</td><td>누가 시키지 않았지만 스스로 복도의 쓰레기를 치움</td></tr>
</table>

(3) 의미있는 하루의 시작 아침편지

아침 등교가 9시로 조정되면서 학급담임의 입장에서는 학생들과 교류할 시간이 줄어들었다. 1교시가 시작되기 전까지 10여분 밖에 안되는 시간에 출석 확인 및 간단한 전달사항 안내 정도를 수 있다. B교사는 짧은 조회시간을 좀 더 의미 있게 보낼 방안을 찾다가 학생들이 등교 전 교실 칠판에 아침편지를 적어서 학생들과 소통하는 선배교사의 모습을 보게 되었다.

B교사도 등교 전 학생들이 칠판에 편지를 써서 조회시간을 의미있게 활용하고자 했다. 첫째, 계기자료로 활용하는 방안이다. 국경일이나 기억해야 할 기념일 등 특별한 날의 내용과 의미를 아침편지 내용으로 적어 학생들이 이날을 왜 기억해야 하는지 생각하도록 하였다. 예를 들어 11월 3일 광주학생항일운동이 일어난 날에 광주학생항일운동이 왜 일어났으며, 나였다면 어떻게 행동을 했을지, 기억해야 하는 의미 등을 간단하게 적는 것이다. 이를 통해 학생들은 조회시간을 통해 기념일의 의미를 생각해보고 기억함으로써 역사의식을 함양할 수 있고, 사고력을 증진 시킬 수 있다.

둘째, 학교의 중요 행사나 전달사항을 안내하는 방안이다. 조회시간은 학생들에게 그날 있는 학교 행사, 바뀐 교과시간을 안내 등 전달할 내용을 안내한다. 하지만 짧은 시간에 많은 내용을 전달할 경우 학생들도 오늘 무슨 일이 있는지 헷갈리거나, 잘 듣지 못할 수도 있다. 아침편지에 전달사항을 써놓게 되면, 학생들은 등교하고 아침편지를 읽으면서 오늘 학교에서 어떤 일이 있는지, 내가 해야 할 일은 무엇인지 생각할 수 있다. 그래서 짧은 조회시간이지만, 교사가 간단히 언급을 해도 학생이 잘 인지할 수 있는 효과가 있다.

마지막으로 아침편지를 통해 시민적 인성교육을 실시하였다. 시민적 인성교육의 핵심역량으로 '예(禮)', '자아정체성', '개인 권리와 책임 의식',

'비판적 성찰적 사유능력', '공동체 의식', '시민적 용기'를 정한 후 핵심역량을 전달할 수 있도록 매일 바꿔가며 작성하였다. 그래서 학생들이 아침편지를 읽고 시민적 인성교육의 핵심역량에 대해 생각함으로써 민주시민으로 성장할 수 있도록 하였다. 학급담임으로서 학급 전체를 대상으로 인성교육을 할 수 있는 기회는 많지 않다. 아침편지는 이러한 문제를 극복하고 짧은 시간을 이용해 핵심역량에 대한 글을 읽은 학생들에게 의견을 묻거나, 서로 짧게 대화를 하게 함으로써 인성교육을 실시할 수 있다.

짧은 조회시간을 좀 더 의미있게 활용할 수 있는 방안인 아침편지는 많은 교사들이 활용하고 있는 활동 중 하나이다. 조회시간은 짧은 시간에 비해 많은 활동을 해야한다. 이러한 조회시간을 잘 활용하는 방안으로 아침편지는 앞에서 언급한 세 가지 기능뿐만 아니라 더욱 다양한 기능으로 활용 가능할 것이다. 이를 위해 아침편지를 활용하는 교사들 간 교류를 통해 발전 및 보완할 점을 논의하는 것이 필요하다고 생각한다.

4. 이상(理想)한 교육활동은 왜 이상(異常)할까?

교육과정에서 교과 외 활동은 학생의 삶을 살아가는데 필요한 다양한 경험과 사회성, 창의력 등을 성장시키는 중요한 시간이다. 또한 지필평가에 대한 부담이 없어 학생들이 참여할 수 있는 다양한 프로그램을 운영할 수 있다. 그래서 창의적 체험활동, 자유학년제 등의 중요성이 증대되고 있다. 앞에서 본 여러 사례들은 교과 외 활동으로 학생들에게 다양한 경험을 제공하고 꿈과 끼를 키워주며, 미래핵심역량을 함양하고 있다. 하지만 학교에서 이러한 교과 외 활동을 이상적인 사례대로 운영하는데 많은 어려움이 있다. 이러한 프로그램을 운영하는 주체가 담당교사이기 때문이다. 이상적인 교육활동이 운영되려면 교사의 많은 노력이 필요하다. 또한 학교와 지역의 여건과 학생의 특성에 따라 다양하게 운영되므로 앞에서 애기한 사례와 교육부 및 각 시도교육청에서 안내되는 우수사례는 현재 우리학교에서는 적용하기 어려운 이상한 모습일 수 있다. 이상적인 활동이 왜 이상한 활동이 될 수 있는지 알아보고자 한다.

1) 창의적 체험활동

창의적 체험활동은 다양한 활동을 통해 학생의 창의력과 다양한 사고력을 함양하고 민주시민으로 성장하기 위해 운영된다. 앞에서 애기한 이상적인 창의적 체험활동을 통해 알 수 있듯이, 학생들이 학교 밖에서 다양한 것을 자율적으로 참여해 경험할 수 있고 다채로운 동아리 활동을 통해 자신의 적성과 취미를 찾을 수 있다. 그리고 봉사활동과 진로활동을 통해서도 더불어가는 삶과 자신의 꿈을 찾을 수 있는 기회를 만들 수 있다. 하지만 이상적인 창의적 체험활동을 운영하는데 현실적으로 많은 어려움이 있다.

첫째, 시간의 부족이다. 창의적 체험활동의 중요성이 강조되면서 시수는 점차 증가해 왔다. 그래서 현재 매주 2시간 정도 창의적 체험활동 시간이 고정적으로 운영되며, 체험활동, 진로체험, 학교축제 등 추가적인 활동이 가능하다. 하지만 앞에서 애기한 시간이 부족하다는 의미는 창의적 체험활동의 네 가지 영역을 모두 운영하기에 부족하다는 것이다. 자율활동, 동아리활동, 봉사활동, 진로활동의 영역으로 구성된 활동이 각 목표대로 운영되기에 시간이 부족하고, 연속적으로 운영되지 않아 형식적으로 운영되고 있다. 이를 극복하는 방안으로 창의적 체험활동과 교과를 연계하여 운영하거나, 학년별로 하나의 영역을 집중적으로 운영하는 방안도 있다. 하지만 교육과정 편성 시, 교과와 연계를 구상하고 학년별로 상이하게 운영되도록 하는 것이 부담이 따르게 되어 현실적으로 어려움이 있다.

둘째, 창의적 체험활동을 담당하는 교사의 부담이다. 학교에서 보통 창의적 체험활동 영역 중 자율활동과 동아리활동은 시수가 적은 교사가 담당한다. 교사들도 창의적 체험활동을 담당하는 것이 부담으로 다가오기 때문이다. 자율활동과 동아리활동이 목표대로 운영되기 위해선 학교와 지역의 여건과 학생의 특성을 고려한 프로그램을 개발해야 한다. 자율활동과 동아리활동은 담당 교사의 재량이 큰 비중을 차지하기 때문에 교사의 많은 노력이 필요하다. 이러한 노력은 교과 수업과 학교 업무 등을 담당하는 교사에게 큰 부담이 된다. 그래서 따로 특별한 프로그램을 개발하기 어려워 학교에서 정한 대로 형식적으로 운영하는 경우가 크다.

셋째, 안전상의 문제이다. 앞에서 언급한 사례대로 학생들에게 자율성을 주고, 다양한 프로그램에 참여시키는 것은 이상적인 모습이다. 하지만 소수의 학생들이 모둠을 이루어 자율적으로 활동을 다니면 안전의 문제가 뒤따른다. 이를 위해서 모든 교사뿐만 아니라 학부모의 지원 등을 받아 안전지도가 이루어져야 한다. 많은 학교 구성원의 참여가 필요하고 안전에 대한 부담이 커 학생들에게 자율성을 다 주기 어려운 상황이다. 그래서 창의적 체험활동의 영역인 자율활동, 동아리활동, 봉사활동, 진로활동은 학교 밖에서 학생들에게 다양한 경험을 자율적으로 제공해야 하지만 학교에서 미리 정한 장소를 제한적으로 선택해 활동하는 실정이다.

넷째, 창의적 체험활동의 중요성에 대한 인식의 부족이다. 창의적 체험활동은 학생에게 공동체 의식을 함양하고 소질과 잠재력을 계발 및 신장시키는 중요한 교육과정이다. 하지만 학교의 구성원들은 목표와 중요성을 고려하지 않고 형식적으로 운영 및 참여하고 있다.

창의적 체험활동이 목표대로 운영되기 위해선 현재 교사에게 많은 재량권이 부여되어 발생한 부담을 줄일 수 있도록 해야 한다. 이를 위해선 국가와 각 지역에서 다양한 프로그램을 개발할 수 있도록 기반시설을 마련해야 하며, 학교와 연계하여 창의적 체험활동이 운영될 수 있도록 지원을 해야 할 것이다. 그리고 학교 구성원들도 창의적 체험활동의 중요성을 알고, 적극적으로 참여할 수 있도록 연수 등 교육이 이루어져야 할 것이다.

2) 자유학(기)년제

학생의 자기주도적 학습능력을 기르기 위해 중학교 1학년을 대상으로 한 학기 또는 두 학기 동안 경쟁중심의 교육에서 벗어나 학생 참여형 수업과 활동으로 운영되는 자유학(기)년제는 점차 강화, 확대되고 있다. 자유학(기)년제는 중학교 1학년 시기에만 운영되는 것이 아니라 중학교 2학년에는 연계자유학기로 점차 확대되고 있다. 그래서 학생에게 꿈과 끼를 찾아 키워주는 것을 목표로 하고 있다. 하지만 앞에서 살펴본 자유학(기)년제가 이상적으로 운영되는데 현실적인 어려움이 따른다.

첫째, 교육과정의 재구성에는 많은 노력과 어려움이 따른다. 자유학(기)년제가 목표한 대로 운영되기 위해서는 자유학(기)년제 프로그램과 학생참여형 수업이 연계되어야 한다. 이를 위해서 1학년 교과 담당교사와 프로그램 담당 교사들 간 교육과정 재구성을 위한 협의회가 필요하다. 하지만 모든 담당교사가 정기적으로 모여 협의하고 자유학(기)년제를 운영하는데 부담이 크다. 교사의 부담을 줄여주고, 자유학(기)년제를 운영하는 교사의 전문성을 신장시킬 수 있는 현실적인 제도적 보완이 뒷받침되어야 한다.

둘째, 자유학(기)년제를 운영하기 위한 기반시설과 인적자원의 부족이다. 자유학(기)년제의 활동에는 주제선택활동, 예술체육활동, 동아리활동, 진로탐색활동이 있다. 이러한 활동이 운영되기 위해서 학생들이 다양한 참여가 가능한 지역적 기반시설이 필요하다. 하지만 기반시설이 부족한 지역이 여전히 많아 학교에서 일반 교과수업과 비슷하게 운영되고 있다. 또한 학생의 다양한 참여를 위해서 전문성을 지닌 강사가 운영하는 예술체육, 동아리 등이 이상적인 모습이지만, 강사를 구하기 어려운 학교에서는 시수가 적은 교사가 담당하여 운영한다. 그래서 자유학(기)년제의 취지대로 운영되지 못하는 경우가 있다.

셋째, 학교생활기록부 입력에 대한 부담이다. 자유학(기)년제는 지필평가를 바탕으로 한 결과중심의 평가에서 벗어나 과정중심의 평가를 실시한다. 그래서 자유학(기)년제를 담당하는 교사는 모든 학생들을 대상으로 학교생활기록부에 성장과정을 기록한다. 이는 학교 업무와 교과수업 등 다양한 일을 하는 교사에게 또 다른부담이 된다. 또한 규모가 큰 학교인 경우 모든 학생들을 꼼꼼하게 살펴보고 기록한다는 것이 현실적인 어려움이 있다. 이를 해결하기 위해 제도적으로 교사가 담당하는 학생 수의 감축이 필요할 것이다.

자유학(기)년제는 그동안 우리 교육이 평가와 진학 중심으로 운영되는 교육과정으로 인해 학생들이 자신을 이해하고, 자아정체성을 확립하지 못한다는 문제를 해결하기 위해 도입되었다. 2014년부터 자유학기제를 시작으로 현재 자유학년제로 확대되고 있으나 현재 여전히 자유학(기)년제에 부정적인 의견이 있다. 그 이유는 목표대로 운영되지 못하고 형식적으로 운영되는 모습을 보이는 측면이 있기 때문이다. 이를 극복하고 이상적인 자유학(기)년제를 위해서 국가와 제도의 뒷받침이 필요하고, 꾸준한 연수와 포럼 등을 통해 교사의 전문성을 신장시켜야 할 것이다.

3) 그 외 활동

학생들은 교과 교육과정 외에 조 · 종례, 점심시간과 방과 후 등 많은 시간을 학교에서 보낸다. 이러한 시간의 특징은 교사의 지도가 이루어지지 않아 학생들이 자유롭게 활동하며 사회성을 기를 수 있는 시간이다. 또한 학급원들이 의사소통을 하는 중요한 시간이다. 최근에는 온라인에서 학교 행사와 학급을 운영하는 경우도 점차 증가하고 있다. 하지만 이러한 시간에 운영되는 활동은 중요성에 비해 잘 알려지지 않는다는 문제가 있다. 왜냐하면 정규교육과정이 아니므로 우수사례를 공유하거나, 매뉴얼에는 없기 때문이다. 그래서 신규교사를 비롯해서 많은 교사들이 어떤 이상적인 운영이 있는지 알기 어렵다. 또한 이러한 온 · 오프라인에 운영되는 활동들은 담임교사의 재량에 따라 좌우되기 때문에 운영하고 있는 교사가 다른 곳에 공유하지 않는 이상 폐쇄적일 수밖에 없다. 이를 극복하기 위해서 교육과정 외 시간과 온라인 활동들에 대한 우수 사례들이 더욱 공유되고 적극적인 지원이 필요할 것이다.

CHAPTER 05 이상한 공간

1. 공간은 경험을 결정한다

우리가 어떠한 공간에 있다는 것은 많은 의미를 제공한다. 공간은 우리가 어떠한 생활을 하고 있는지를 보여주는 중요한 지표 중의 하나라고 볼 수 있다. 또한 우리들이 생활하는 공간은 우리들의 삶의 경험을 형성하게 하는 중요한 무대가 되는 곳이기도 하다.

중국 고사성어 중에 '맹모삼천(孟母三遷)'이라는 것이 있다. 이 고사성어의 의미는 맹자(孟子)의 어머니가 맹자의 교육을 위해서 좋은 환경을 조성해주었다는 것이며 이런 점에서 후대 사람들에 의해 많이 인용되곤 한다. 하지만 이 고사가 생겨나게 된 의미를 조금 더 생각해 보면 공간이 얼마나 중요한 의미를 지니는 지를 생각해 볼 수 있다.

이 고사(故事)에 따르면 처음에 맹자의 어머니가 처음 이사를 간 곳은 묘지 근처였다. 이 때 맹자가 듣고 말하는 것이 전부 상여나 곡소리 같은 것이어서 맹자의 어머니는 맹자에게 도움이 되지 않을 것이라고 생각하였다. 따라서 맹자의 어머니는 이 곳을 벗어나 다른 곳으로 이사를 했다. 다음에 이사한 곳은 상인들이 많은 저잣거리 근처였다. 아니나 다를까 이 공간에서는 맹자가 상인 놀이를 하며 시간을 보냈다. 맹자의 어머니는 이 공간 또한 자신의 자식을 기르기에 적합한 곳이 아니라고 생각해서 마지막으로 이사를 간 곳이 바로 서당근처였다. 서당 근처로 이사를 가니 맹자가 경험할 수 있는 것이 글 읽는 소리를 듣거나 책을 읽는 것이었다. 따라서 맹자의 어머니는 마침내 이곳에 정착하기로 했다.

위에서 제시한 맹자의 일화를 바탕으로 한 고사성어에서도 알 수 있듯이 공간이 우리의 경험 형성에 미치는 영향은 상당하다. 우리가 어떠한 공간에서 생활하느냐에 따라서 앞으로의 경험이 결정이 되기 때문이다. 물론 현대사회에서는 공간이 경험을 형성하는 데에 있어서 완전한 한계를 짓는다고 볼 수는 없다. 하지만 여전히 많은 사람들이 인간과 인간이 함께 지내는 공간에서 상호작용을 하고 함께 지내는 과정을 통해서 경험을 하게 된다.

우리가 같은 사람이라고 하더라도 어떠한 공간에 속해 있는지에 따라 행동양식이 다르게 결정되기도 한다. 만약 어느 기관의 대표로서 공식적인 회의공간에 참여했다면 최대한 깔끔하게 입고 최대한 공식적인 자세로 행동하고자 노력을 할 것이다. 이런 기관의 대표도 자신의 집에 가면 다른 모습을 보여준다.

마지막으로 우리의 집은 우리에게 있어서 굉장히 사적인 공간이다. 특별한 일이 없는 한 우리들은 집에서 아주 편안한 사세로 있는다. 그리고 우리들의 집은 자신들만의 관심사, 미적인 선호 등으로 꾸밀 수 있는 공간이기도 하다. 즉 우리들의 사적인 삶을 보여주는 영역인 것이다. 이런 집 안에서 자신만의 방은 더욱 더 사적인 개념을 갖는다.

우리들에게 있어서 자신만의 방이라고 하는 것은 어느 누구에게도 침해받지 않는 나만의 공간이다. 여기서 어떤 사람들은 영화를 보기도 하고 글을 쓰기도 한다. 또한 자신만의 공간을 조금 더 예쁘게 꾸미기 위해서 노력을 하는 사람들도 있다. 모든 사람들의 방 모양이 제각각이고 방에 있는 물건이 제각각이기 때문에 어떻게 보면 우리의 정체성을 드러내는 공간이라고 볼 수 있다. 즉 다른 사람들이 내 방에 들어왔을 때 방이 꾸며진 모습을 보고 나를 인식할 수 있는 것이다.

공식적인 회의실에서는 공식적인 행동을 한다.

실제로 공간의 형태가 우리에게 갖는 의미는 상당하다. 예전에 미국의 실리콘 밸리의 몇몇 유명회사에서 기존의 칸막이형 오피스를 오픈형 오피스로 바꾸고 업무를 하는 당사자들 사이에서 의사소통이 늘어나서 서로 협업을 하기에 좋아졌다는 기사를 본 적이 있다. 즉 기존의 칸막이를 없애면서 서로 논의할 수 있는 분위기가 자연스럽게 형성이 되었기 때문이다.

어떠한 공간에서 일하느냐가 중요하다.

위에서 제시한 예시들은 대부분 성인과 관련된 것이었다. 성인의 경우 학생들과는 다르게 제한된 공간에서 생활을 하게 되더라도 여러 가지 외부경로를 통해서 다양한 경험을 할 수 있다. 즉 자신이 속한 공간에서 할 수 있는 제한적인 경험을 외부에서 주어지는 간접 경험을 통해 극복할 수 있다는 것이다. 하지만 나이가 어릴수록 보호자 혹은 다른 사람들에 의해 제공된 공간에서 생활하게 되고 이는 자신들만의 경험 형성에 있어서 한계로 작용하게 된다. 이러한 점에서 볼 때 학생들이 가장 많은 시간을 보내는 학교의 공간적인 의미는 매우 크다고 할 수 있다.

우리가 이 장에서 학교 공간과 관련된 것을 이야기하고자 하기 때문에 학교에서의 공간이 어떠한 의미를 학생들에게 부여하는지를 생각해 보는 것이 중요하다. 강지애, 조부경(2018)은 참여연구를 바탕으로 유치원의 각각의 공간에 대해서 유아들이 부여하는 의미에 대한 연구를 진행하였다. 이 연구의 결과 유치원의 공간에 따라 유아들이 그 공간의 특성에 맞는 경험을 하게 되고 그러한 경험이 유아들의 자존감 형성, 놀이방법, 모험과 도전의식 함양 등에 영향을 끼친다고 이야기를 했다. 물론 유치원에 한정된 이야기지만 유아나 중고등학교 학생들 모두 자신의 대부분의 시간을 학교에서 보내기 때문에, 중고등학생에게도 공간이 자신의 경험을 형성하고 자아개념을 형성하는 것에 큰 역할을 하는 것으로 볼 수 있다.

공간 심리학에서는 우리가 살고 생활하는 공간은 우리의 자전적인 기억과 자아 정체성을 형성하는 데에 중요한 역할을 한다고 이야기하고 있다. 우리는 공간 속에서 다양한 경험을 하며 다른 사람들을 이해하는 방식을 배워나간다. 이러한 것으로 보아 인간에게 있어서 공간은 의식적, 그리고 무의식적으로 사람들의 행동패턴을 만들어 내고 의식구조에 큰 영향을 끼치는 것으로 볼 수 있다(서예식 외, 2020).

지금까지 이야기를 정리해보면 우리가 어떠한 공간에서 생활하는지는 우리의 경험과 의식을 결정하는 데에 중요한 것으로 보인다. 이제 조금 범위를 좁혀 학교 공간 속으로 들어가 보자. 학교는 우리에게 현재 어떠한 공간이며 앞으로 어떻게 변화해야 할까?

2. 현재 우리의 학교 모습은?

아래의 그림을 보자. 100년전과 지금을 비교해보면 수많은 것들이 변해왔다. 하지만 유독 학교라는 공간은 100년 전이나 지금이나 동일한 모습으로 존재한다. 그만큼 학교라는 공간은 지금까지 변화한 부분이 많이 없다고 볼 수 있다. 이전 우리 아버지의 세대와 비슷한 공간에서 우리의 아이들도 교육을 받고 있다.

100년 전과 지금의 차이

물론 현재와 같은 공간 조성이 아직 교육이 필요한 학생들에게 있어서 어느 정도 불가피한 부분이 있다는 것을 감안할 수 있다. 하지만 이러한 점을 감안하더라도 학교는 여전히 예전과 비슷한 모습이다. 현재 우리 학교의 모습은 네모난 건물, 네모난 교실, 긴 복도 등으로 대표된다. 학교는 우리 아이들이 하루의 3분의 1 이상을 보내는 곳인데 이렇게 네모난 공간 속에서 지내다 보면 어떤 느낌일지 말하지 않아도 알 것이다. 아이들은 초등학교 6년, 중학교 3년, 고등학교 3년 동안의 시간을 이렇게 보낸다. 이렇게 보내는 것에 있어서 가장 큰 문제점 중의 하나는 학생들이 자신만의 개성을 잃어버리게 된다는 것이다. 즉 학교 공간 내에서의 하나의 공동체에 귀속이 된 나머지 개인으로서의 정체성을 상실하고 그저 '군중 속의 한 사람'이 되고 만다.

사실 지금 이러한 형태로 학교가 지어지게 된 이유는 효율성을 극대화하기 위해서였다. 우리나라는 소위 1960년대 전후 베이비붐(Baby boom)시대, 즉 1955년에서 1974년에 걸쳐 많은 인구가 태어났다. 공식적으로 1971년에는 100만이 넘는 아이가 세상의 빛을 보았다. 급속한 인구 증가로 학령인구 역시 크게 증가하였으며, 이를 효율적으로 수용하기 위한 표준설계도를 바탕으로 학교가 지어진 것이 현재와 같은 형태로 이어지게 된 것이다. 이 당시 교육의 역할은 고도의 경제성장을 뒷받침 해줄 인재를 키워내는 것이었다. 이를 위해서는 지식을 강의식 방법으로 최대한 많이 넣어주는 것이 필요했다(이재림, 2019).

학교는 이전이나 지금이나 같은 모습이다.

이러한 현상은 학교의 주인인 학생들을 주체로 인정하지 않고 정해진 교육을 주입받아야 하는 대상 내지는 객체로 인식한 결과로 볼 수 있다. 사실 이 시기에는 많은 국민들과 학생들을 감시와 통제의 대상으로 인식했다. 그리고 사회 여러 분야에서 학생들을 위한 감시 및 통제수단은 많이 있었다. 이러한 사회 분위기에 있어서 학생들을 위한 공간은 생각하기도 어려웠을 것이다. 오히려 이 시기 학교는 수많은 학생들을 제한된 인원으로 통제해야 하는 교사 혹은 정부의 입장이 더욱 많이 반영된 공간이라고 볼 수 있을 것이다.

이는 학교 공간을 설정하는 것에 있어서의 효율성 측면과도 연결된다. 즉 지금까지의 학교 건설은 효율성에 바탕을 둔 건설이 대부분이었다. 다시 말하면 표준적인 설계도를 바탕으로 학교가 설계되었고 시공이 되었다. 하지만 지난 1992년 표준설계도를 활용하여 학교를 설계하는 것이 없어졌다. 그렇다면 1992년 이후에 세워진 학교는 새로운 모습을 하고 있어야 하는데 희한하게도 1992년 이후에 지어진 학교도 거의 별반 다를게 없는 구조를 하고 있다.

물론 일자형 구조를 지닌 학교는 최근에 들어 많이 줄어들고 있는 추세이다. 하지만 이러한 형태는 다른 형태로 조금씩 변형되면서 그 맥을 함께 하고 있다. 우리가 볼 수 있는 ㄷ 자 구조, 혹은 ㄱ자 ㄴ자 구조의 학교들이 이러한 모습이라고 볼 수 있다. 일자형 구조의 학교에서는 탈피했지만 그와 비슷한 이러한 구조를 바탕으로 학교를 설계하고 있기 때문에 학생들은 교육의 효율성을 위한 대상이 되고 만다.

실제로 학교를 건축하는 데에는 많은 돈이 들지 않는다. 지난 2017년 조달청에서 발표한 공공기관의 평방미터(m^2)당 건축비는 초등학교가 가장 싸다. 일반 청사, 대형청사 및 대학교의 경우 평방미터당 200만원을 상회

하고 대부분 220만원 선이었다. 하지만 초등학교는 170만원 초반, 중고등학교의 경우는 170만원 후반대이다. 심지어 초등학교의 평방미터당 건축비가 교정시설 즉 교도소(평방미터당 195만원)나 비행기를 보관하는 격납고(평방미터당 195만원)보다도 낮게 측정된 것을 볼 수 있다.

학교의 모습에서 이야기하고 싶은 핵심은 건축비나 효율성의 차원은 아니다. 앞서 말했듯이 공간은 학생들의 자아형성과 경험의 축적에 있어서 매우 중요하다. 하지만 이러한 공간에서 생활하는 학생들은 효율적인 형성의 추구로 인해 피해자 아닌 피해자가 되고 만다. 조금 더 풀어서 이야기를 하면 학교에 학생들을 위한 공간은 그렇게 많지 않다. 또 그나마 부족한 공간이라도 사용하고자 하면 많은 절차와 제약이 따른다. 물론 학교의 공간을 활용함에 있어서 교사의 지도하에 활용하는 것이 중요하다. 하지만 이러한 점을 감안하더라도 학생들이 편안하게 이야기를 하고 활동을 할 수 있는 공간은 부족한 것이 현실이다. 그렇다면 우리가 꿈꾸는 공간은 어떤 것들일까? 이런 공간, 이상한 공간에 대해서 이야기를 해보자!

3. 이상(異常)한 공간

예전에 아주 유명한 건축가가 한 자치단체의 부탁을 받고 대규모의 학교를 설계하는 프로젝트와 관련된 이야기를 바탕으로 한 강연을 들은 적이 있다. 이 건축가는 우리나라 대부분의 건축물 특히 학교 건축물이 고층을 지향하고 있다고 이야기했다. 그도 그럴 것이 주변에 있는 학교들을 보면 대부분 5층의 단일건물이거나 이를 조금 더 확장하여 5층의 건물이 두 개가 구름다리로 연결되어 있는 모습이다.

따라서 이 건축가는 이러한 것을 깨기 위해서 건물을 여러 개로 분산시키고 저층 구조를 가지고 가야한다고 이야기를 했다. 그리고 학생들이 밖으로

나가서 놀 수 있도록 중앙에 운동장을 만들어 주어야 한다고 이야기를 했다. 그가 설계한 학교는 바로 아래에 있는 그림과 같은 것이다.

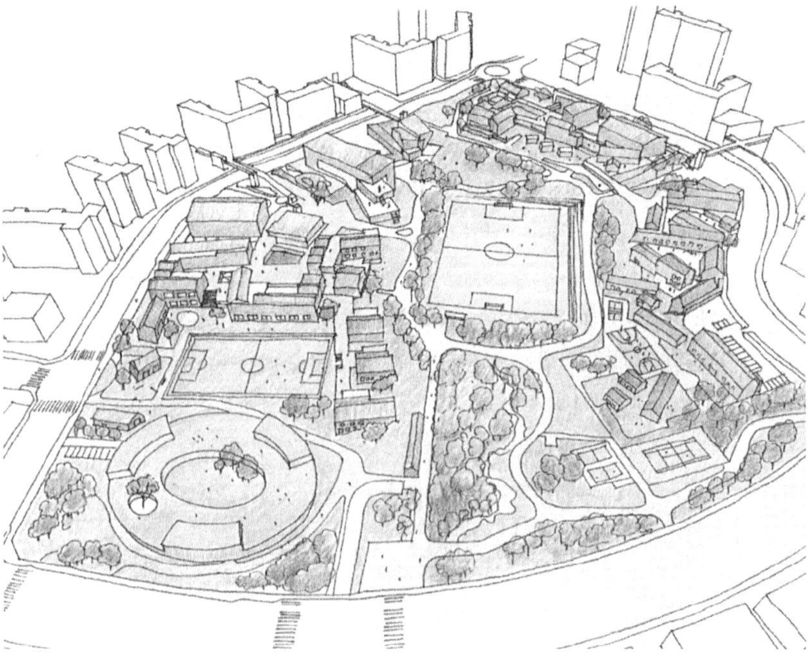

이상적인 학교 공간(유현준, 2018;40)

그런데 이러한 건축 설계안을 제안하자 지방자치 단체의 많은 반대에 부딪혔다. 지방자치단체에서 반대의 이유로 제시한 것은 처음으로는 학교의 건물이 너무 많이 분산되어 있고 사각지대가 있어 학교 폭력이 발생할 수 있다는 것이었고, 또 하나는 현재 이동수업이 많아 이러한 학교를 설계하면 건물 간의 이동이 많아지기 때문에 학생들이 오히려 불편할 수 있다는 것이다.

설계를 맡은 건축가는 여러 장점을 들어 기존의 설계를 설득했지만 결국

이것은 실현되지 못했던 것으로 안다. 이 설계를 맡은 건축가가 건축을 담당한 공무원에게 어떠한 형태의 학교 건축을 원하느냐를 물었을 때 공무원이 해준 대답이 바로 현재 학교 건축을 한 마디로 요약하는 것으로 볼 수 있다. 이 담당 공무원은 "아침에 한 번 등교해서 저녁 때까지 나오지 않게 하는 학교"를 설계해달라고 주문을 했다는 것이다. 즉 학교는 앞서 말한 것처럼 효율성의 공간이 되어버리고 만 것이다.

그렇다면 학교 공간이 궁극적으로 나아가야 할 방향은 무엇일까? 가장 큰 방향은 아마 민주적인 소통의 중요성, 학생 배움의 중심, 창의력을 키우는 공간이라고 생각이 된다.

가장 먼저 민주적인 소통에 대해서 이야기를 해보자. 사실 학교를 살펴보면 학생들이 소통을 할 수 있는 공간이 많이 있지는 않다. 아니, 거의 없다. 기껏해야 교실, 학생자치회실 정도인데 이마저도 많은 제약이 있다. 교실의 경우에는 친구들과 함께 이야기를 하고 싶다고 해도 다른 친구들이 옆에 있고 수시로 선생님들도 왔다갔다 하기 때문에 사적인 이야기를 하는 것이 쉽지 않다.

학생자치회실의 경우는 학생자치회 임원 학생들만 활용을 할 수 있다. 대부분의 학생자치회실을 보면 학교에서 맨 위층의 남는 공간에 위치하거나 접근성이 좋지 않은 구석에 위치해 있는 경우가 많이 있다. 또한 학생자치회실이 좁아서 학생들이 실제적으로 활용을 하기에 어려운 부분이 많이 있는 것이 사실이다. 학교에 있어서 예산을 활용하고자 할 때도 학생자치회실은 대부분 그 우선순위가 밀려나곤 한다.

따라서 실제 대부분의 학생들은 친구들과 이야기를 할 공간이 없다. 이야기를 하고 싶으면 밖에 가서 이야기를 하거나 심지어는 옥상으로 올라가서 이야기를 한다. 어떻게 보면 학교에서 매번 이야기하는 것이 학교의 공간에 있어서 학생을 주인이라고 이야기 하지만 이것이 실현된 곳은 거의 없는 것 같다. 이를 극복하기 위해서 학생의 소통을 위한 공간을 마련해주는 것이 가장 필요하다. 학교에 보면 대부분 복도 중간이나 건물 중앙은 유휴 공간으로 남겨두고 있는 경우가 많이 있다. 이런 공간들은 잘 살려서 학생들이 서로 소통할 수 있는 공간을 만들어 준다면 좋을 것이다. 실제로 공간 혁신에 있어서 많은 학교들이 이러한 공간을 활용하여 학생들이 서로 소통할 수 있게 도와주고 있다.

보다 근본적인 민주적 소통문화 정착을 위해서 가장 필요한 것은 사용자를 중심으로 한 학교 공간의 편성이다. 사실 현재의 학교 모습을 보면 학생들보다는 교사들을 위주로 하여 건물이 배치되어 있다는 생각이 든다. 따라서 우리가 생각하는 이상(理想)한 공간에서는 학생들이 중심이 되는 공간 구성이 필요하다는 생각이 든다. 물론 현재에 있는 공간을 대대적으로 바꾸어서 학교를 새로 지을 수 없는 현실이다. 하지만 학생들의 의견을 듣고 이를 바탕으로 공간을 개선해나가는 것부터 시작해야 한다.

학생들이 학교에서 어떠한 것이 필요한지를 듣고 이를 바탕으로 해서 공간을 개선해 나가길 원한다면 그들의 원하는 것이 무엇인지를 정확하게 알고 같이 실현하기 위해서 노력을 해야 한다. 이 과정에서 학생들의 의견을 잘 모으는 것이 중요하다. 단순하게 한 번의 학급회의나 학생회 회의를 통해서 모으는 것이 아니라 학생들이 실제 생활을 하면서 오는 불편함을 이야기 할 수 있도록 가능한 일정기간을 할애하여 공간에 대한 의견을 들어보는 것이 중요하다. 조금 더 나아가서 공간을 재편하는 데에 있어서 학생들이 더 신중하게 생각해보고 기꺼이 산출물을 만들어 낼 수 있도록 하는 프로젝트 수업을 활용해 보는 것도 좋은 방안이라고 생각이 된다.

실제로 많은 학교에서 공간을 혁신하는 과정에서 학생들을 참여시키기 위한 수단으로 프로젝트 수업을 활용했다. 프로젝트를 수행하면서 학생들이 나와 내 친구들이 조금 더 좋은 공간에서 생활을 할 수 있도록 하는지에 대한 의견을 내도록 했다. 학생들은 자신들이 직접 무엇을 계획하고 수행하며 이것이 현실로 나타날 수 있다는 점에 대해서 많은 의욕을 드러냈으며 실제로 이를 몇 번의 과정을 거쳐서 학교 공간 혁신에 활용한 곳도 있다.

또 하나 민주적인 소통을 위해서 공간이 가져야 할 또 하나의 특징은 융통성이다. 현재 학교에서 대부분의 교실은 그 목적이 정해져 있다. 물론 특별한 일이나 목적을 위해서 원래 정해진 사용처와는 다르게 활용을 할 수 있기는 하지만 대부분의 공간에서는 불가능한 것이 현실이다. 따라서 한 공간이 여러 가지 용도로 활용될 수 있도록 해야 한다. 그렇게 되면 학교의 구성원들이 누구나 활용 목적에 맞게 공간을 활용할 수 있게 되고 이에 따라서 민주적인 소통을 하는 공간도 자연스럽게 생겨나게 될 것이다.

두 번째로는 배움의 중심이 되는 공간이다. 이는 우리가 학습활동을 하는 교실과 가장 관련이 깊다. 현재 많은 학교를 보면 교실이 과연 학습활동 곧 학생들의 배움을 위한 최적의 공간인지에 대해서 의문이 든다. 현재의 교실 형태는 학생들이 앞을 보고 교사의 수업을 듣는 것에 최적화가 되이 있다. 물론 강의식 수업이 효과가 없다는 것은 아니다. 하지만 학생들은 강의를 듣고 수업을 하며 배우는 것과 동시에 다른 친구들과 함께 활동을 하면서 배우는 것도 많이 있다.

또한 교실의 다른 부분을 보아도 마찬가지이다. 칠판의 양 옆은 여러 가지 공지사항이 빼곡하게 붙어있다. 공지사항이 많을수록 칠판의 가용공간은 줄어든다. 실제로 이러한 게시 공간을 다른 곳으로 이동한다면 충분히 칠판을 넉넉하게 활용할 수 있다. 칠판이 작은 것이 뭐 그리 대수냐고 이야기할 수 있다. 하지만 칠판이 작아서 교육활동에 제약을 받는 경우가 많이 있다.

예를 들어 한 학급에 32명인 학생들을 대상으로 하여 8개 정도의 조를 편성하고 토론을 한 후에 이를 다른 학생들과 공유하고자 하더라도 많은 제약이 있다. 칠판의 크기나 수업의 특징에 따라 다르겠지만 대부분의 경우가 칠판에 모든 것을 한 번에 나타내는 데에는 한계가 있다.

교실 전면이 칠판과 관련해서 많은 애로사항이 있다면 교실 후면의 작은 청소도구함과 사물함과 같은 고정식 집기로 인해 불편함이 있다. 교실 뒤쪽에 이러한 것이 자리를 잡으면서 학생들이 배움에 활용할 수 있는 공간이 적어지게 된다. 차라리 이 공간을 학생들이 앉을 수 있거나 다른 용도로 활용할 수 있으면 조금 더 좋을 것이라는 생각이 든다.

예전에 어느 영화에서 미국의 대학교 강의실을 본 적이 있다. 이 강의실을 보고 큰 충격을 받았다. 영화에서는 수학과의 강의가 진행되고 있었고 충격을 받은 이유는 강의실의 한 쪽 면이 아닌 세 면이 칠판으로 구성되어 있는 모습이었다. 대학교 수학 강의의 특성상 설명이 길고 또 중간에 설명이 끊어지게 되면 학습의 연속성을 유지할 수 없기 때문에 그렇게 칠판을 구성한 것처럼 보인다. 물론 이 영화속 상황이 우리 학교의 현실과는 맞지 않을 수도 있지만 적어도 학습자들이 최대한으로 배움에 열중하도록 배려해 준 점이 인상깊었다.

이러한 공간적인 배치 이외에도 학교 내에 환경을 최적화 해주는 것도 필요하다. 공간 혁신을 했던 한 학교에서는 학생들이 자꾸 학교를 나가는 무단 외출이 문제가 되어 고민을 했던 경우가 있다고 했다. 그래서 학교에서는 처음에 학생들이 무단 외출을 하지 못하도록 순찰을 강화하고 교칙을 강화시키자고 이야기를 했지만 논의를 거듭하여 놀라운 결론을 내렸다. 바로 학교를 밖의 공간보다 더 좋게 하자는 것이었다. 그래서 현재의 교실에서 혁신을 거듭하여 머물고 싶은 교실, 밖의 공간보다 더 좋은 '내 교실'을 만들어 주기로 결정했다.

현재 우리의 학교를 보면 아직도 낡은 책상, 오래된 교실, 색이 바랜 벽면 등 외부의 공간보다 못한 시설이 남아 있는 곳이 있다. 이러한 곳이 있다면 바로 조치를 취해서 학생들이 좀 더 좋은 환경에서 공부할 수 있도록 해야 한다. 여러 가지 기술의 발달로 인해 학생들에게 조금 더 좋은 교육환경을 제공해 줄 수 있는 기반이 많이 마련되어 있다. 이러한 것을 잘 살려서 학생들이 혜택을 받도록 해야 한다.

마지막으로는 학교는 창의성을 위한 공간이 되어야 한다. 앞서도 이야기했지만 학교 공간은 대부분 사각형으로 생겨있고 천장도 낮다. 처음에 근대교육을 위해서 이러한 형태의 교실과 학교가 생겨났다. 하지만 시대가 변화하고 여러 가지 생활상들이 바뀌고 있다. 학교 공간도 이제 이 변화의 물결에 함께 해야 한다고 생각한다. 사각형만이 있는 공간에서는 창의적인 사고를 할 수가 없다. 물론 사각형 자체가 창의적인 사고를 방해하는 것은 아니다. 문제는 사각형이 아니라 다양성의 측면이다. 다양성이 없는 공간에서는 새로운 생각들이 나올 수가 없다.

다양한 생각을 위해서는 다양한 모습이 필요하다.

우리가 생활하는 네모난 구조물에는 조금 유연함을 부여할 필요가 있다. 그래서 학교 공간의 일부분을 동그랗게 혹은 다른 모습으로 변화를 시켜주는 경우가 종종 나타나고 있다. 예를 든다면 네모난 교실에 있는 테이블을 원형 테이블을 활용하든지 네모난 모양의 도서관 건물에 동그란 의자들을 배치하는 등이 그것이다. 이러한 요소들을 특정한 공간에만 국한시키지 않고 다른 곳으로 확장시키는 것이 필요하다.

이를 위해서 학교의 공간 개념을 조금 더 넓히는 시도도 가능할 것이다. 현재 학교는 외부와의 소통이 단절된 채로 자신들만의 성(城)을 구축하고 있다. 즉 어느 누구도 저 건물을 보면 학교라고 나타낼 수 있을 정도로 이질감이 있다는 것이다. 이를 위해서 가능하다면 주변과의 소통을 통해서 마을 학교와 같은 환경을 조성하는 것도 좋은 시도로 보인다.

앞서도 이야기했지만 제한된 공간, 제한된 형태에서는 학생들이 창의성을 함양하기가 쉽지 않으며 경험할 수 있는 것에도 한계가 있다. 따라서 학교의 공간을 외딴 섬처럼 두지 않고 주변의 지역사회와 함께 해야 한다. 그래서 주변의 사람들과도 소통을 하고 공간을 공유하며 여러 가지 경험들을 할 수 있게 될 것이다. 이렇게 하다보면 자연스럽게 학생들의 경험의 장도 넓어지고 창의성도 함양할 수 있게 될 것이다.

4. 이상(異常)한 공간, 여기에 있다.

1) 민주적인 소통과 참여를 위한 공간

민주적인 소통과 참여를 위한 공간은 두 가지 항목으로 이야기를 진행하고자 한다. 민주적인 소통과 참여를 통해 태어난 공간과 민주적인 소통과 참여를 위해 공간을 마련한 것 두 가지이다. 먼저 민주적인 소통과 참여를 통해서 태어난 공간은 바로 구성원들이 모두 협의를 통해서 공간을 구성한 것을 이야기한다. 이러한 공간 구성에 있어서 가장 중요한 주체가 바로 학생이다. 이렇게 학생들을 중심으로 한 공간 구성과 관련된 사례를 세 가지

정도 소개하고자 한다.

가장 먼저 A중학교의 예를 들어서 이야기를 해보고자 한다. 이 학교가 민주적인 소통을 통해서 공간 개선을 이루어 낸 사례는 놀랍게도 '교문'이다(서예식 외, 2020). 교문은 사실 학교가 세워질 때 만들어지고 별다른 일이 없으면 잘 건드리지 않는 경우가 많다. 하지만 이 중학교는 학교의 교문이 있음에도 불구하고 교문의 재설치를 추진했다.

이 중학교가 교문을 재설치한 이유는 바로 안전상의 이유였다. 학교 공간은 학생들이 가장 많은 시간을 보내는 곳이기 때문에 모든 것에 안전이 확보가 되어야 한다. 하지만 이 학교의 경우 교문이 소재 등의 결함으로 인해서 부식이 되었고 안전상에 어려움을 겪게 되었다.

우리가 주목해서 볼 점은 바로 다음의 상황이다. 대부분의 학교에서는 학생들에게 교문이 이렇게 위험하니 다시 설치하겠다고 이야기만을 하고 그대로 진행을 하는 경우가 많이 있었는데 이 학교에서는 이렇게 하지 않고 학생들을 이 과정에 참여시켰다. 즉 학생들 스스로 교문을 디자인할 수 있도록 한 것이다. 이를 위해서 이 학교에서는 미술 수업을 활용했다. 미술 수업을 활용해서 학생들이 자신만의 교문을 디자인할 수 있도록 했으며 제작 의도를 파악할 수 있도록 했다. 이러한 결과물로 인해서 현재의 교문이 탄생할 수 있었다.

물론 학생들이 제안과정에만 참여한 것은 아니다. 교문이 설계되고 시공을 하면서도 학생들의 참여는 계속 되었다. 학생대표가 교문건축과 관련된 소위원회에 소속이 되어 회의에 참여하고 전 과정에 참여한 것으로 보인다. 그야말로 학생들과 함께 소통을 하며 학교의 상징인 교문을 만들어 낸 것이다. 사실 교사들이 생각하기에 학생들이 대단한 아이디어를 낼 것이라고 생각하지 않는 경우들이 많이 있다. 하지만 우리가 생각하는 것보다 학생들은 대단한 아이디어를 갖고 오는 경우가 많다. 이 학생들이 경험 상에서 오는 부족함은 있을지라도 아이디어들이 참신한 경우가 많이 있다. 이러한 아이디어를 바탕으로 해서 교사 및 학부모들의 지도하에 공간을 혁신한다면 더 많은 시너지를 받을 수 있을 것이다.

두 번째로는 B고등학교 사례이다(서예식 외, 2020). B고등학교에서는 앞선 A중학교의 사례와는 다르게 수업을 연계하는 것과 더불어 학생자치회를 중심으로 하여 학교 공간개선 프로젝트를 수행한 것으로 보인다.

전체학생을 대상으로 한 공간 혁신에서는 자신들의 교실에 대한 공간을 혁신하는 것을 수행하였다. 처음에는 학생들이 공간에 대한 철학을 정립할 수 있도록 하는 교과 협업 프로그램을 진행하였다. 이 후 학급에서 여러 조를 편성하여 자신의 학급에 있어서 필요한 것이 무엇인지를 선정하고 필요없는 것이 무엇인지를 알아보는 과정을 통해서 교실공간을 재편하도록 했다.

이 학교의 경우 공간 혁신을 하기 위한 프로젝트단을 조직하고 이를 주축으로 공간 혁신을 진행했다. 인상 깊었던 점은 공간혁신을 주도하기에 앞서서 학생들이 공간과 관련한 배경지식을 쌓을 수 있도록 관련된 독서활동을 했다는 점이다. 이 수업에 앞서 수행되었던 철학수업 역시 학생들이 공간의 의미에 대해서 이해하는 것과 관련된 활동인 것을 감안하면 이 학교에서는 학생들의 참여를 이끌어 내는 것과 관련하여 굉장히 중요한 프로그램을 수행한 것으로 보인다.

대부분의 학교에서 이러한 사업을 진행할 때에 보면 학생들에게 의견을 요구하기는 하지만 학생들을 준비시키는 경우는 드물다고 할 수 있다. 대부분의 경우 형식적인 의견 수렴만을 하고 이들이 제외되는 경우도 많이 있다. 하지만 학생들이 중간에 참여할 수 있는 역량을 키워주면서 준비를 해나가는 것은 쉽지 않은 일이다. 이러한 점에서 이 학교의 공간 혁신이 의미가 있다고 볼 수 있다.

이후 학생자치회는 자신들이 추진한 목표를 바탕으로 공간의 혁신을 이루어냈다. 학생들이 제안했던 벽면 도색이나 학교 공간의 조감도를 만들어서 이를 공간에 반영하는 것 등의 활동을 했다. 처음 이 학교의 공간혁신 프로젝트단의 목적이 기존에 답답하고 불편했던 학교 공간을 학생들의 쉼터이자 소통할 수 있는 공간으로 변화시키는 것에 목적이 있었다는 것을 생각하면 소기의 성과를 거두었다고 볼 수 있다.

마지막으로 소개할 공간 혁신의 사례는 한 벤처 기부 단체를 통해서 수행된 프로그램이다. 이 벤처 기부펀드는 학생들의 공간개선을 위해 프로그램 매뉴얼을 만들고 소개했다. 이 프로그램 매뉴얼에 의해 많은 학교들이 자신의 공간을 개선하였으며 학생들에게도 더욱 좋은 교육환경을 조성해 줄 수 있었다.

이 프로그램은 크게 6단계로 구성이 되어있다. '시작하기 - 이해하기 - 탐험하기 - 상상하기 - 만들기 - 돌아보기'이다. 이 모든 과정에서 학생들이 함께 참여를 할 수 있다는 것이 이 프로그램의 장점이다. 이 프로그램이 제시하는 것 뿐만 아니라 지금까지 살펴본 많은 공간 혁신에서 민주적인 소통을 하는 경우는 대개 위에 제시한 프로그램과 같은 경로를 갖는다. 이 벤처 펀드의 경우에는 이러한 것을 실천하기 위한 세부적인 사항들을 잘 정리해 둔 것이기에 공간 혁신을 위해서 참고하면 좋을 것이라는 생각이 든다. 이렇게 민주적인 소통을 통해서 공간을 혁신한 사례가 있다면 민주적인 소통을 위해서 만든 공간도 있다. 바로 학생들이 소통을 할 수 있는 공간을 마련해 주는 것이다.

C 고등학교의 예시를 제시하고 싶다. 이 학교의 경우 학교 형태가 ㄷ자로 되어 있는 학교이다. 아래 그림에서 볼 수 있는 것처럼 양쪽으로 교실이

위치해 있고 가운데에 교무실이나 특별실이 있는 구성이다.

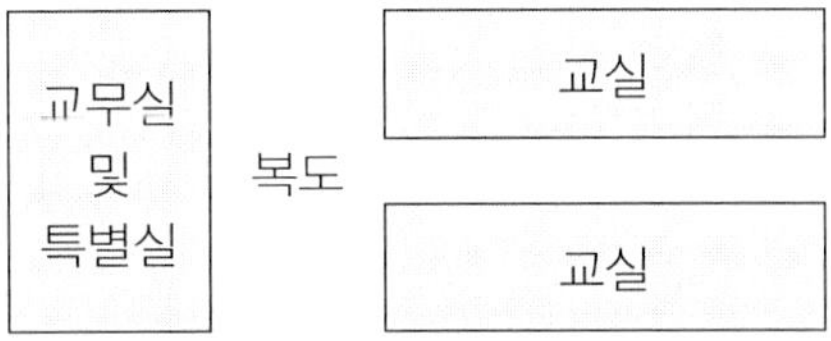

위에 제시된 그림처럼 공간을 활용하다 보니 중간에 유휴 공간이 발생하게 되었다. 바로 교무실 앞의 공간이다. 또한 복도의 끝편에는 창문이 있어서 학생들이 밖을 바라보기에 좋은 공간이었다. 따라서 이 학교에서는 이 공간을 학생들이 토론하거나 소통을 할 수 있는 공간으로 조성하였다. 이 곳에 탁자와 의자들을 갖다 놓고 학생들이 서로 앉아서 이야기를 할 수 있도록 했다. 또한 창문 가까이에도 탁자를 설치하고 창밖을 보면서 이야기할 수 있도록 했다. 이렇게 공간을 활용하면서 학생들은 자연스럽게 이 곳에 와서 이야기를 할 수 있게 되었다고 한다. 특별히 고등학교의 경우 자율동아리 모임들이 많이 있는데 이러한 동아리들이 자유롭게 활동할 수 있는 공간이 많이 없어서 불편함이 있는 학교가 많이 있을 것이다. 따라서 중앙에 있는 이러한 유휴 공간들을 잘 활용한다면 좋은 공간 활용이 될 것이라고 생각이 된다.

이런 공간에서는 학생들이 자유롭게 모여서 토론을 할 수 있다.

창밖을 보면서 이야기하는 공간은 학생들이 편하게 이야기할 수 있는 장소이기도 하다.

이 학교의 공간 중에서 또 하나 주목할 만한 점은 ㄷ자 모양 중간에 위치한 무대 공간이다. 이 학교는 건물의 특성상 ㄷ 자 모양의 가운데에 해당하는 야외 공간이 남게 된다. 대부분의 학교에서는 이러한 공간을 주차장으로 쓰거나 특별한 용도 없이 남겨두는 경우가 많은데 이 학교에서는 이 공간을 학생들이 활동할 수 있는 무대로 제공했다. 바로 여기에서 열리는 활동들이다. 이러한 공간에 왜 잔디밭이 있고 무대가 있는지 의아하게 생각할 수도 있지만 어떻게 보면 대단하다는 생각이 든다.

사실 학교에 보면 참 끼가 많고 무대를 올라가는 것을 좋아하는 학생들이 많이 있다. 하지만 자신의 끼와 재능을 다른 친구들에게 보여주는 기회는 기껏해야 1년에 한 번 열리는 학교축제 혹은 동아리 발표회가 전부라고 볼 수 있다.

하지만 이런 학생들은 자신들에게 허락이 된다고 하면 더 많은 무대에 설 용의가 있는 학생들이다. 무대가 부족한 것이지 열정이 부족한 것은 아니라는 것이다. 그래서 이 학교에서는 학생들에게 학교 건물 중앙의 공간을 학생들이 활용하도록 꾸몄다. 학생들이 편안하게 공연을 볼 수 있도록 잔디밭을 만들어 주었고 학생들이 공연을 할 수 있도록 만들어 주었다.

사실 이 공간에서 공연이 실제 공연이 이루어지는 것은 별로 중요한 일은 아니다. 공간의 개념 역시 그러하기 때문이다. 학생들이 언제 사용할 지는 모르지만 학생들이 '언제든지' 사용할 수 있는 공간이 있고 없고의 차이는 크기 때문이다. 실제로 이 자그마한 무대가 가수와 댄서를 꿈꾸는 학생에 있어서는 정말 소중한 곳이기 때문이다.

야외 공간에서는 학생들이 자유롭게 나와서 공연을 펼칠 수 있다.

요즘 소통의 장으로 또 하나 각광받고 있는 곳은 바로 학교 협동조합이나 카페 같은 휴게 공간이다. 많은 학교에서 학교 내에 사설 매점 대신에 학생들이 기획하여 주도적으로 협동조합을 만들어 운영하고 있다. 협동조합이나 교내 카페 같은 경우도 학생들의 의견이 잘 반영되어 공간을 혁신하는 사례로 많이 보고되고 있다. 앞서 말한 듯이 학생들이 친구들과 함께 이야기를 하기 위한 공간을 학교 내에서 찾기란 굉장히 어렵다. 하지만 만약에 학교에 이러한 공간이 있다면 학교 내에서 학생들의 소통이 조금 더 일어날 수 있을 것이란 생각이 든다. 또한 이 공간이 학교 선생님들의 전유물이 아닌 학생들과 사용권을 공유한다면 좋은 일들이 벌어질 것이라고 생각이 된다.

실제로 한 고등학교에서는 학교 내에 있는 유휴 공간을 바탕으로 해서 협동 조합 공간을 마련했고 이 공간에서 다양한 학생 모임, 학교 교사 모임이 개최될 수 있다고 이야기했다. 또한 학교 공간의 제약으로 인해 학생들이 학교에서 학교 급식 이외에는 여러 가지 먹거리를 사먹을 수 있는 공간이 없었는데 협동조합을 설치하고 난 후에 이러한 문제점도 해결이 되었다고 한다. 이처럼 학교 내에는 그 목적과 용도를 살릴 수 있는 유휴 공간이 분명하게 있다. 그리고 이 공간의 쓰임새에 대해서 잘 모른다면 바로 학교의 가장 큰 구성원인 학생들에게 물어보면 좋은 답이 나올 수 있을 것이라고 생각이 된다. 이상(理想)한 공간에서는 학생들의 생각이 중심이 되어야 하지 않을까?

K고등학교 협동조합은 학생들이 자유롭게 소통하는 공간이다.

2) 배움을 위한 공간

두 번째로 우리가 생각해 보아야 할 공간 혁신의 분야는 배움을 위한 공간이다. 즉 현재 학교에서 생활하고 있는 학생들의 교실이 배움을 위해서 정말 최적화되어 있느냐를 이야기하고 싶다. 많은 면에 있어서 현재의 교실은 이전보다 발전해 온 것 임에는 분명하다. 이전의 학교와 비교해 보면 교실은 그 시설적인 측면에서 많은 개선이 이루어졌다. 여름이나 겨울에는 바깥의 날씨가 어떠하듯 조금 더 쾌적한 상황에서 공부를 할 수 있도록 되어 있으며 학생들이 자신의 물건을 보관하거나, 개인들의 공간 상의 편의를 위해서 많이 배려를 해준 것은 틀림없다. 하지만 아직까지도 우리의 교실이 학생들의 배움에 있어서 최적의 공간인지는 생각해 보아야 할 문제라고 생각한다.

이러한 점에 착안하여 D고등학교에서는 교실이라는 공간을 바꾸어보기로 했다. 이 학교에서는 학생들과 함께 공간환경 프로젝트를 시작했다. 따라서 이 프로젝트에 맞추어서 학교의 교실을 바꾸기로 했다. 가장 먼저 착안했던 교실의 모습은 학생들의 학습과 생활에 대한 편의성이다.

교실 뒷면의 게시판은 게시기능과 더불어
학생들의 소통의 공간이 되기도 한다.

가장 먼저 여러 가지 게시물로 가득차있던 공간을 빼고 전면을 칠판으로 만들었으며 이 게시를 위한 공간은 교실 뒤에 있는 보드를 설치하는 것으로 대체했다. 또한 학생들이 사물함이 교실 뒷면에 있어서 사용하는 것이 불편하다고 해서 이를 개인 사물함의 형태로 만드는 것을 추진했다. 이러한 것을 통해서 학생들이 조금 더 학업에 대해서 열중할 수 있고 교실이 조금 더 편안한 공간이 되었을 것이라고 생각이 된다. 이 프로젝트를 진행한 교사는 공간과 관련된 영상에서 인터뷰를 실시하면서 이 프로젝트가 여러 가지 면에서 의미가 있었지만 학생들이 자신들이 제안한 것이 실제로 활용이 되고 이루어지는 것을 보게 되면서 얻은 성취감이라고 이야기했다. 앞서 말한 것처럼 학교에서 자신의 의견이 실제적으로 반영되고 이로 인해 학교공간의 개선이 이루어지는 이상적인 경험을 하게 되는 것이다.

교실은 학습을 위한 공간인데 지금 돌이켜 생각해 보면 학습과 관련 없는 물건들이 참 많이 있었던 것 같다. 게시물이나 사물함, 청소도구함과 같은 경우는 조금만 공간을 효율적으로 활용하면 공동의 공간에 비치하고 활용할 수도 있다. 꼭 1학년 1반 아이들의 사물함이 1학년 1반 학생들의 교실에 있어야 할 필요는 없는 것이다.

학생들의 교실환경을 개선시켜 줄 수 있는 방법은 또 있다. 학생들에게 있어서 교실은 학습과 생활이 모두 일어나는 곳이다. 그만큼 학교 생활과 자신들의 생활에 있어서 많은 부분을 차지하는 곳이다. 일단은 가능하다면 현재의 불편한 책상과 의자를 바꿔줄 필요가 있다.

앞으로 학령인구가 줄어들게 되면 학급당 학생 수도 줄어들게 될 것이고 이 공간에 있는 책상과 의자의 수도 줄어들게 될 것이다. 하지만 현재 활용하는 책상과 의자를 그대로 둔다면 교실 공간상에 있어서 유휴 공간이 발생하게 될 것이다. 따라서 이러한 책상과 의자 대신 학생들이 조금 더 편안하게 활용할 수 있는 책상과 의자를 배치해 주어야 한다. 특별히 1인당 학생의 공간이 충분하도록 설계를 해서 학생들이 조금 더 쾌적한 공간에서 생활할 수 있도록 해야 한다.

그리고 한 교실 내에서도 여러 가지 공간을 활용할 수 있도록 한다면 학생들의 배움이 더욱 더 잘 이루어질 것이다. 교실의 자투리 공간을 활용하여 놀이를 할 수 있는 공간으로 만들어둔다거나 책상의 형태를 사각형 책상만으로 고집하지 말고 육각형의 형태로 만들어서 모둠수업에 도움이 되도록 할 수 있다.

육각형 모양의 책상은 공간을 효율적으로 활용할 수 있고 토론 수업을 하는 데에 용이하다.

앞서 제시한 것이 교실 공간과 관련된 것이라면 학습을 위한 다른 공간 역시 생각해 보아야 한다. 즉 앞으로 학생들이 하게 되는 다양한 학습경험을 하기 위해 학교 공간은 이것을 실천하기 위한 준비가 잘 되어 있는지를 생각해 봐야 한다는 것이다. 현재 우리의 학교들은 학급을 중심으로 해서 편성이 되어 있다. 그리고 대부분의 수업이 학급의 교실에서 이루어지고 있다. 하지만 앞으로 학생들이 경험하게 되는 수많은 것들이 학교 교실에서 이루어지기에는 한계가 있어 보인다. 그 한계상황의 정점에 있는 것이 고교학점제라고 생각한다.

4차 산업혁명이 진행되고 있는 현재 많은 곳에서 이와 관련된 기술을 교육하기 위한 공간의 필요성에 대해서 이야기를 하고 있다. 하지만 현재 학교 현장에서는 이를 구현하기가 어려운 것이 현실이다. 이렇기 때문에 학생들은 4차 산업혁명과 관련된 기술을 사교육현장에서 배우거나 혹은 특별한 기관을 방문해서 배우게 된다.

이렇게 되면 4차 산업혁명과 관련된 기술을 배우는 데에 있어서도 격차가 벌어지게 되고 이는 추후에 어떠한 변화를 초래할지는 모르는 일이다. 물론 4차 산업혁명과 관련된 기술을 모든 학생들이 배워야 한다고 생각하는 것은 아니다. 하지만 적어도 모든 국민이 알아야 하는 최소 수준의 문해력(literacy) 교육을 위해서는 꼭 어느 정도는 경험을 할 수 있도록 해야 한다. 이를 위해서는 학교 내에서 다양한 것을 경험할 수 있는 메이커 스페이스가 필요하다. 현재 전국의 많은 학교에서 이러한 공간의 중요성을 실감하고 메이커 스페이스를 구축하고는 있지만 아직까지는 부족한 것이 현실이라고 할 수 있다.

메이커 스페이스와 함께 학교에서 공간을 재편하는 데에 있어서 필요한 요소는 바로 학교에 다양한 형태의 교실을 만드는 것이다. 앞서 말한 미래 교육의 가장 큰 변화 중의 하나는 고교학점제의 도입이다. 물론 이는 고등학교에만 해당하는 것으로 볼 수 있다. 하지만 초등학교와 중학교에서도 학생들을 위한 다양한 공간이 있다면 좋을 것이다.

기존의 우리 학교 공간은 그 목적이 명시적으로 드러난 곳이 많이 있다. 과학실은 실험을 위한 공간, 어학실은 어학관련 공부를 위한 공간, 컴퓨터실은 컴퓨터 수업을 받는 공간, 그리고 1학년 1반은 1학년 1반 학생들의 수업을 위한 공간으로 인식이 되어 왔다. 하지만 미래의 교육을 위해서는 이러한 공간의 개념에 대한 패러다임을 전환해야 한다. 즉 공간의 활용에 있어서 융통성을 지녀야 한다는 것이다. 오늘은 어떤 수업을 위한 공간이 되었다면 미래의 교육상황을 위해서는 특정한 수업이 아닌 여러 가지를 위한 공간이 되어야 한다는 점이다.

이 점을 잘 살린 한 학교의 사례가 있다. 이 학교는 공간의 부족함이나 유휴공간의 활용, 또 다양한 활동을 위해서 학교 공간에 '유연화'라는 개념을 갖고 왔다. 즉 공간이 필요한 대상, 학생, 교사, 학부모들이 활용하고 싶은 공간을 신청하여 자신들의 목적에 맞게 활용을 하는 것이다. 이러한 방식으로 공간을 활용하면 학교 공간을 모든 구성원들이 공유한다는 느낌이 들 것이며 이 공간 안에서 무엇이든 일어날 수 있다는 가능성을 갖게 될 것이다.

학생들에게 있어서 배움은 가장 중요한 일 중의 하나이다. 현재 학교라는 공간에서 배우는 지식 그리고 학교에서 할 수 있는 여러 가지 경험을 바탕으로 하여 미래를 결정하게 될 것이다. 이렇게 중요한 일들이 벌어지는 학교 환경을 그냥 이전의 낙후된 상태 그대로 둘 수는 없다. 이상한 학교 공간에서는 학생들이 무엇이든지 할 수 있는 공간, 그리고 원하면 무엇이든지 시도해 볼 수 있는 공간이 되어야 하지 않을까?

3) 창의성을 위한 공간

이제 마지막으로 창의성을 위한 공간에 대해서 이야기해볼 차례이다. 앞서 이야기한 것처럼 우리에게 있어서 학교의 이미지는 사각형으로 점철되어 있다. 사각형으로 된 정문을 들어서서 사각형으로 된 교실로 들어간다. 그리고 사각형으로 생긴 책상과 사각형으로 된 의자에 앉아 사각형으로 된 칠판을 보면서 공부를 한다. 그리고 점심시간이 되면 사각형으로 생긴 급식실에 가서 사각형으로 된 식판에 밥을 받아서 식사를 한다. 심지어 코로나19로 인해서 생겨난 가림막 역시 사각형의 모양이며 사각형의 교실을 벗어난 운동장도 사각형 모양이다. 왠지 예전에 유행했던 가요의 가사가 떠오른다. '주위를 둘러보면 온통 네모난 것들 뿐인데...'

물론 여기에서 학교 공간과 관련하여 우리가 주목해야 할 가사는 '네모난 것'이 아니다. '온통'이라는 가사이다. 즉 학교의 공간은 다른 형태의 모양을 거의 허락하지 않고 오로지 사각형만으로 되어 있다. 학교를 다니는 우리의 아이들은 대부분 10대 아이들이다. 이 시기에 학생들은 자신의 미래를 설계하며 다양한 경험을 하면서 창의력을 키워야 한다. 하지만 이렇게 한 가지의 모습만 있는 학교 공간이라면 창의력이 생길 수가 없다고 생각이 된다.

이제는 우리가 이 획일화된 모양에서 벗어나야 한다. 획일화된 모양에서 벗어나는 순간 학생들은 조금 더 많은 것을 생각할 수 있고 많은 것을 수행할 수 있을 것이다. 또한 학교의 천장 역시 마찬가지이다. 현재 학교의 많은 교실을 둘러보면 천장이 매우 낮은 것을 볼 수 있다. 이렇게 되면 교실이라는 공간은 학생들에게 있어서 굉장히 위협적인 공간이 될 수 있다. 즉 자신의 의견을 드러내거나 자신의 창의성을 함양하는 것이 어려울 수도 있다. 실제로 학교의 천장을 높였더니 학생들의 창의력이 높아졌다는 연구 결과도 있다. 작은 변화들이 학생들의 창의력 향상에 많은 도움이 될 것이다. '창의적인 인재를 양성한다'는 목표를 지니고 있는 학교가 있다면 그 학교 건물을 한 번 둘러보길 바란다. 그 학교의 건물은 과연 창의적인가?

앞서 말한 유연한 공간 활용과 더불어 학교에는 꼭 필요한 공간이 있다. 바로 학생들의 놀이를 위한 공간이다. 놀이를 위해서 특별한 공간을 마련까지 해주어야 하냐는 식의 반론을 제기할 수 있지만 놀이는 학생들에게 있어서 가장 중요한 학습활동 중의 하나이다. 그리고 학년이 낮을수록 놀이를 하면서 배울 수 있는 것이 많이 있다. 또한 놀이를 통한 다양한 경험은 학생들의 창의력 신장에도 많은 도움이 될 것이다.

요즘 아이들은 어른들보다도 바쁜 생활을 하고 있다. 대부분의 학생들이 그렇지는 않지만 많은 수의 학생들이 학교가 끝나면 집에 곧바로 가지 않고 학원으로 향하는 경우가 많이 있다. 학원에 가지 않는다고 하더라도 학교에서 요구하는 여러 가지 활동이 많아 이것을 하다보면 친구와 놀 수 있는 시간은 굉장히 줄어든다. 따라서 이 학생들이 학교에 와서라도 친구들을 보고 함께 놀 수 있는 환경을 제공해 주어야 한다.

박공 지붕과 저층을 활용하여 창의적인 활동과 수업활동 등을 동시에 할 수 있다. (한지선, 고승우, 2020: 30)

이러한 놀이를 위해서는 놀이터나 운동장을 꼭 만들어 주어야 한다. 몇 년 전 뉴스에서 학교를 지어야 하는데 공간이 부족하여 운동장을 축소해서 학교를 건설하는 예를 본적이 있다. 물론 기존의 공간이 너무 협소해서 운동장이 없어져야만 한다면 어쩔 수 없다. 하지만 이렇다 하더라도 기존의 공간을 활용하여 운동장과 같은 기능을 할 수 있도록 해주어야 한다. 학생들은 다른 학생들과 함께 상호작용을 하면서 비로소 자신의 존재를 확인하고 이때의 경험을 통해서 성장해 나가기 때문이다.

운동장과 함께 학생들에게 필요한 공간이 옥상이다. 과거 옥상은 불량한 학생들이 담배를 피거나 싸움을 하는 공간 아니면 필요없는 기자재들을 쌓아놓는 일종의 버려진 공간이었다. 하지만 옥상을 다른 용도로 활용할 수 있는 방법을 생각해 보아야 한다. 물론 옥상을 학생들에게 개방을 하는 것은 상당히 과감한 일임에는 틀림이 없다. 하지만 학생들의 생활을 생각해 봐라. 아침에 학교에 와서 집에 갈 때까지 하늘 한 번 보기가 어려운 실정이다. 그래서 옥상을 학생들을 위한 공간으로 돌려주면 어떨까 한다. 물론 이러한 개방의 과정에서 학생들을 위한 안전장치는 필수적이다. 사람이 햇볕을 쬐고 하면 힐링도 되고 하늘을 바라보면 여러 가지 다른 생각들을 할 수도 있기 때문에 꼭 학생들은 하늘을 봐야한다.

앞서 말한 놀이 공간 그리고 옥상을 활용한 방법을 시도하고 있는 많은 학교들이 있다. 특별히 초등학교와 같은 곳에서는 학생들에게 놀이공간을 확보하여 학생들이 놀이를 통해서 많은 것을 배울 수 있도록 하고 있다.

체육관의 한쪽 벽면을 활용한 암벽등반은 학생들의 다양한 활동을 가능하게 한다.

이제 마지막으로 지역사회와 소통을 하는 공간에 대해서 이야기를 하고 싶다. 학교는 지금까지 자신의 존재를 지역사회의 일원으로 잘 인정하려고 생각하지 않고 있었다. 오히려 학교라는 공간은 자신이 다른 건물들과는 다른 것이라며 도시 내의 다른 것들과는 어울리려고 하지 않는 경향이 더욱 심했다. 하지만 앞서 말한 것처럼 사회의 변화는 교육의 변화를 수반한다. 현재 많은 분야에서 협력이 이루어지고 있다. 교육도 이제 지역사회와 함께 하는 시기가 필요하다. 이제 학교는 담을 낮추고 주변의 재원을 함께 공유해야 한다.

초등학교에서는 학생들의 의견을 반영한 놀이 공간들이 많이 생겨나고 있다.

아래는 한 대학의 학생들이 서울의 한 공간을 모델로 삼아 지역사회와 협력하는 모델을 제시한 것이다. 원래 이 곳은 낙후된 공간을 재개발 하는 공간을 활용하는 데에서 '이를 어떻게 하면 잘 살릴 수 있을까?' 하는 차원에서 시작을 하게 되었다. 이 구상에서 보면 골목길, 공터 등을 없애려고 하는 기존의 재개발 계획에 반대하고 이 공간만이 지니고 있는 여러 가지 공간들을 활용하고자 하는 것이다. 따라서 마을의 재개발이 아닌 재생을 하는 것이다. 이러한 방법을 통해서 학생들이 주변의 지역사회와 함께 하면서 서로 상호작용할 수 있도록 할 수 있을 것이다.

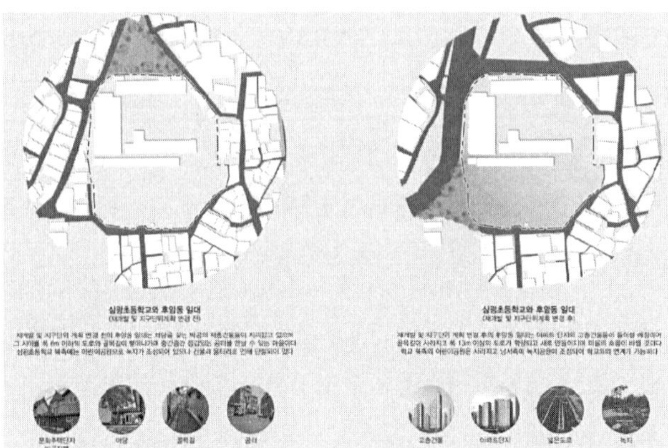

지역사회와 함께 하는 학교(한지선, 고승우, 2020: 28)

앞서 제시한 거창한 도시계획이 아니라도 지역사회와 함께 학교의 공간을 활용하는 방법은 여러 가지가 있다. 학교와 지역사회가 함께 할 수 있는 복합공간을 건설하고 활용한다든가 아니면 학교의 공간 일부를 지역사회의 일원이 함께 활용할 수 있도록 하는 것이 대안이 될 것이다. 학교 공간에 지역 주민들이 드나들면서 여러 가지 프로그램이 시행이 되고 이를 통해서 학교에서 경험할 수 없는 더 많은 것들을 학생들이 할 수 있을 것이다.

5. 이상(理想)한 공간은 왜 이상(異常)할까?

앞서 이야기했듯이 공간은 우리들의 경험을 형성하는 것에 있어서 가장 중요한 역할을 하는 것 중의 하나이다. 지금까지 이야기한 이상(理想)한 공간은 우리 주변에서 잘 볼 수 없는 것들이다. 그렇기 때문에 어떠한 표준적인 양식 그리고 표준적인 모델에서 벗어난 것이라고 생각하여 이상(異常)한 공간이라고 생각이 될 수도 있다.

궁극적으로 학교 공간은 학교 구성원들이 사용하기 편해야 한다. 어떻게 보면 이것이 이상(理想)한 공간의 지향점이며 우리가 생활하고 있는 공간이 그렇지 못하기 때문에 그런 공간들을 이상(異常)하다고 느끼고 있는지도 모른다. 이상(理想)한 공간의 가장 큰 지향점은 소통이 잘 되어야 하고 공간에 유연성이 있어야 하며 학생들의 창의성이 잘 개발될 수 있도록 하는 공간이 되어야 한다. 그리고 학교라는 공간이 이제는 조금 더 담을 낮추고 주변의 지역사회와 함께 공유하는 공간이 되어야 한다.

이상(理想)한 공간에서는 공간을 재구조화하고 설계하며 개선을 하는 데에 있어서 궁극적인 방향은 학생들의 의견을 통해서 공간이 변화하는 것이라고 볼 수 있다. 이전에는 대부분의 공간을 재구조화하고 변형함에 있어서 학생들의 의견은 많이 무시되었으며 의견을 묻는다고 하더라도 이를 형식적으로 하거나 반영을 하지 않는 경우가 많이 있었다.

하지만 우리가 지금까지 살펴본 예에서 보면 이런 공간들에서는 학생들의 의견을 적극적으로 반영하고 이를 위해서 학교의 전구성원들이 함께 노력하는 모습을 보여주었다. 이를 통해서 학생들도 이 공간이 자신들의 공간이라는 것에 대해서 주인의식을 갖게 되었으며 더 많은 애착을 갖고 생활을 할 수 있게 될 것이다.

또한 학교 공간은 학생들에게 있어서 배움의 공간이 되어야 한다. 앞서 말한 바와 같이 지금의 교실은 학생들이 학습을 집중하기에는 부족한 면이 많이 있었다. 즉 학생들이 자신이 주인인 공간에서 주체성을 갖지 못하게 되고 있으며 자신들의 가장 큰 과업인 학습에조차 집중하지 못하도록 공간이 형성되어 있는 것이다. 하지만 이상(理想)한 공간에서는 학생들이 학습을 위해서 전념할 수 있는 공간이 확충되어 있다. 많은 학교들에서 이미 학습을 위한 공간을 재구조화하고 학생들의 학습적인 측면에 더 좋은 환경을 제공하기 위해서 많은 노력을 하고 있다. 학교의 주인인 학생이 중심이 되는 공간은 이전에는 없었던 것이다. 이러한 것들이 앞으로 조금 더 추진이 되어 학생들의 공간에 대한 주도성을 더욱 갖도록 해야 한다.

마지막으로 이상(理想)한 공간은 창의성이 넘치는 곳이다. 즉 여러 가지의 형태들과 여러 가지의 모습이 공존하는 공간이다. 이전의 공간에서 보면 학교라는 공간은 죄다 '네모 투성이'였다. 하지만 이상(理想)한 공간에서는 동그란 모습, 세모난 모습 등 다양한 모습이 함께 한다. 처음에 보면 학교라는 공간에 잘 어울리지 않을 것처럼 이상(異常)하게 보이지만 이러한 요소들이 잘 어울릴 수 있는 곳이 학교이다.

CHAPTER 06

이상한 구성원

1. 누가 학교 구성원일까?

1) 학교의 구성원

구성원이란 어떤 조직이나 단체를 이루고 있는 사람이다. 과거에 학교를 다닌 사람들에게 '학교 구성원은 누구인가요?'라는 질문을 하면 '교사와 학생'이라는 답변이 나온다. 일부 사람들은 '학부모'도 이야기할 수 있겠다. 최근까지 학교를 다닌 사람들에게 같은 질문을 물어보면, '지역의 주민'이 추가되어 나올 수 있다. 오늘날 학교에서는 민주성과 개방성을 강조하며 교육의 구성원을 점차 확대하고 참여의 기회가 증대되고 있기 때문이다.

독일의 사회학자 퇴니스(Tonnies)는 인간사회를 공동사회와 이익사회로 구분하였다(Tonnies, 1957). 공동사회는 가족, 장소, 정신에 따라 공동체를 이루는 것으로 공동의 목표와 가치를 추구하며 비타산적이라는 특징을 갖는다. 반면 이익사회는 사람들 간의 관계가 계약으로 이루어져 이익을 위해 조직이 형성되는 것을 의미한다. 그렇다면 퇴니스의 관점으로 보면, 학교는 공동사회일까? 이익사회일까?

우리나라는 교육법 제1조에 '교육은 홍익인간의 이념 아래 모든 국민으로 하여금 인격을 완성하고, 자주적 생활능력과 공민으로서의 자질을 구유하게 하여, 민주국가 발전에 봉사하며 인류공영의 이상 실현에 기여하게 함을 목적으로 한다'는 교육이념을 정의해다. 이러한 교육의 이념은 학교가 정신적으로 공동의 가치를 가지고 다양한 구성원들이 모인 조직인 것을 말해준다. 그래서 학교는 교직원(관리자, 교사, 교육행정직, 교육공무직 등)과 학생, 학부모, 지역사회 구성원이 함께 있는 특징을 가지고 있다.

다양한 구성원이 함께하는 학교는 각 집단마다 목표와 역할이 다르다. 만약 각 집단의 목표를 공동의 교육목표보다 우선시하면 학교는 이익집단으로 변할 가능성이 있다. 예를 들어 학부모와 학생이 입시에 대한 개인의 목표만을 중시하면, 학교는 입시를 위한 공간으로 여겨지고 활용되는 것이다. 그러면 교육이념과 민주시민으로서의 성장을 추구하는 공교육에 위기를 초래할 것이다.

학교가 이익사회가 아니라 공동사회로 발전하고 성장하기 위해선 다양한 구성원들 사이에 유대감을 통해 공동의 교육목표를 이루도록 해야 한다. 유대감을 형성하기 위해 학교는 구성원들 간 소통과 교류의 문화가 바탕이 되고, 학생들도 학교에서 민주시민으로 성장할 수 있도록 주인의식을 갖는 제도가 마련된 공간이 되어야 한다.

2) 학교 구성원에 대한 인식의 전환

과거 학교에서는 매주 월요일 아침마다 운동장에 모여 교장 선생님의 훈화말씀을 함께 들었다. 교장 선생님께서는 늘 학생이 학교의 주인이라고 했지만, 교사의 지시대로 학교의 규칙에 따라 강압적인 분위기 속에서 학생은 통제되는 입장이었다. 학부모들도 자녀가 다니는 학교에 특별한 경우가 없으면 갈 수 없는 폐쇄적인 공간이었다. 오래 전부터 근무한 교사들의 이야기에 따르면, 학교 문화도 관리자들에 의해 운영되는 수직적인 구조였다.

1995년 학교운영에 교원, 학부모, 지역인사가 참여해 학교의 개방을 시도

하는 학교운영위원회 설치가 법률로 규정되었다. 이후 학교의 구성원도 교사 중심에서 학생과 학부모 참여, 최근에는 지역의 인사까지 확대되었다. 하지만 IMF와 함께 경제위기가 시작되었고 이를 극복하기 위해 등장한 신자유주의가 교육에도 영향을 주기 시작했다.

신자유주의 흐름 속에서 학교는 공급자의 위치로 경쟁과 평가의 대상이 되었다. 학생과 학부모는 소비자로서 학교를 선택하여 서비스를 받는 모습이었다. 이러한 모습은 민주시민을 양성하는 우리의 교육과 정반대의 결과로 나타났다. 신자유주의 교육은 민주시민 양성을 통한 공동체 형성을 소홀하게 했고, 교육의 평등을 저해하였다. 교육의 수요자로 여겨진 학생과 학부모도 진학에 유리한 학교를 선호하여 학교는 창의적 인재를 양성하는 것이 아닌, 입시를 위한 교육이 주가 되었다.

최근 이러한 신자유주의 교육인식에서 벗어나 공동체를 중시하는 움직임이 일어나고 있다. 1995년 5월 31일 교육개혁위원회에 의하여 단위학교의 교육자치를 활성화하고 지역의 실정과 특성에 맞는 다양한 교육을 창의적으로 실시할 수 있는 제도적 장치로 학교운영위원회가 설립되었다. 학교운영위원회를 시작으로 각 학교의 실정에 맞는 다양성, 민주적인 교육정책이 도입되어 실시하고 있다.

학교의 민주적인 운영과 함께 구성원들 간 교육 목표를 달성하기 위한 소통이 강조되고 있다. 과거 학교는 수직적, 폐쇄적 조직이라는 이미지가 강하였다. 그래서 학부모, 지역의 구성원뿐만 아니라 학교를 다니는 학생들도 학교 운영에 참여하기 어려웠다. 이러한 문제를 극복하기 위해 최근 학교에서는 다양한 제도를 만들고 운영한다. 위에서 언급한 민주적인 학교운영을 위한 학교운영위원회는 교직원, 학부모, 지역인사가 참여한 대표적인 제도이다. 이외에도 수직적 교직문화를 탈피하기 위해 민주적인 교직문화를 강조한다. 또한 학부모회, 학생자치회 등 구성원 사이의 소통의 장이 마련되고, 구성원들이 함께 학교문화를 만들어 가는 대토론회도 도입되었다. 과거와 달리 교육구성원이 소통을 할 수 있도록 다양한 제도가 뒷받침되어 민주적, 개방적 학교문화를 만들고 있다.

이렇듯 민주적, 개방적 학교문화를 만들려는 움직임의 중심에 마을교육공동체가 있다. 마을교육공동체는 민주시민의 양성이라는 교육목표와 함께 등장하였다. 학생이 민주시민으로 성장하기 위해서는 학생의 삶 속에 사회화가 이루어져야 한다. 학생의 삶은 학교와 가정 그리고 마을에서 계속된다. 이러한 마을교육공동체를 위해서 교육은 학교 안팎으로 협력이 필요해졌다. 즉, 과거 교육의 주체가 교사, 학생, 학부모 한정된 것에서 벗어나 지역인사, 공무원 등이 포함되고 있다. 마을의 구성원이 교육의 주체가 되어 학생의 삶을 통해 민주시민으로 양성하는 학습생태계가 형성될 수 있도록 변화되고 있다.

학교의 교육은 점점 혁신적, 진보적으로 변화하고 다양해지고 있다. 이러한 변화와 함께 학교의 구성원도 더욱 다양하고 포괄적으로 변화해야 한다는 인식의 전환이 요구되고 있다. 하지만 학교는 여전히 폐쇄적인 성격이 있으며, 소통이 원활하지 않다는 문제를 안고 있다. 교육의 변화를 교사가 홀로 담당할 수 없다. 이를 학생과 학부모 그리고 지역의 인사까지 함께 공유하고 소통하는 이상적인 학교 구성원이 조직되어야 할 것이다.

2. 지금 우리학교는?

1) 소통의 부재?

교육의 구성원에 대한 인식전환과 함께 민주적인 학교운영을 위한 다양한 제도들이 마련되었다. 하지만 이러한 제도들이 목표대로 원활한 소통을 이끌어가기 보다는 형식적으로 이루어지는 경우를 볼 수 있다. 학교의 민주적 운영과 개방을 위해 학교운영위원회와 학부모회 등이 조직되어 있다. 학교운영위원회의 학부모위원, 지역인사위원에게 개선해야 할 점을 물어본 결과 전문성을 향상시키기 위한 제도가 시급하다고 하였다. 왜냐하면, 학교운영위원으로서 어떤 역할을 해야 하는지 몰라 그냥 자리를 채우고 있다는 느낌을 받는다는 답변을 하였다. 그 결과 정기적으로 모여서 학교운영에 대해 깊이 심의하기보다는 형식적으로 안건을 통과시키는 것에 의의를 두는 모습을 보인다.

학기 초 학부모총회가 개최되고 학급 담임들과 학부모 사이의 간담회가 진행되면 서로 어려워하는 시간이 시작된다. 바로 학급 학부모대표를 선출하는 시간이다. 자녀에 대한 관심으로 학부모총회에 참여하신 학부모는 학급학부모 대표 또는 학부모회에서 역할 맡기를 어려워한다. 요즘 맞벌이 부부의 증가로 학교운영위원회 또는 학부모회에 매번 참여하는 것이 힘들기 때문이다. 그러다 보니 학교운영에 관심이 있고 시간적 여유가 있는 소수의 학부모, 지역인사들만 참여하는 실정이다.

교직원들 사이에서 소통은 원활하게 이루어지고 있을까? 학급 학생들을 지도하다 보면 가장 어려운 점이 "왜 우리만 갖고 이래요?"라는 답변이다. 무슨 말인가 들어보니, 학교규칙에 따라 지도해도 담임교사들마다 방식이 조금씩 달라 반마다 다르게 적용되는 경우가 있기 때문이었다. 또한 교사마다 교육관과 생각에 따라 생활지도 방식에 차이가 있다. 하지만 나와 다른 방식으로 학생을 지도하는 것에 대해 이야기 하는 것이 혹시 학급운영 및 생활지도의 전문성을 간섭하는 것 같아 말하기를 어려워한다. 하지만 학생지도는 학교의 모든 교사들이 함께 맞춰나가야 학생들의 적응을 돕고 혼란을 방지할 수 있으므로 소통의 장이 필요하다.

교직원 협의회에 관련하여 최근 A교사는 어려움을 겪고 있다. 학교규모가 점차 커지면서 소통이 잘 안된다는 느낌을 받고 있다. 학교규모가 작아 교직원 수가 적었을 때는 모든 교사가 한 자리에 모여 소통했다. 하지만 학급이 증가되면서 교직원 수가 늘면서 전체회의는 줄고, 업무에 따른 회의가 생겨났다. 그러면서 업무 주관 부서별 소회의에서 결정된 내용을 전체 교직원회의에서 통보하는 방식이 되어 소통의 부재를 느끼고 있다. 그리고 퇴근 전까지 회의를 끝내야 한다는 한계로 인해 얘기할 시간이 많이 부족하다.

학교 참여에 다양한 제도가 마련되어 있지만, 전문성이 부재되어 운영에 어려움이 있으며 모든 구성원이 참여할 수 있도록 충분한 안내와 시간을 마련하기 어려운 상황이다. 교직원 문화도 수평적이고 민주적으로 변화가 되었지만, 동시에 개인별로 부서별로 고립되어가는 현상도 나타나고 있다.

2) 학생이 주인인 학교?

학교는 학생이 생활하고 다양한 경험을 통해 성장하는 작은 사회이며, 민주시민을 양성하는 교육기관이다. 과거 학교가 학생에게 지식을 전달하고 입시에 중점을 둔 것과 다르게, 오늘날 학교는 학생의 자율성을 강조하며 자치를 하도록 한다.

학생자치가 원활하게 이루어지기 위해선 소통을 할 수 있는 장이 마련되어야 하고, 학생들의 의견이 반영되는 자율성과 권한이 필요하다. 하지만 아직 많은 학교에서 학생자치가 원활하게 이루어지지 않고 있다.

학생자치가 이루어질 수 있는 장이 부족한 현실이다. A학교에도 학생자치실은 존재한다. 하지만 안전상의 이유로 담당교사가 자치실 열쇠를 갖고 있어 특별한 행사가 없으면 닫혀있는 공간이다. 그래서 학생자치회가 상시적으로 모여 의견을 공유하고 소통하며 성장하는데 어려움이 있다. 이러한 공간적 문제 외에도 학생과 교사, 학부모가 소통할 수 있는 기회가 적다는 문제도 있다.

학생자치회에서 학교운영과 건의사항을 제시해도 교사 또는 학부모가 받아들이지 않으면 소용이 없는 것이다. 실제로 학생들과 함께 생활인권규정을 정하는 대토론회에서 학생들의 의견이 원활히 수용되는 모습을 보기 어렵다. 그나마도 대토론회 이외에는 학생이 교사, 학부모와 소통할 수 있는 공간이 없는 현실이다.

학교운영에 있어서 학생자치회의 권한과 자율성이 제한적이라는 문제가 있다. 학교의 중요한 사업과 주요 행사는 학교운영위원회 및 교직원협의에서 이루어진다. 학생자치회는 보조적인 역할로만 참여할 뿐이다. 학생자치회 임원들도 학기초에는 공약을 실현하고 학교를 바꿔보겠다는 의지가 강하지만 연말에는 공약을 다 이루지 못하거나 동기가 떨어지는 모습을 볼 수 있다.

이러한 모습은 학생자치회에서만 보이는 것은 아니다. 학급자치에도 비슷한 모습이 나타난다. 학급자치를 위한 회의 시간은 교육과정 속에 많이 부족하다. 자주 회의가 열리지도 않으니 몇몇 학생들만 학급회의를 주도할 뿐, 대다수의 학생들은 소극적인 자세를 보인다. 자치회의에서 다루는 안건도 학급 내의 규칙 정도로 자율성이 제한되어 있다. 또한 학생에게 공동체의 책임감과 역할을 배우기 위해 1인1역할을 부여하고 있다. 하지만 1인

1역할의 모든 역할이 학기 종반까지 제대로 이루어지지 않는 경우가 많다.

학생자치는 학생들이 스스로 학교를 만들어가는 과정을 통해 민주시민으로 성장할 수 있도록 한다. 하지만 현재 학교에서는 학생들이 자치할 수 있는 소통의 창과 자율성이 많이 부족하다.

3) 마을교육공동체의 현주소

학생의 배움이 삶 속에 일어나기 위해서 학교뿐만 아니라 지역사회에서도 교육이 가능해야 한다는 요구와 함께 마을을 학습생태계로 바꾸자는 마을교육공동체가 등장했다. 이와 함께 교육의 주체가 전통적으로 교사와 학생, 학부모라는 관점에서 지역인사까지 확대되었다. 지방자치가 활성화되면서 각 교육지자체별로도 특색있는 사업과 학교의 실정에 맞는 마을교육공동체가 실시되고 있다.

하지만 마을교육공동체가 모든 학교에서 원활하게 정착되고 있지 않다. 마을교육공동체를 학교 현장에 맞게 도입하고 실시하는 학교더라도, 업무담당교사의 전문성 부족이 문제가 되는 경우도 많다. 마을교육공동체가 무엇인지, 어떻게 운영을 해야 하는지 잘 모르고 그저 큰 사업으로만 느끼고 있다. 게다가 모든 교사들이 함께 마을교육공동체를 위해 노력하는 것이 아니라 업무담당자만 참여하는 경우도 있다. 교사의 부담을 덜기 위해 각 시도교육청에서 프로그램을 운영하기도 하지만 홍보 및 안내가 제대로 되지 않아 모르는 경우가 많다. 그리고 교육청과 각 지역 지원청에서 마을교육공동체를 위해 다양한 사업과 프로그램을 운영하고 있지만, 거리가 멀어 참여가 어려운 학교도 있다.

현재 마을교육공동체에 대한 연수자료 및 전문성을 신장시킬 수 있는 방안이 부족한 실정이다. 작은 마을과 학교에서 먼저 시행 및 정착된 마을

교육공동체의 사례는 모든 학교에 적용하는데 어려움이 있다. 작은 학교에서 시행하던 사업이 규모가 큰 학교로 오면 마을 교육공동체를 수행하기 위한 관련 업무가 폭증하기 때문에 학교에서는 많은 부담을 느낀다. 그래서 마을교육공동체를 모든 학교현장에서 형식적으로 도입해 운영하는 아쉬움이 있다.

마을교육공동체가 잘 운영되려면 학교의 개방과 학부모, 지역주민들의 적극적인 참여가 바탕이 되어야 한다. 하지만 아직 학교문화는 교사 중심 문화 및 지역사회와 교류하지 않는 폐쇄적인 측면이 남아있으며 학부모와 지역사회도 현실적으로 참여를 어려워하고 있다. 또한 마을교육공동체가 무엇인지 모를뿐더러 필요성을 느끼지 못하는 경우도 있다.

마을교육공동체의 바탕이 되는 혁신지구 및 혁신학교지정은 최근에도 어려움을 겪고 있다. 지역사회의 학부모들은 혁신학교 지정에 큰 반감을 표현하는데, 그 이유가 민주적 학교운영과 학생중심수업이 기초학력의 저하를 가져오기 때문이라 하고 있다. 그래서 입시를 위해 전통적인 교사 중심 교과수업이 필요하다고 주장하였다. 이와 같은 주장은 마을교육공동체의 필요성과 민주시민을 양성하는 교육목표와 반대되는 성격이 강하다. 즉 학부모와 지역사회가 위의 내용처럼 혁신학교와 함께 길을 같이하는 마을교육공동체에 대해 충분한 이해와 필요성이 부족하다.

우리나라에 작은 마을과 학교를 중심으로 시작된 마을교육공동체의 긍정적인 효과가 점차 확대되어가고 있다. 하지만 여전히 마을교육공동체의 개념과 필요성에 대해 학교 구성원들은 모르는 경우가 많다. 교사들도 마을교육공동체를 큰 사업이라 오해하고 부담스러워하며 업무담당자만 참여하는 경우도 있다.

3. 이상적 구성원

1) 민주적인 학교운영의 시작 학교운영위원회

학교가 폐쇄적인 공간에서 개방적으로, 소수가 이끌어가는 모습에서 민주적인 장소로 바뀐 계기는 학교운영위원회가 시작된 영향이 크다. 1995년에 제1회 전국동시지방선거가 실시되면서 지방자치제가 완전히 부활하였고 학교에도 변화가 일어났다. 1995년 12월 지방교육자치에 관한 법률의 개정에 따라 설치 근거가 마련된 뒤, 이듬해 각 시 · 도 의회에서 학교운영위원회에 관한 조례가 제정되면서 국립 초 · 중등학교에서 전면적으로 실시된 것이다.

학교운영위원회는 학교운영에 학부모, 교원, 지역인사가 참여함으로써 학교의사결정의 민주성 및 투명성을 확보하고, 지역실정과 학교특성에 맞는 다양한 교육을 창의적으로 실시할 수 있도록 심의 · 자문하는 기구이다. 학교의 민주적 운영이 중시되면서 학교운영위원회의 기능도 다양하고 중요해졌다.

학교운영위원회는 위의 내용처럼 학교의 모든 운영에 교원, 학부모, 지역인사가 함께 참여하여 학교의 중요일을 심의하는 역할을 한다. A중학교 학교운영위원회는 위에서 안내된 심의기능뿐만 아니라 직접 학교행사를 학부모회와 함께 운영하고 있다. '행복한 등교의 날 캠페인'을 1년에 4회 등교시간에 실시하여, 학부모가 등교하는 아이들을 즐겁게 맞이한다. 등교하는 아이들에게 다정한 말과 안아주기 및 하이파이브를 통해 하루를 시작하는 학생들에게 부모님들의 관심과 사랑을 전달하고 있다. 또한 '진로 페스티벌'을 운영하고 있다. 이 활동은 1년에 1회 학교 강당과 운동장을 이용하여 학생과 학부모가 함께 참여하고, 22개의 직업체험 부스를 운영함으로써 학생들의 적성을 탐색하고 관련 직업을 체험해 볼 수 있는 기회를 제공한다.

〈초 · 중등교육법 및 같은 법 시행령, 도 조례〉

학교운영위원회는 다음 각 호의 사항을 심의한다.

1. 학교헌장과 학칙의 제정 또는 개정
2. 학교의 예산안과 결산
3. 학교교육과정의 운영방법
4. 교과용 도서와 교육 자료의 선정
5. 교복 · 체육복 · 졸업앨범 등 학부모 경비 부담 사항
6. 정규학습시간 종료 후 또는 방학기간 중의 교육활동 및 수련활동
7. 「교육공무원법」 제29조의3제8항에 따른 공모 교장의 공모 방법, 임용, 평가 등
8. 「교육공무원법」 제31조제2항에 따른 초빙교사의 추천
9. 학교운영지원비의 조성 · 운용 및 사용
10. 학교급식
11. 대학입학 특별전형 중 학교장 추천
12. 학교운동부의 구성 · 운영
13. 학교운영에 대한 제안 및 건의 사항
14. 산학겸임교사 등의 임용(시행령)
15. 수업일수[주5일 수업을 실시하는 경우의 수업일수] (시행령)
16. 학교의 휴업일(시행령)
17. 위원회규정 개정에 관한 사항(도 조례)
18. 학생지도를 위한 지원에 관한 사항(도 조례)
19. 지역사회 교육에 관한 사항(도 조례)
20. 학부모 또는 주민을 대상으로 하는 평생교육프로그램 설치 · 운영에 관한 사항(도 조례)
21. 그 밖에 학교운영에 관하여 학교의 장이 심의 요청하는 사항(도 조례)

D중학교 학교운영위원회도 학교운영과 관련된 중요한 의사결정에 참여하는 것 뿐만 아니라, 학교 교육과정이 원활하게 이루어질 수 있도록 다양한 행사를 주관하고 있다. '문화 예술과 체육 축제의 날'행사를 진행하여 학생과 학부모가 함께 참여하는 자리를 마련해 교육공동체로서 자신감과

성취감을 고취하도록 하고 있다. ‘학교 방문의 날’행사도 진행하는데, 학부모 및 학교운영위원들이 함께 학교에서 학생들과 함께 소프트웨어 교육을 받는 등 학교교육에 참관이 아니라 직접 참여하여 학교 교육이 어떻게 이루어지는지 경험할 수 있었다.

최근 C지역에서는 학교운영위원회가 학교단위로 활동하는 것에서 벗어나 지역단위로 움직이고 있다. C지역에서는 학교운영위원장 C지역협의회원을 대상으로 협의회와 연수 등을 조직하였다. ‘소통과 공감의 교육공동체’를 통해 C지역 내 학교가 겪고 있는 문제를 공유하고, 개선할 점을 논의하였다. 이 과정을 통해 학교가 부족한 지역에 중등학교 이전, 신설을 진행할 수 있도록 힘을 모았고, 시의회에서 주관하는 어린이 통학로 교통안전조례제정을 위한 토론회 참석하여 안전한 학교문화를 형성하였다.

S지역에도 S지역협의회가 결성되어 지역 내 학교운영위원회가 조직되었다. S지역협의회는 지역에 교육혁신지구가 잘 정착될 수 있도록 협의와 연수 등을 실시하였다. 이 지역의 교육혁신지구는 시 안에 학교와 지역사회가 협업하여 미래교육을 위한 마을형 메이커 스페이스를 구축을 통해 상상을 현실로 만들어가는 다양한 교육활동을 펼치는 마을교육공동체를 의미한다. S지역협의회에서 S교육혁신지구를 위해 마을학교교사 및 교육역량강화연수에 참여하여 전문성을 신장해 교육공동체의 일원으로서 참여할 수 있도록 준비하였다. 그 결과 학교운영위원회 구성원들이 마을교육공동체가 잘 운영될 수 있도록 다양한 동아리 활동, 가족과 함께하는 꿈끼 · 힐링캠프, 찾아가는 토요메이커 등을 지원하였다. 그리고 학교 밖 지역민과 함께하는 보듬이돌봄교실, 지역체험자원 프로그램운영 등을 통해 지역 내 학교운영위원회가 힘을 모아 마을교육공동체가 잘 정착될 수 있도록 노력하였다.

학교운영위원회는 학교를 민주적이고 개방적인 공간으로 바꾼 계기가 되었다. 또한 최근 학교구성원의 인식전환이 이루어지면서 교사, 학생, 학부모, 지역인사 등이 모두 교육의 주체로 인식되었고, 더욱 중요한 역할을 담당하게 되었다.

학교 내의 중요 업무 및 행사를 심의하는 것뿐만 아니라 직접 참여를 통해 배움이 일어날 수 있도록 하고 있다. 또한 위의 사례처럼 지역 내 학교운영위원회의 조직을 통해 학교들이 함께 지역을 변화시키는 기능도 할 수 있음을 시사하고 있다. 하지만 이러한 학교운영위원회의 원활한 기능이 이루어질 수 있기 위해선 운영위원회원들의 전문선 신장과 학교의 지원이 바탕이 되어야 한다.

2) 소통하는 교직원

(1) 학교업무정상화

사회적으로 교사는 가르치는 직업으로 알려져 있다. 그래서 교사는 수업과 학생생활지도만을 담당한다는 인식이 보편적이다. 하지만 실제 현장에서는 학교의 행정업무 때문에 수업과 생활지도에 소홀한 경우가 발생하기도 한다. 그만큼 교사에게 학교업무는 또 다른 부담이며, 업무분장 시기에는 교직원 간 갈등의 씨앗이 되기도 한다.

이러한 문제를 해결하기 위해 O고등학교는 학교조직을 교육활동 중심 조직과 교육행정 지원 조직으로 분류하였다. 교육활동 중심 조직은 학년부 체제로 운영하는 것이다. 학년부에서는 교과 수업과 생활지도 및 상담활동을 담당한다. 학년부 교사들은 서로 협의를 통해 전문성을 신장하고 학생지도를 협력하여 운영할 수 있다. 교육행정조직은 교감을 총괄로 교육지원팀 보직교사와 비담임교사, 교육공무직으로 구성하여 교육행정 및 교육

활동을 지원하는 역할을 담당한다. 그래서 교육활동을 중심으로 하는 교사들은 학교의 행정적 업무를 부담하지 않는 것을 목표로 한다. 교육지원팀을 위해서는 수업 시수를 줄여주고, 성과상여금 등 다양한 혜택을 주는 평가기준안을 마련하여 갈등을 최소화 하였다. 교육활동 중심조직과 교육지원팀 간의 소통을 위해서 주기적인 협의회를 통해 유대감을 형성하는 기회도 마련하였다.

B학교는 담임교사의 업무경감을 위해 교육과정 운영에 필요한 것이 아닌 것들을 학교가 지원하기로 하였다. 담임교사와 학생은 교육활동에 전념할 수 있도록 청소에 필요한 시설 설치, 복도청소 용역, 학습준비 봉사자 채용을 진행하였다. 학교업무정상화에 큰 축을 담당하는 업무전문가인 교육공무직원을 교감이 전담하여 업무를 지도하고, 그들에게 권한을 부여하여 자율성과 전문성을 높이고 교직원과 협조하는 분위기를 조성하였다. 행정실에서도 교사의 교육활동을 지원할 수 있도록 협력적 체제를 구축하여 담임교사의 부담을 줄였다. 담임교사가 처리하기 애매하거나 행정실의 협조가 필요한 경우에는 교감에게 얘기하고, 교감은 행정실장과 협의와 조정 하도록 하여 업무경감의 효과를 증대하였다.

S중학교에서는 학교의 중요한 사안에 대해 특별팀(TF팀)을 운영하고 있다. 특별팀은 학교에서 긴급하게 처리할 문제가 있을 경우 조직되는데, 교사의 자발적인 참여로 이루어진다. 교사의 자발적 참여로 특별팀이 구성되면, 교사에게 자기계발의 기회를 제공하고 전문성을 신장할 수 있어 업무수행의 집중력이 높고 불만이 적다. 특별팀을 구성할 때 중요한 기준이 있는데, 학년부에서 최소 한 명씩 지원을 받는다는 점이다. 그래서 특별팀에서 진행되는 학교업무를 학년부에서 공유함으로써 모든 교사의 의견을 수렴하고 협의를 통해 진행될 수 있도록 운영하고 있다.

학교 업무 정상화를 위해 노력하는 학교들의 사례에서 볼 수 있는 공통점이 있다. 우선 학교 업무를 모든 교사들이 고르게 분담할 수 있도록 노력했다는 점이다. 그리고 교사들 간 원활한 소통의 장을 마련하였다. 이러한 특징을 바탕으로 교사들이 학교 행정업무와 교육활동을 수월하게 소화할 수 있었다.

(2) 토론이 있는 교직원 회의

대부분의 학교에서는 매달 정기적으로 교직원 회의가 개최된다. 민주적인 학교운영이 강조되면서 수직적인 분위기의 회의를 지양하고 토론을 통해 교직원 회의를 진행할 수 있도록 강조하고 있다. 하지만 교직원 수가 많은 학교에서 모두가 토론 및 토의를 통해 민주적으로 참여하는 회의는 현실적으로 어렵다. 실제로 방과 후 진행되는 회의의 경우, 퇴근시간을 넘겨 회의가 지속되는 것을 막기 위해 말을 아끼는 교직원들도 더러 있다. 중학교에서는 교직원 회의가 교사에게 또 다른 업무부담이 되지 않도록 분임토론과 메신저 토론을 실시하고 있다. 분임토론은 역할과 기능에 따라 교사들이 자기가 속한 토론에 참여하도록 한다. 분임토론을 할 때는 다과와 함께 편한 얘기를 할 수 있는 분위기 속에서 'ㅁ', 'ㄷ'자로 자리를 배치해 민주적

토론을 진행한다. 교사들은 분임토의를 통해 전체회의만을 진행할 때보다 참여를 적극적으로 할 수 있으며, 학교일에 함께 소통하여 해결하고 있다는 만족감을 얻을 수도 있었다.

회의명	참여자	안건
아침 회의	교장, 교감, 부장교사	일일 계획과 학교 운영 관련 협의
학년별 회의	동학년 교사	교과운영 및 생할지도 협의, 학년별 주요 행사 운영협의
부장교사 회의	교장, 교감, 부장교사, 행정실장	주간 학교운영 관련 협의
아침 회의 · 학년별 회의 · 부장 회의에서 협의한 내용은 부서별로 공유하며, 안건 발생시 전교직원 회의를 개최하여 토론이 있는 협의회 진행		
전체회의	전교직원	협의 안건 발생 시

J중학교의 회의 운영방안

이외에도 메신저를 활용하여 공간과 시간의 제약에서 벗어나 학교의 긴급한 사안에 대해 토론 및 토의가 진행되었다. 메신저 회의를 통해 간단한 사안은 온라인에서 결정하고, 중요한 사안은 안건을 올려 교직원 회의에서 협의를 하였다. 메신저를 통한 상시 회의는 교사들이 혼자 고민하는 문제를 함께 논의하여 해결할 수 있었다. 그리고 공동체로서 함께 학교를 운영하는데 큰 도움이 될 수 있었다.

오늘날 작은 학교를 지향하여 학년, 학급마다 자치가 이루어질 수 있도록 학년부체제가 운영되는 학교들이 많다. 학년부체제는 학년별로 자율권이 강하고 특색있는 교육을 실시할 수 있는 장점이 있지만, 전 교직원들의 소통이 원활히 이루어지지 않을 수 있다. 이를 극복하기 위해 학교의 여건에 따라 다양한 소통의 장을 마련해야 할 것이다. 이러한 민주적인 학교운영을 바탕으로 교사가 행복할 수 있는 학교문화를 조성해야 할 것이다.

3) 학부모회

학생을 지도하기 위해 학교와 가정의 연계가 매우 중요하다. 학교가 끝나고 학교 밖에서는 학부모가 학생을 돌보기 때문이다. 이러한 배경으로 학부모회는 학부모의 교육권을 확보하고 교육공동체의 일원으로 학교에 참여하여 학교교육 발전에 기여하기 위해 구성되었다. 학부모들도 이러한 목적에 공감하며 학교 활동에 참여하고 있다.

구분	내용
교사-학부모 협력형	선생님과 학부모님이 학교발전을 위한 협력적 활동을 위해 (65.48%)
교육요구형	선생님이 학교교육 수업 등 을 잘 하도록 적극적인 의견제시 (15.06%)
학부모교육 자녀정보형	학부모교육 관련 우수강사 강연을 받거나 자녀교육정보 위해 (10.71%)
자원봉사활동형	수업이나 도서관 도우미 불우이웃 바자회 등 자원봉사 위해 (4.76%)
학교 학생지원형	내 아이 학교의 교육환경 개선 등을 위해(3.97%)

학부모회의 목적에 대한 학부모 인식(교과부, 학부모 교육정책 모니터단 의견수렴 결과, 2000)

학부모회의 학교참여는 민주적인 학교운영을 가능하게 할 뿐만 아니라 협력을 통해 학교를 발전시킨다. 또한 혁신지구 및 마을교육공동체가 정착되기 위해선 학부모회의 참여가 더욱 필요하다.

(1) 함께 교육하는 학부모회

학교에서 1년에 1~2회 공개수업을 진행한다. 이때, 학부모들도 학교에 방문해서 참관을 한다. 참관이라는 의미는 '어떤 자리에 나아가서 봄'이다. 즉 간접적으로 교육 활동에 참여하는 것이다. 최근 학교와 교사가 중심이 되어 교육을 담당하는 것이 아니라 학부모와 지역인사까지 교육의 주체가 되어야 한다는 인식의 전환이 이루어지고 있다. 이러한 미래교육 상황 속에서 학부모회는 교육에 참관하는 것에서 벗어나 참여하는 활동이 필요하다.

G중학교에서는 학부모 수업 공유의 날을 방과 후에 진행한다. 방과 후에 많은 학부모들이 학교에서 어떻게 수업이 이루어지고, 자녀의 학교생활을 볼 수 있도록 하기 위함이다. 18시 30분에 각 반에서 학부모 공개수업이 이루어지고 학부모님들은 교실에서 교사와 함께 수업에 대한 의견을 공유한다. 그 결과 학부모와 교사의 신뢰가 구축되고 공교육의 중요성을 느끼는 시간이 될 수 있었다. 그리고 자녀의 학교생활을 직접 볼 수 있었다는 점에서도 만족도가 높았으며, 학부모님들의 학교행사 참여 비중이 크게 증가되었다고 한다. 교사도 학부모의 의견을 듣고 소통하는 경험의 장이 될 수 있었다고 한다.

학부모님을 학교 행사에 명예교사로 위촉하는 학교도 있었다. '과학의 날'을 운영해야 하는데, 학교에 과학 선생님들이 모든 부스를 운영하기에는 어려움이 있었다. 그래서 학부모님 중 지원을 받아 과학부스 운영을 할 수 있도록 사전에 교육을 실시한 후 명예교사로 위촉하였다. 그 결과 다양한 부스가 운영될 수 있었으며, 교사의 부담도 줄 수 있었다. 무엇보다 학부모회의 참여로 학생과 학부모님들의 관심이 높아지는 계기가 되었다. 비슷한 사례로 도서실 사서도우미 역할을 학부모회에서 지원하여 사서교사가 없는 학교에서 도서관 운영을 효과적으로 할 수 있었다.

기초학력이 부족한 학생은 교과와 실력에 따라 개별 또는 소수지도가 큰 도움이 된다. 평소 교과수업에서 이를 보완하기는 어려움이 있다. B중학교에서는 이러한 학생들을 지도하는데 학부모회의 도움을 받고 있다. 방과 후 교실을 개방하여 야간 공부방을 운영하고 기초학력이 부족한 학생들을 학부모회에서 지도를 한다. 그 결과 학부모님들이 자녀들의 고충을 살피고 이해할 수 있었으며, 학생들도 기초학력을 보완하는 계기가 되었다.

우리나라는 대학 졸업자의 비율이 굉장히 높다. 이는 교사뿐만 아니라 다양한 교육을 할 수 있는 인적 자원이 풍부하다는 것이다. 학교의 구성원으로서 학생들과 밀접한 관련이 있는 학부모의 지원을 받아 다양한 교육활동이 가능한 것이다. 학부모도 교육에 참여함으로써 교사와 학생을 공감하고 소통을 할 수 있는 기회가 될 수 있다.

(2) 학교의 업무를 함께하는 학부모회

학교는 지식을 전달하는 것뿐만 아니라 다양한 역할을 소화하고 있다. 학생의 인지적, 정의적 성장을 이끌어가며, 돌봄의 기능과 지역의 발전에도 기여하고 있다. 이를 교사 한 명이 담당하여 원활하게 운영한다는 것은 매우 어려운 일이다. 학부모회와 함께 운영이 가능한 프로그램을 최대한 활용하여 학교의 기능이 잘 운영될 수 있도록 해야 할 필요성이 있다.

등굣길 녹색어머니회의 활동은 교통이 혼잡한 상황에 학생의 안전을 지켜주는 데 큰 효과가 있다. 학생들의 안전을 담당하는 역할을 교사와 학부모회가 협조하여 운영함으로써 교사의 업무부담을 줄일 수 있다. 이외에도 많은 학교에서 급식 도우미로 학부모회가 참여하고 있다. 배식을 도와 효율적인 급식이 이루어지며, 이 과정에서 급식의 신선도와 영양 등을 확인하는 역할도 한다. 시험을 실시할 때, 부감독 또는 복도도우미 역할도 학부모회에서 수행한다. 시험감독을 통해 학부모에게 공식적으로 학교를 방문할 기회를 제공하여 학교의 문턱을 낮추는 효과가 있었다.

마을교육공동체가 활성화되고 있는 시기에 학부모회의 도움으로 학교 행사를 진행하는 곳도 있었다. D중학교에서 마을과 함께하는 '도서기증 교환전'을 실시하였다. 행사의 배경은 학생들에게 독서의 즐거움과 다양한 책을 접할 기회를 주자는 것이었다. 교원과 학부모회 주관으로 학교 도서관을 개방해 학생들뿐만 아니라 지역주민들도 함께 가정에서 책을 가져와 다른 가정과 교환을 하는 행사였다. 행사를 통해 학생들은 다양한 서적을 읽을 수 있는 기회가 되었고, 학부모와 함께 자신의 관심사를 공유하는 시간이 되었다. 학부모도 학교행사에 참여함으로써 교육주체로서 책임감을 가질 수 있었고 자녀와 책을 통해 공감할 수 있는 자리가 되었다. 학교는 학부모회와 함께 행사를 운영하여 업무의 부담을 줄일 수 있었고, 지역주민들의 참여를 통해 마을교육공동체를 실현하는 경험이 되었다.

오늘날 다문화가정의 비중이 늘고 있다. 또한 북한이탈가정의 자녀도 학교에서 볼 수 있다. 하지만 언어적 능력이 부족하여 두 가정의 학생들은 학습장애를 겪는 경우가 있다. A학교에도 15명의 다문화가정, 북한이탈가정의 학생이 학습장애를 겪고 있다. 이를 해결하기 위해 학부모회의 도움을 받고 있다. 학부모회에서 봉사동아리를 조직해 주 1회 학습장애를 겪는 학생들에게 한국의 문화와 예절 교육 등을 통해 사회적 상호작용 능력과 의사소통 능력을 함양하고 있다. 무엇보다 꾸준한 활동을 통해 언어적 능력이 향상되어 학생들이 학습장애를 극복하는데 큰 도움이 되었다.

교육이라는 개념이 지식전달이라는 의미에서 돌봄까지 점점 확대되고 있다. 이러한 움직임 속에 교사의 부담은 점점 증가하고 있는 현실 속 문제를 극복하기 위해서 교육의 구성원들의 참여를 더욱 확대해야 한다. 학부모회의 지원을 통해 교육을 함께 이루어간다면 교사의 업무부담의 해소,

학부모와의 소통 등 많은 긍정적 효과가 있을 것이다.

(3) 민주적인 학교운영

과거 폐쇄적인 학교 문화와 달리, 오늘날의 학교 문화는 민주적이고 개방적이다. 학부모회의 학교 참여는 민주적인 문화 형성에 도움이 된다.

요즈음 학교는 학교의 개방성을 높여 학부모회와 함께 학교를 민주적으로 운영하기 위해 노력하고 있다. C고등학교에서는 학부모회에서 급식모니터링을 주 1회 실시하고 있다. 그 결과 영양있는 급식이 이루어지며 식재료 검수 등을 통해 학생들도 학교가 학부모와 함께 급식을 운영한다고 느껴 만족도가 올라갔다. 또한 학부모도 직접 급식 운영에 관여함으로써 안전함을 느낄 수 있었다.

현장체험학습 사전답사에도 교사와 함께 학부모회가 참여한다. 사전답사를 통해 체험학습장소의 시설, 상태, 수용인원, 음식 상태 등을 점검하여 안전하고 효율적인 활동이 될 수 있다. 이는 폭넓은 시각으로 체험활동의 안전성과 투명성을 확보할 수 있었다. 그리고 사전답사 후 협의회를 통해 체험학습의 안정과 어떤 활동을 하는지 알게 되어 학부모들이 체험학습을 지원할 수 있었다.

최근에는 학생생활규정 협의회에 교사와 학생뿐만 아니라 학부모도 함께 참여하고 있다. 하지만 학부모의 참여가 저조한 경우가 많다. B학교에서는 학부모의 참여도를 높이기 위해 사전에 충분한 안내와 학생생활규정 중 수정 및 개선할 점을 설문조사로 받는다. 그 결과 학부모들이 학교 생활규정을 인지하고, 수정과 개선을 위해 적극적으로 참여하기 시작했다. 학교도 대토론회를 개최하기 전 설문결과를 토대를 토대로 안건을 준비할 수 있었다. 학부모와 학생, 교사가 함께 학생생활규정을 협의함으로써 학교구성원 모두가 공감할 수 있는 규정을 만들 수 있었다. 그리고 추후 생활지도에서도 학생과 학부모의 협력을 얻는 것이 수월해지는 결과를 얻을 수 있었다.

공동체에서 가장 중요한 것은 원활한 소통이다. 학교의 구성원이 교사, 학생, 학부모, 지역인사까지 점점 확대되는 만큼 교육의 목표를 이룰 수 있도록 소통을 바탕으로 민주적인 학교운영을 해야 할 것이다.

4) 학생자치회

학교교육과정을 통해 배려와 나눔을 실천하는 창의 인재를 양성하는 교육을 구현하고자 2009 개정교육과정이 도입이 되었다. 2009 개정교육과정에서는 그동안 학교에서 교과지식의 전달 이외의 기능이 원활하게 되지 못함을 극복하고 창의성과 인성을 함양하는 다양한 체험중심의 교육을 강조하였다. 그 결과 단순히 지식만을 주입하는 교육이 아니라 학생이 스스로 계획하고 결정하고 실천하는 학생참여의 시간과 공간을 지원하기 위해 학생자치가 활성화되기 시작했다. 학교에서 학생자치활동은 학생회 조직 및 운영과 학교생활에 필요한 사항을 협의하는 활동과 각 학급회의 및 1인 1역 활동 등 민주시민 활동을 의미한다. 2009개정교육과정으로 학생자치가 강조되면서, 현재는 많은 학교에서 원활하게 운영되고 있다.

(1) 학생회

대부분의 학교에서 연말 혹은 1학기말에는 학생회장 선거로 학교 분위기가 뜨거워진다. 교내 복도에는 학생회 임원 후보들의 공약 포스터가 게시되고 학생들도 내년에는 어떤 학교로 바뀔지에 대한 기대로 학생회장선거에 관심을 갖는다. 이렇게 학생회장과 부회장이 선출되면 학교를 이끌어갈 자치회가 새롭게 구성된다. 하지만 새학기가 시작되면 학생들의 관심도 멀어지고 공약이 잘 지켜지는지도 큰 관심이 없다. 그래서 학생회장 선거가 인기투표라는 문제점도 제기되고 있다.

우선 학생회 선거가 단순한 인기투표가 되지 않으려면 학생에게 투표의 중요성을 인식시켜야 한다. 그래서 많은 학교에서 학생이 학생회장 선거를 통해 민주시민의 경험을 할 수 있도록 기표소를 설치하고 투표의 소중함을 느낄 수 있도록 교육한다. 학생들도 어른들처럼 기표소에 들어가 후보를 선거할 때, 진지한 태도로 임하게 된다. 그러나 올해 코로나19로 C중학교에서는 고민에 빠졌다. 학생들이 등교하지 않아 온라인으로 학생회장 선거를 진행해야 하는데, 학생들이 장난식으로 참여할 것을 우려했다. 그런데 중앙선거관리위원회에서 학교를 대상으로 선거를 돕는 프로그램이 있어 참여하였다. 중앙선거관리위원회에 학생들의 연락처 또는 이메일 정보를 보내면, 선거날 전교생에게 학교전용선거를 할 수 있는 URL이 전송된다. 학생들은 중앙선거관리위원회에 들어가 학생인증을 걸쳐 투표에 참여한다. 이 방식을 통해 학생들이 온라인에서도 진지한 자세로 선거를 치룰 수 있었으며, 전교생이 다 참여하는 좋은 경험이 되었다.

학생회는 학생들과 학교를 이어주는 중요한 역할을 담당하고 있다. 또한 학생회의 공약을 실천하고 학생들의 건의를 수용하고 해결하려면 학교와의 소통이 매우 중요하다. B중학교에서는 한달에 한번씩 학생회임원들과 교장 선생님, 행정실장님과의 간담회를 진행한다. 간담회를 진행하기 전에 학교홈페이지와 학생회 SNS로 학생들의 건의를 받는다. 간담회를 통한 학생들의 건의를 통해 학생들이 실제로 겪는 문제를 해결하고 있다. 그리고 매달 하루를 정해 방과 후에 학생회와 교사, 학생들이 자유롭게 참여하는 전교회의를 개최한다. 여기서 나온 의견을 학교에 반영할 수 있도록 교사와 협업을 한다. 협업을 위해 학교 업무부서와 학생자치회 부서를 일치화하였다. 예를 들어 학급환경을 위해 공기정화식물을 배치하기로 하면, 교무부 담당교사와 자치회 교무부 학생들이 함께 업무를 추진한다. 학교의 업무와 학생들의 건의사항을 담당교사와 자치회 학생들이 함께 협업을 통해 학생들과의 소통을 해결하는 모습을 보여준다. 그 결과 학생회의 공약과 학생들의 건의사항을 학교와 함께 지키고 해결할 수 있었고, 학생회도 책임감을 가지고 일을 할 수 있었다. 교사도 학생회의 도움을 받아 업무의 부담도 경감되고 소통을 하는 긍정적인 효과를 불러일으킬 수 있었다. 단, 학교폭력위원회 등 학생 재량이 아닌 사안에 대해선 학생회는 참여하지 않는 규정도 있었다.

1년 동안 학교를 이끌어가는 학생회는 매년 새롭게 구성되는 경우가 많다. 그래서 학생회에서 운영하는 사업이 단기적으로 운영되고 내년 임원들과도 소통이 안될 경우가 있다. C학교에서는 이러한 문제를 해결하기 위해 학생 커뮤니티실을 만들어 누구나 학생회와 소통할 수 있도록 하였다. 그래서 작년 학생회 임원뿐만 아니라 학생들도 장기적인 사업에 도움과 의견을 줄 수 있도록 개방하였다. 연말에는 기존 학생회 임원과 새로이 구성된 임원들 사이에 간담회와 멘토-멘티제도를 운영한다. 그 결과 학생회 임원들의 전문성이 함양되고 장기적 사업도 가능하게 되었다.

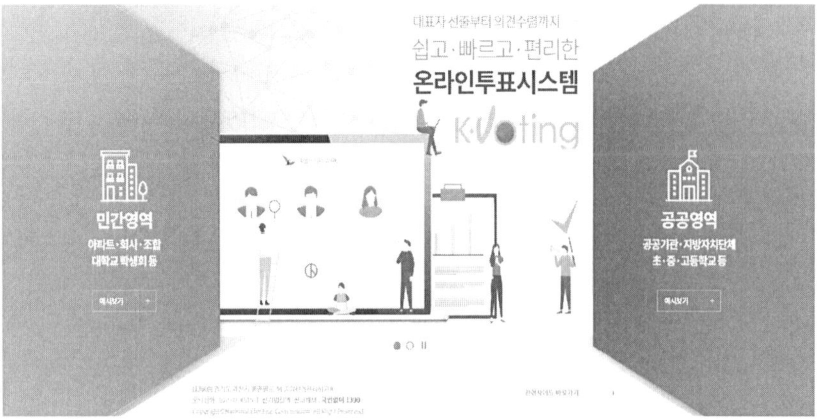

선거관리위원회 온라인투표시스템, http://www.kvoting.go.kr/NecVote/intro.html

(2) 학급자치

2009 개정교육과정에서 중시하는 창의, 인성교육을 위해 학생자치가 강조되면서 과거 학급운영이 담임교사 중심에서 학생중심으로 전환되고 있다. 하지만 학급자치가 원활하게 이루지기 위해선 학급원들이 함께 참여할 수 있도록 충분한 소통이 필요하다. 하지만 시간표에는 학급원들 간 소통할 수 있는 시간이 부족한 실정이다.

Y중학교는 학급자치를 위해 매주 금요일 1교시를 교과 수업 대신 학급자치시간으로 고정하였다. 그리고 의미 있는 학급자치가 이루어질 수 있도록 매달 마지막 학급회의는 학교의 안건을 논의하도록 하였다. 학급회의에서 논의된 안건은 학생회와 대토론회에 반영되어 학교의 문화를 바꾸는 배경이 된다. 그 결과 학생들은 학교에 대한 주인의식을 형성할 수 있었다. 그리고 정기적으로 회의가 열리는 자치문화에 학생들도 적응하게 되어 민주시민으로서 성장하는 계기가 되었다.

오늘날 많은 학교에서 학급회의를 통해 급훈, 규칙 등을 함께 정하고 학급을 함께 운영한다. 학급일을 학급회의를 통해 정하는 것은 당연하게 느껴지지만, 학생들은 회의를 통해 정해도 한 학기만 지나고 언제 저런 규칙이 있었냐고 묻기도 한다. 즉, 학급회의 또는 자치활동에 소극적이거나 잘 참여하지 않아 발생하는 문제이다. 이러한 문제를 해결하기 위해 B고등학교에서는 모든 학급회의를 소모임을 거쳐 진행한다. 최대 4인 1조로 모둠을 편성하여 학급에서 함께 해결해야 할 과제를 논의한다. 이렇게 모둠별로 논의된 것을 토대로 반장 등 임원의 중심이 되어 회의를 진행한다. 모든 학생이 모둠활동에 참여했으므로 참여도와 책임의식을 증가 할 수 있다. 학급회의에서 결정된 사안은 학급게시판 또는 SNS 등을 이용해 게시하여 민주적인 학급문화를 이룰 수 있도록 한다.

학급회의를 통해 학급의 규칙을 정하는 것은 매우 긍정적인 효과도 있다. 학생들을 지도하면 교사가 강압적으로 자신의 행동을 규제한다고 느껴 따르지 않는 경우가 있다. 학급회의를 통해 규칙을 만들고 학생들과 규칙을 따르지 않는 경우 교실청소, 자리교체 등 적절한 조치를 함께 정하고 게시하면, 학생들은 회의에서 함께 동의했으므로 책임감을 갖고 지키는 모습을 보인다. 한 사례로 D중학교 2학년 담임교사는 학급에서 도난사건이 발생하여 이를 어떻게 해결하고 방지할지 논의하였다. 회의를 통해 두 가지 해결방안이 논의되었다.

첫 번째는 학생들은 학급이 비어있는 시간에 도난이 발생하므로 당번을 정해 점심시간 또는 쉬는시간에 교실에 남아서 지키기로 하였다. 그리고 두 번째는 도난 사건이 발생한 횟수와 동일한 시간을 남아서 함께 얘기하는 시간을 가지기로 했다. 즉, 도난사건이 3번째 발생하면 방과 후에 3시간을 함께 남아 회의를 하는 것이었다. 학급에 도난이 발생하면 학급의 일이므로 공동의 책임을 져야 한다는 한 학생의 의견이었는데 학생들이 동의하였다.

학급에서 두 번째 도난사건이 발생하자 학생들은 규칙대로 2시간 동안 도난방지를 위한 학급회의를 개최하였다. 학생들은 범인을 찾기 어려우니 범인이 스스로 반성할 수 있는 방법을 찾자고 건의하였다. 회의 결과 학급 전체가 도둑질을 한 학생이 잘못한 행동을 일깨울 수 있도록 포스트잇에 써서 교실 창문에 붙이자고 했다. 포스트잇을 작성하고 2시간 동안 무제한 토론을 마친 학생들은 물건을 훔친 학생에게 다시 물건을 되돌려 놓을 것과 더 이상 잘못된 행동을 하지 말고 바로 잡았으면 좋겠다는 글을 창문에 붙이고 하교했다. 다음날 담임선생님은 도난당한 학생의 사물함에 물건이 되돌려져 있다는 얘기를 들었다. 그리고 이후 학급에서 도난사건은 발생하지 않았다. 학급원들의 자치활동을 통해 규칙을 따르고 문제를 해결할 뿐만 아니라 잘못한 행동을 한 학생이 반성하도록 도움을 준 것이다. 학급자치를 통한 규칙 만들기는 학생들이 자발적인 참여가 가능하며, 민주적인 학급운영을 가능케 한다.

학교는 작은 사회이다. 그래서 최근 학급자치를 통한 민주시민으로 성장할 수 있도록 한다. 학급자치는 학생들이 직접 의견을 나누고 결정하여 운영되므로, 교사가 일방적으로 학급을 운영하는 것보다 더욱 자발적 참여가 이루어지는 긍정적인 효과도 있다. 이러한 학급자치를 활성할 수 있는 방안을 더욱 모색해야 할 것이다.

(3) 1인 1역할

민주시민의 가치에는 공동체의식이 있다. 학급은 공동체가 함께 운영하는 장소인 만큼 학생에게 공동의 책임이 필요하다. 그래서 현재 학급에서는 1인 1역할을 운영하고 있다.

하지만 1학기 또는 1년 동안 자기가 맡은 1인1역할을 책임감 있게 수행하도록 운영하는 것이 쉽지 않다. 일부 학생들은 자기 역할이 무엇인지 잊어버리기도 하고 전혀 수행하지 않는 경우도 있다. 또한 교사의 입장에서 새로운 학교로 발령을 받으면 학급 인원 수, 학교의 환경 등이 바뀌게 되므로 기존에 쓰던 1인1역할을 못쓰게 될 경우가 있다. 이러한 문제를 해결하기 위해 B고등학교의 담임교사는 학생들에게 1인1역할 담당표를 나누어 줘서 학생들이 직접 학급에서 할 수 있는 것을 쓰도록 한다. 담당표에는 학생의 사진과 이름, 어떤 역할을 수행할 것인지 구체적으로 쓰도록 했다. 작성한 표는 사물함에 부착해 학생이 자신의 역할을 계속 되새길 수 있도록 하였다. 학생도 교사가 정해준 틀 안에서 역할을 수행하는 것이 아니라 자신이 직접 할 수 있는 역할을 적었으므로 책임감을 함양할 수 있었다.

1인1역할은 학생 개개인별로 부여된 학생자치이다. 공동체 속에서 자신의 역할을 수행함으로써 책임감과 민주시민으로서 경험을 하는 중요한 활동이다. 위의 사례처럼 학생이 맡은 역할을 성실하게 수행할 수 있도록 방안을 모색해야 할 것이다.

5) 교육구성원이 함께하는 생활지도

(1) 학생들이 참여하는 생활지도

학생생활지도는 교사의 중요업무 중 하나이다. 학생들이 바르게 성장할 수 있도록 문제행동을 보이면 지도를 해야한다. 하지만 이 과정에서 교사와 문제학생 사이의 갈등은 더욱 커지고 학생들은 학교부적응으로 나아갈 수 있다. 현재 우리교육에서 문제학생이 학교생활에 잘 적응할 수 있도록 생활지도를 학교와 교사가 전적으로 담당하고 있다. 아쉬운 점은 학생의 생활지도 방안이 상담과 학생생활교육위원회라는 한정적인 방법밖에 없다는 것이다.

학생생활교육위원회의 궁극적인 문제행동을 일으킨 학생이 반성하여 학교생활에 적응, 회복할 수 있도록 하기 위함이다. 하지만 학생생활교육위원회는 생활문제행동을 일으킨 학생에게 잘못된 점을 알려주는 기능을 하기에 부족한 점이 있다. 왜냐하면 문제행동을 일으킨 학생에게 문제의 원인과 잘못된 행동을 알려주는 기능보다는 징계의 역할이 크다. 또한 학교생활교육위원들이 교사로 구성되어 있어 학생은 그 자리에서 반성하기 보다는 학교가 자신을 통제하려는 반감을 사는 경우도 있다. 교사의 상담과 학생생활교육위원회를 중심으로 문제행동을 고치기는 부족한 점이 많다.

D고등학교에서는 학생이 교칙을 위반할 경우 학생들이 직접 재판을 열어 생활지도를 담당한다. 교내 사법위원회에서 일주일에 한 번 학교규칙을 어긴 학생들을 소환하여 재판을 진행한다. 이때 사법위원회 학생들은 어떤 규칙을 어겼는지 얘기를 하고, 규칙을 어긴 학생은 자신을 변호할 수 있다. 재판내용을 토대로 사법위원회 학생들이 징계조치를 내리면 학교에서 이를 실시할 수 있도록 지원을 한다. 문제행동을 일으킨 학생들도 교사가 아닌 학생들로 구성된 사법위원회에서 논의를 하니 반감을 가지기보다 자신의 문제행동을 되돌아보는 효과가 컸다. 그리고 친구와 선후배에게 피해를 주지 않도록 다짐하는 긍정적인 모습을 보이기도 한다. 교사중심의 학생생활교육위원회라는 공간보다 학생들이 스스로 잘못을 논하고 판단하는 자리가 민주적으로 학생의 문제행동을 바로 잡는 기회가 될 수 있다.

학생이 수업방해 등 규칙을 어길 경우, 학교에서는 문제행동을 바로잡고 적응할 수 있는 제도는 학생생활교육위원회만 운영되고 있다. 하지만 학생들이 스스로 행동을 반성하고 잘못을 깨달을 수 있도록 선후배와 친구들이 함께 논의할 수 있는 활동을 체계화하면 더 좋을 것이라고 본다.

(2) 마을이 함께하는 생활지도

학생의 생활지도를 담당하는 교사는 업무적으로 문제학생을 관리하는 부담이 매우 크다. 학생생활교육위원회에서 내려지는 징계절차를 관리해야하기 때문이다. 게다가 사회봉사, 특별교육을 조치 받은 학생을 받아줄 기관을 찾고 사후 보고서처리까지 전적으로 교사가 담당하고 있다. 교육의 주체가 마을공동체로 확산되는 오늘날 여전히 생활지도는 학교의 몫으로 남아있다.

영국 런던에 위치한 한 공립 중등학교에서는 특이한 생활지도가 있다. 첫 번째, 학생과 학부모를 대상으로 학급을 위한 행동 지침서와 교칙을 안내한다. 그리고 학부모에게 따로 교육 및 안내를 통해 자녀가 학교에서 잘 적응할 수 있도록 협조를 구한다. 두 번째, '가문 점수'이다. 학생들은 바람직한 행동을 했을 때, 점수를 쌓을 수 있다. 점수가 축적이 되면 학교와 연계된 가문의 수장이 칭찬엽서를 보내주고 학생의 학교생활을 격려한다. 반대로 학생이 잘못된 행동을 할 경우 학교에서 생활지도를 하고, 이를 학교운영위원회와 가문에 보고가 들어간다. 학생이 학교수준의 지도에도 문제를 고치지 않으면 가문의 수장이 학교 수준 이상으로 개입하여 지도를 한다. 이외에도 지역 교육복지관에서 문제행동을 일으키는 학생지도를 연계하여 학생이 교육에 정착할 수 있도록 지원한다. 학교와 지역의 구성원이 함께 바른 학교생활은 강화하고, 문제행동을 고칠 수 있도록 노력하고 있다.

최근 청소년의 무면허운전, 범죄 등 학교 밖에서의 사건이 대두되고 있다. 학교에서는 방과 후에 일어나는 일들을 생활지도하기에는 제한적이다. 이러한 한계를 극복하기 위해서 학생이 바르게 성장할 수 있도록 마을과 함께하는 프로그램의 필요성을 느낀다.

6) 학습생태계를 위한 마을교육공동체

제4차 산업혁명시대, AI가 생활에 도입되면서 학교와 교사는 없어질 산문로 여겨졌다. 하지만 2020년 코로나19로 인해 원격수업이 진행되면서 학교가 단순히 지식을 전달하는 기능만 했던 것이 아니라 돌봄과 사회화의 기능을 담당하고 있었음을 알게 되었다. 이러한 사실은 역설적으로 학생의 삶 속에서 배움이 일어난 것이 아니라 학교가 중심이 되어 교육을 담당한 것을 알려준다.

최근 코로나19로 인해 발생한 학생의 돌봄과 사회화의 부재 등 문제를 해결 할 수 있는 방안을 마을교육공동체에서 찾는 포럼이 시 · 도교육청에서 개최되고 있다. 마을교육공동체는 전통적인 학교중심의 교육구성원체제에서 벗어나 마을이 함께 학생의 교육을 책임지는 학습생태계이다. 그래서 학생이 학교에 가지 않더라도 마을에서 학생의 배움이 일어날 수 있는 다양한 기반시설과 프로그램을 운영할 수 있다.

A중학교에서는 학생들이 학교 안과 밖에서 배움이 일어날 수 있도록 마을교육공동체를 실시하고 있다. 마을에 지역교육공동체가 사용하는 시설을 만듦으로써 방학프로그램, 주말프로그램, 도서관 운영, 돌봄 등을 함께 하고 있다. 이러한 마을에서 학교의 역할은 시설과 공간, 예산을 지원하며 학생들의 삶 속에 배움이 일어날 수 있도록 하고 있다. 지역교육공동체에서는 크게 교과프로그램과 특성화교육이 실시된다. 교과프로그램은 지역의 주민들이 교사가 되어 학생들의 기초학력을 신장시키거나 독서 및 논술을 가르쳐 배움으로부터 소외되는 학생이 없도록 한다.

특성화교육은 학생의 적성에 맞는 경험을 할 수 있도록 예 · 체능과 댄스, 드론 등 다양한 프로그램을 개설하고 지역인프라를 이용해 배움의 장을 제공하고 있다. 이외에도 학교 인근 향교에서 지역 대학교의 교수님과 함께 학생들이 '문화재를 통한 지역 알기'수업을 진행하여 인성교육을 실시한다. 학생들이 학교에 나오지 않는 방학에는 농산어촌 작은 학교 대상 대학생 멘토 프로그램을 운영하여 학생들이 프로젝트 수업을 통해 진로 탐색을 하는 등 다양한 경험을 하고 있다.

학교의 구성원이 마을로 확대되는 마을교육공동체는 작은 학교와 마을을 중심으로 시작되어 현재는 각 시도교육청의 지역적 특색과 학교의 상황에 따라 실시되고 있다. 작은 학교와 마을에만 적용 가능한 것이 아니라 도심 속에서도 마을교육공동체가 실현될 수 있다. 경기도교육청의 경우 '꿈의 학교'운영을 통해 학생들에게 다양한 활동과 진로를 모색할 수 있는 활동을 제공하고 있다. 각 지역의 학교와 시설을 교육의 장소로 활용하여 프로그램을 개설해 학생들이 참여하도록 하고 있다.

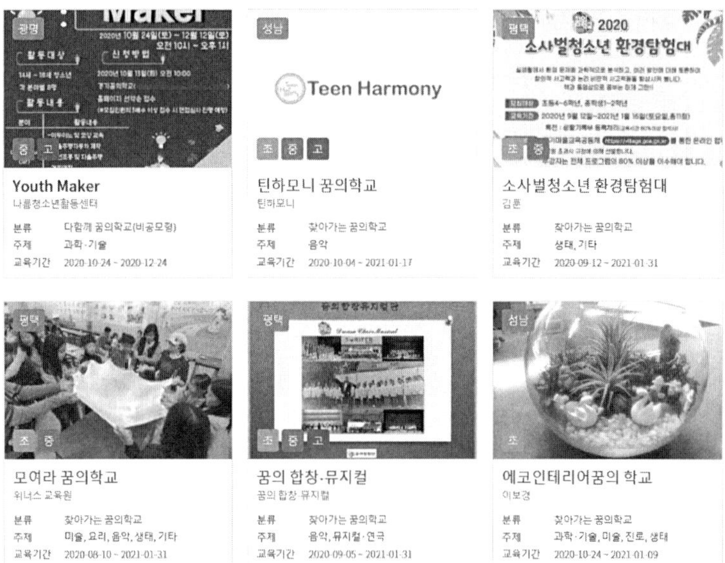

경기마을교육공동체 홈페이지에 있는 다양한 꿈의 학교 프로그램
(https://village.goe.go.kr/school/explore?redirect_uri=%2Fschool)

경기도 교육청의 지원을 통해 많은 학교에서는 다양한 마을교육공동체 학교 프로그램을 운영하였다. 이러한 프로그램을 바탕으로 지역의 인프라를 활용하여 학생들이 학교 밖에서도 배움이 일어날 수 있도록 하였다. '나도 여행 작가 학교'프로그램에서 학생들은 실제 여행작가들과 함께 얘기를 나누면서 사진을 찍고 작가가 되어 글쓰기도 하는 경험을 하였다. 진로교육뿐만 아니라 사진여행을 할 때, 의미 있는 주제를 택하여 학생의 성장을 도모하기도 하였다. 'DMZ안보여행'을 통해 학생이 통일에 대한 생각하는 계기가 되고 '한글여행'을 통해 세종대왕의 발자취를 따라가며 한글의 소중함을 느끼게 하였다. 이외에도 다양한 장소에서 전문가를 초빙하여 드론강습, 이벤트 연출, 건축 디자인 활동, 바텐더 등 학생이 학교 밖에서 꿈을 키울 수 있는 교육 공동체를 실현하였다.

마을교육공동체가 원활하게 운영되려면, 지역의 강사, 주민뿐만 아니라 관공서의 도움도 함께 필요하다. N중학교 학생들은 동네 복지회관에서 진행하는 '마을 꾸미기'프로그램에 참여하여 마을을 좋게 바꾸기 위해 함께 회의를 하였다. 학교 근처 길거리에서 어른들이 담배를 피우는 경우가 많아 등하굣길에 학생들이 어려움을 겪었는데, 이를 해결하기로 한 것이다. 그래서 복지회관 선생님과 함께 금연 전단지를 만들어 손수 나누어 주는 활동을 하고 있다. B고등학교 학생들도 복지회관에서 운영하는 '꾸다'프로젝트에 참여해 마을 꾸미기 봉사활동을 전개하였다. 마을 작은 공원 쉼터가 오래되어 주민들이 쓰레기를 자주 버리고 가는 문제가 있는데 학생들이 이를 해결하기도 하였다. 학생들은 벽화를 그려 공원을 깨끗한 곳으로 바꾸기로 하였고, 마을에 사는 화가선생님의 도움을 받아 프로젝트를 진행하였다. 그렇게 학생들이 중심이 되어 마을 공원 쉼터에 벽화를 그리게 되었고 사회복지사와 마을에 계신 화가 등 마을구성원이 학생들을 도와 프로젝트를 마무리 할 수 있었다.

마을교육공동체는 학교 구성원의 인식전환과 함께 운영되기 시작했다. 마을에 정착해 살아가는 학생들이 삶에서 배울 수 있도록 모든 마을의 구성원이 교육의 주체로서 참여하는 것이다. 그래서 최근 교육혁신지구 선정과 함께 마을교육공동체가 더욱 활발해지고 있다. 하지만 많은 학교 현장에서는 마을교육공동체 사업을 운영하게 되면 큰 사업이라 생각해 부담을 느끼고 있다. 또한 학교에 소개된 마을교육공동체 우수사례집을 보면, 먼저 실시한 작은 마을학교의 사례가 주를 이루어 도시지역 학교에서 실시하기에 현실적으로 어려운 경우가 많다. 마을교육공동체사업을 담당하는 교사에게도 큰 부담으로 다가오는 문제도 있다. 하지만 학생의 삶 속에 배움이 일어나고 민주시민으로 성장할 수 있도록 교육의 공간이 학교에서 마을로, 구성원이 지역주민으로 확대되는 것이 이상적이다.

앞의 사례에서 살펴보았듯이 학교의 구성원이 교사, 학생, 학부모뿐만 아니라 마을주민들이 함께 참여하는 작은마을학교가 있다. 또한, 큰 도시지역에서는 각 시도교육청에서 지역에 맞게 찾아가는 꿈의 학교 등 학교와 지역의 특색에 따라 프로그램을 운영한다. 이러한 프로그램을 운영하면 교사의 부담을 크게 덜 수 있고 학생도 다양한 경험을 통해 성장할 수 있을 것이다.

4. 이상(理想)한 구성원은 왜 이상(異常)할까?

학교의 구성원에 대한 인식의 전환과 함께 교사, 학생, 학부모, 지역사회까지 하나의 공동체를 이뤄서 학생의 성장을 위한 학습생태계가 형성되고 있다. 하지만 위의 사례를 읽다보면, 의문점이 든다. '이게 우리학교에서 가능할까?', '이걸 내가 어떻게 해?', '우리 학교는 상황이 달라' 같은 생각이 떠오를 것이다. 구성원들과 모범적으로 소통하고 제도를 운영하는 학교가 이상적이지만 한편으로는 현실적인 어려움 때문에 이상하게 보이는 것이다. 현실적으로 어떤 어려움이 이상적 구성원을 이상한 구성원으로 보이게 만드는 것일까?

1) 아직 바뀌지 않은 인식

이상적인 학교의 구성원은 교사와 학생, 학부모 지역인사까지 모두가 함께 교육에 참여하여 지역과 마을을 교육생태계로 만드는 것이다. 하지만 여전히 학교라는 공간에서 교육을 담당하는 주체는 교사이며, 학생과 학부모는 수동적인 측면이 강하다. 지역인사는 학교교육에 큰 관심도 없는 상황이다.

첫째, 인식의 전환이 어려운 이유는 무엇일까? 첫째, 전통적으로 교육의 중심에는 교사가 있었다. 교육은 학생을 바르게 성장시킬 수 있도록 교사가 역할을 수행하는 것이라는 전통적 관념이 여전히 강하게 남아있다. 또한 현실적으로 학교의 행정 및 교육관련 업무를 교사가 담당하고 있으므로 교육의 중심에 교사가 있을 수 밖에 없다.

둘째, 인식 전환의 필요성이 잘 알려지지 않았다. 교육구성원으로 다양한 사람들이 참여하고, 함께 교육을 이끌어가야 학교라는 공간뿐만 아니라 마을에서도 학생이 성장할 수 있다는 생각이 아직 우리 사회에 널리 퍼지지 못하고 있다.

셋째, 학생들이 주인의식을 갖고 자율적, 자발적으로 활동할 수 있는 제도와 환경이 아직 미흡하다. 학생자치회를 통해 많은 활동을 하도록 권장하고 있지만, 여전히 학교운영과 규칙제정 등 주도권은 교사와 학부모에게 있는 경우가 많다. 학생들의 발언권은 조언 정도로 활용되는 학교가 많다. 학생들도 이러한 제도적 환경에 소극적으로 학교와 교육에 임하는 경우가 있다.

우리나라의 학교는 전통적으로 권위적이며, 교사 중심의 수업과 지도가 있었다. 이를 단번에 바꾸고 민주적, 개방적인 구조로 바꾸기는 어려울 것이다. 하지만 학생들의 성장을 위한 학습생태계를 형성하기 위해 인식의 전환을 시작으로 차근차근 구성원의 확대를 진행해야 한다.

2) 소통의 부재

학교의 구성원이 확대되며 개방적 민주적으로 공동체가 운영되기 위해서는 소통의 장이 매우 중요하다. 학교에서도 교육의 구성원들이 함께 모여 소통 할 수 있는 제도가 점점 마련되고 확대하고자 한다.

이러한 노력에도 불구하고 소통이 원활하지 않는 모습을 보인다. 그 이유로 첫째, 모든 구성원이 참여하는 장을 마련하기 어렵다. 현재 학교에서는 학교운영위원회, 학부모회, 학생자치회 등 교육의 구성원이 소통할 수 있는 제도가 있다. 하지만 최근 맞벌이 가정의 증가로 소수의 학부모만이 학교운영위원회, 학부모회 등의 활동에 참여하고 있다. 또한 학생자치회도 일부 학생들만으로 구성된 조직이다. 모든 구성원들이 함께 교육을 위해 얘기하고 토의 · 토론을 할 수 있는 장이 부족하다.

둘째, 학생에 대한 신뢰 부족이다. 학교의 주인은 학생이라지만, 실상 학생이 할 수 있는 것은 매우 제한적이다. 대토론회를 통해 학교규칙을 수정할 때, 학생들의 의견을 듣지만, 주도하지는 못한다. 이러한 배경에는 학생들에 대한 신뢰가 부족하기 때문이라 생각하다. 학생들이 해낼 수 있다고 생각하기 보다는 해내지 못할 경우를 더 염려하여 학생들에게 자율성과 주도권을 주지 못하고 있다. 이 점이 결국 교사와 학부모라는 어른과 학생들의 소통을 원활하게 하지 못하는 큰 이유가 된다.

셋째, 전문성의 부재이다. 학생을 교육하는데 교사 이외에 학부모, 지역인사는 자신들이 어떤 역할을 수행할 수 있는지 모르는 경우가 많다. 또한 역할을 해야 한다고 안내해도 어떻게 해야 하는지 몰라 수동적인 입장에서 참여하고 있다. 학생들도 학생자치회, 학급자치 등 자치문화가 운영된 역사가 짧다보니, 어떤 역할을 할 수 있는지 모르고 있다.

소통의 부재는 구성원들 간 신뢰를 무너뜨리고 갈등을 불러 일으킨다. 교육의 구성원들이 함께 교육의 목표를 달성하기 위해서 소통의 장이 지금보다 더욱 확대 및 내실화되어야 할 것이다.

3) 거대한 사업으로 느껴지는 마을교육공동체

마을교육공동체에 대한 연수와 관련 공문을 볼 때, 가장 먼저 드는 생각은 '우리학교에서는 어려워... 이게 가능할까?'였다. 대다수 교사는 마을교육공동체의 사례를 보면 적용하기보다는 이상적인 모습이구나를 넘어 우리 학교에는 어려울 것 같다는 생각을 한다.

왜 마을교육공동체는 거대하고 불가능하게 느껴지는 것일까? 그 이유로 첫째, 마을교육공동체에 대한 사례는 현재 정말로 소규모의 마을에서 이상적인 모습으로 운영되거나, 교육청의 지원을 받아 운영이 가능한 지역 중심으로 제시되기 때문이다. 그래서 마을교육공동체를 생각하면 큰 사업 또는 어려운 사업이라는 부담부터 든다. 둘째, 마을교육공동체가 도입된 기간이 아직 짧아 많은 사례가 공유되고 있지 않기 때문이다. 많은 학교와 교사들이 마을교육공동체를 위해 지역과 학교의 여건에 맞게 프로그램을 운영하고 있다. 하지만 마을교육공동체 담당자 간 교류가 활발하지 않아 운영을 하고 있거나, 하지 않고 있는 학교에서는 비슷한 학교의 운영 예시를 알기 어렵다.

마을교육공동체는 학생이 학교 안팎에서 성장할 수 있는 학습생태계를 조성하는 중요한 사업이다. 하지만 각 학교에서 마을교육공동체는 큰 부담으로 다가온다. 이러한 문제점을 극복하고 이상적인 학교의 모습을 만들 수 있도록 해야 한다.

CHAPTER 07

이상한 사회

1. 대학입시로 보는 대한민국

1) 입시 잔혹사

대한민국의 독특한 삶의 양식은 입신행도(立身行道) 양명후세(揚名後世)로 이해될 수 있다. 이는 출세하여 자신의 이름을 널리 알리다는 의미이다. 이러한 욕구는 『효경』에서 발로하여 부모에 대한 효 실천을 정당화하였지만, 현재 관점에서 자녀와 부모 사이의 계층 이동에 대한 열망으로 드러나게 되었다. 1990년대까지는 '출세'가 교육열의 주된 에너지였다면 그 이후는 '공포', 즉 내가 다른 사람보다 더 깊은 무저갱에서 벗어날 수 없다는 두려움, 그것이 교육열(혹은 학벌주의)의 근본이라고 진단하기도 한다(이범, 2021). 출세욕이든 탈공포심리이든 상관없이 교육은 현재의 모습을 변화시키기 위한 동력원임에는 확실하다.

교육열이 뜨거운 우리네 분위기에서 공교육을 비롯한 교육 자체에 거는 기대는 '위기지학(爲己之學)'보다는 '위인지학(爲人之學)'에 가까웠다. 자신의 인격 수양을 위한 부단한 노력의 공부가 아닌, 다른 사람과의 비교 경쟁에서 승리를 쟁취하기 위한 공부로 변질된 것이다. 교육의 형이상학적 요소와 이념적 가치는 문서 안에서만 노닐 뿐, 더는 교육 행위자의 욕구를 대변하지 못하고 있다.

이상적인 사회는 어떤 모습일까? 우리가 바라보고, 염원하는 사회 시스템의 궁극적인 이상향은 어디일까? 이상은 어디까지나 아이디어 수준에 그치어, 현실 상황이 '적당'하거나 '이상(異常)'함을 진단하는 도구 기능밖에 못 하는 것일까? 여기 이상한 사회의 민얼굴을 살펴보는 시도를 주목하라. 우리가 사는 사회의 얼굴에 깊게 팬 주름살은 마치 QR코드처럼 작동하여 교육 제도의 현주소로 인도하게 될 것이다. 이상한 사회를 관통하는 이상한 입시 제도의 발자국을 우선 살펴보도록 하자.

현재까지의 대한민국 입시제도는 정부 정책과 공교육 간의 길항작용으로 이해된다. 1962년 정부가 도입한 '대학입학국가자격고사제'는 대학들의 거센 반발로 2년밖에 시행되지 못했다. 이후 1964년부터 재개된 대학별 단독 시험제로 인해 '입시 지옥'이라는 표현까지 등장하게 되었다.

이러한 사회적 불만 사항을 누그리기 위해 1969년 '대학입학예비고사'가 도입되었다. 대학 입학 정원의 130%를 선발하면 대학별 '본고사'를 통해 입학하는 방식인데, '본고사'라는 용어는 이때부터 본격적으로 나오게 되었다. 다수 대학의 요청에 따라 예비고사 합격률을 180%까지 확대했다가 합격선 자체를 폐지하게 되었는데, 결국 대학별 단독시험으로 회귀하게 되었고, 입시로 인한 사회적 문제는 해결되지 못하였다.

1981년 좀 더 과감한 입시 개혁으로 대학 본고사를 금지하고 고등학교 내신성적과 예비고사 성적을 종합한 선발방식을 대학 측에 요구하게 되었다. 이러한 시도는 사교육을 조장하고, 공신력을 담보하기 어려운 대학 자체의 시험보다, 고등학교 내신성적을 적극적으로 반영하여 입시경쟁을 완화하기 위한 정부의 전략이었다. 이때부터 입시에서 내신이 중요한 요소로 움트기 시작했다. 예비고사는 앞서 말했듯이 자격 고사의 기능이 사라졌기에 1994년 대학수학능력시험으로 거듭나게 된다.

내신성적을 입시에 반영하려는 정부의 노력에도 불구하고, 그 효과는 크게 두드러지지 않았다. 내신성적의 30% 이상 의무 반영을 공고하였으나, 대학들은 실질적으로 내신성적을 거의 반영하지 않았다. 그리하여 대학별 본고사가 지속적으로 부활하였다. 1994년에 수능, 내신성적, 대학별 고사를 입시의 주된 전형자료로 활용하되, 내신성적을 40% 이상 의무 반영하는 내용을 고시하였다. 그러나 국어 · 영어 · 수학 중심의 대학 본고사의 영향력이 내신성적을 압도하였기에 고등학교 수업은 정상적으로 이루어질 수가 없었다.

1997년 '5·31 교육개혁안'에 따라 새로운 대입제도가 발표되었다. '학교생활기록부'를 고등학교 내신 입학전형의 주축으로 삼고, 수능 · 논술 · 학교장추천 · 면접 등은 대학 자율로 활용하되, 국어 · 영어 · 수학 중심의 대학별 본고사는 약화하려는 대입제도였다. 대학별 고사와 관련하여 사립대학은 자율에 맡기고, 국 · 공립대학은 금지했다. 대한민국 대학의 70%를 차지하는 사립대학의 대학별 본고사를 줄이기 위한 정책이었다. 정부는 본고사가 아닌 수능과 내신성적을 주축으로 하여 학생을 선발하려 하였으나 주요 대학들은 여전히 대학 본고사에 천착하였고, 논술과 면접은 교과 지식을 질문하는 방식으로 변칙적으로 운영하여 거의 대학별 본고사에 가까운 모습으로 실시되었다. 학생부는 역시나 형식적으로 반영되었을 뿐, 실질 반영률은 10%도 되지 않은 곳이 많았다.

2004년 학생부 중심의, 정부의 강력한 의지를 담은 대입제도가 공표되었다. 대학별 본고사, 고교 등급화, 기여입학 등을 금지하고, 학생부 성적과 수능 성적에서 등급만 사용하도록 하는 것이었다. 새로운 대입 전형에 대한 다수 대학의 거부와 사회적 공감대의 부족으로 인해 2008년 이명박 정부는 대입 전형을 '입학사정관' 중심의 대학 자율적 학생 선발 확대 방향으로 변경하게 되었다.

'한 줄 세우기 대신 여러 줄 세우기'를 근간으로 하여 1997학년도부터 도입된 수시모집 전형은 박근혜 정부 시절 전체 대입 전형의 75%에 도달하게 된다. 수시모집은 2013년 이후로 ① 학생부교과전형 ② 학생부종합전형 ③ 논술 전형 ④ 실기 위주 전형 등 4가지로 정형화되었고, 정시 모집은 2009년 이후로 '수능 위주 전형'으로 고착되었다.

구분 년도	대입 전형 반영 요소		
	국가	대학	고등학교
1969~1980	대학입학예비고사	대학 본고사	내신(권장)
1981	대학입학예비고사	–	내신
1982~1985	대학입학학력고사	–	내신
1986~1987	대학입학학력고사	논술고사	내신
1988~1993	대학입학학력고사	면접	내신
1994~1996	대학수학능력시험	대학 본고사	내신
1997~2001	대학수학능력시험	논술고사, 면접	학교생활기록부
2002~2007	대학수학능력시험	논술고사, 면접 등	학교생활기록부
2008~	대학수학능력시험	논술고사, 면접, 적성고사 등	학교생활기록부

대입제도의 변천 과정(대입제도개선연구단 1차 연구보고서)

대학의 학생 선발권은 국 · 영 · 수에 얽매여 있었다. 그것은 분명 우수한 학생들을 뽑기 위한 고육책이었지만, 공교육에 미치는 대학의 영향력을 남용했다는 의심을 지우기 어렵다. 즉, 지난 입시의 민낯은 학생 선발권을 가진 대학의 주도권을 정부의 교육 정책으로 관리하기 매우 어려웠다는 것이다. 그사이에 낀 존재인 학생과 학부모의 혼란과 고통은 이루 말할 수 없었다. 정부의 입시 정책은 시대적 상황과 사회적 요청 그리고 각 교육 주체들의 가치들로 구성되기 때문에 만들어지기도 어렵고, 현장에 정상적으로 안착하는 것은 더더욱 힘든 일이다. 우리네 입시의 개괄적인 근대사를 통해 무엇을 반추해야 할까?

소홀히 다루고 함부로 여겼던 가치들에 대한 구호 활동을 제기해야 한다. 첫째는 입시와 교육은 결이 다르다는 것이다. 입시는 상급 학교 진학을 위한 상대적 경쟁 선발을 전제하는 개념이다. 이는 상대평가를 통해 효율적이고 객관적인 한 줄 세우기를 유행시켰던 지난 날의 모습을 본다면 충분히 공감이 갈 대목이다. 2004년 대입제도를 변경하기 전까지만 하더라도 대학별 본고사와 고교 등급화는 암묵적인 상식과도 같았다. 들쭉날쭉한 고교내신 값을 수능 점수로 보정한 고교 등급화와 그것마저 믿을 수 없어 대학 자체로 시험을 마련했던 본고사는, 고등학생이 몸담고 있던 교실의 풍경을 의미 없는 공간으로 만들어 놓았다. 왜냐하면, 고등학교의 수업과 입시의 코드는 같지 않기 때문이었다.

둘째, 그런데도 입시와 교육을 연결해야 한다는 것이다. 입시와 교육이 이질적인 성격이지만 분명 중첩된 영역도 존재한다. 입시에서의 학생 선발권은 상대평가와 친밀하지만, 교육에서의 학생 평가는 상대평가보다 학생들의 성장과 성취에 주안점을 둔 절대평가에 중점을 두고 있다. 물론, 고등학교 내신성적도 수능과 동일한 상대평가의 9등급제를 활용하고 있어서 [입시=상대평가, 교육=절대평가]라는 도식은 비난받을 수도 있을 것이나, 과거 입시 제도의 흐름을 살펴본다면 어느 정도 수긍할 수 있을 것이다. 문제는 입시 제도가 겉으로 볼 때 입시와 교육을 동일 선상으로 놓은 것처럼 진행했다는 것이다. 입시와 교육이 이념상 동류에 속하나, 행정상 주종관계를 형성함에 따라 고등학교를 비롯한 공교육이 입시라는 거대한 패러다임에 종속되는 현상이 정당화되어 왔다. 입시와 교육의 잘못된 만남을 깨뜨릴 수는 없을까? 입시와 관련하여 최근까지 논란의 중심에 있었던 학생부

종합전형을 통해서 입시와 교육의 현주소와 나아갈 바를 살펴보도록 하자.

2) 그놈의 학종

입시와 교육의 높낮이를 조정할 새로운 친구를 소개해야겠다. 그 친구의 이름은 '학생부종합전형(이하 학종)'이다. 학종은 입학사정관전형에서 비롯되었다. 앞서 말했듯이 2008년 이명박 정부는 대입 자율화를 명목으로 입학사정관전형의 비율을 대폭 늘렸다. '여러 줄 세우기'를 위한 훌륭한 입시 모델이었던 입학사정관전형은 교과 활동과 함께 비교과 활동도 중요하게 평가했다. 그런데 이 비교과 활동에서 소위 말하는 엄마, 아빠 찬스를 적극적으로 활용하여 사회적 공분을 산 경우가 속출하였다. 고등학교 학생이 연구논문을 학회에 게재하는 일이 어디 쉬운 일인가? 하물며 금수저의 재력으로 구입한 것이나 마찬가지인 각종 외부 시험 성적은 더는 공정한 자료가 될 수가 없었다. 이명박 정부는 이러한 비공식적인 학교 밖 실적을 대입에서 배제하도록 하였다. 그리고 박근혜 정부 첫해인 2013년에 학생부종합전형이라는 현재 명칭을 부여받게 되었다. 그런데 참 이상하다. 입시와 교육의 왜곡된 서열을 해결하기 위한 요청된 학종은 그 순기능은 고사하고 공정성 측면에서 온갖 수모를 겪었다. 존재 자체의 교육적 의도가 의심받는 상황이었다. 학종은 도대체 어떤 녀석일까? 학종의 뼈아픈 흑역사를 살펴보자.

여러 가지 수시전형에서 특히 학종에 대한 원성과 불만이 곳곳에서 터져 나오기 시작했다. 첫째 이유는 내신성적뿐만 아니라 '자동봉진'으로 대표되는 비교과 활동을 챙기는 것이 여간 힘든 일이 아니기 때문이었다. 학업역량과 전공적합성을 갖춘 인재임을 인정받기 위해서는 3년 동안(엄밀하게 말하면 5학기 동안)의 우수한 내신과 동아리 활동에서의 지속적인 탐구 활동 및 리더십 등을 드러내야 하고, 진로와 관련된 독서 활동 및 수상 경력 등의 세팅이 필요하다. 그리고 인성 파탄자가 아님을 증명하기 위해서 봉사시간도 충분하게 준비해야 하는 센스! '스펙이 아니라 스토리'라는 학종의 트렌디한 구호에 따라 9월만 되면 고3은 자기소개서를 적기 위해 소설가로 변신해야 한다. 마지막 관문을 통과하면 학종의 비율이 높은 서울 상위권 대학에서 자신의 이름을 부를지도 모를 희망에 잠깐 흐뭇하리라.

이렇듯 학종은 준비할 것이 많다. 그 말은 사교육의 손길에 쉽게 노출된다는 뜻이기도 하다. 얼마 전 방영된 스카이캐슬이라는 드라마에서 '코디'로 대변되는 입시 매니저의 활약을 본다면 가벼운 지갑을 가진 서민들은 자괴감에 빠질 것이다. 실제로 2016년 8월 송기석 국회 의원이 조사 자료에 따르면 학부모들은 학종이 상류 계층에게 더 유리한 전형이며(77.6%), 사교육비 경감에 이바지하지 못한다고(66.3%) 답했다. 그러나 이범(2021)에 따르면 실제 상위권 대학의 정시 입학자와 학종 입학자를 비교하면 특목고와 자사고 출신이 차지하는 비율은 서로 비슷하고, 수도권 출신과 고소득층 비율은 학종보다 정시에서 더 높게 나타난다고 한다. 즉, 사회의 시선과 달리 학종은 경제적으로 여유로운 사람들이 수능보다 더 선호하는 전형은 아니라는 것이다.

둘째, 학종은 공정하지 못하다는 이유다. 학종에 대한 공정성 담론의 주된 공격 포인트는 바로, '불신'이다. 특히 학종의 비교과 영역(교과영역의 세부특기사항을 포함해서)인 자율활동, 동아리활동, 봉사활동, 진로활동, 수상실적 등은 도대체 믿을 수 없다는 것이다. 몇 년 전 광주의 모 고등학교에서 학생부 조작 사건이 발생하였다. 과목별 세부특기사항 기록 · 수정 권한이 없는 학년 부장교사가 교장의 지시에 따라 우수 성적 학생들의 내용을 수정하였던 사건이다. 비단 그뿐만이 아니다. 될 성 싶은 몇몇 아이들의 등급을 고르게 나누기 위해서 지필고사를 지나치게 어렵게 출제한 경우나 상위권 학생들이 대회 수상에서 좀 더 유리한 결과를 받게 되는 경우도 많이 들어

보았을 것이다. 물론 학생부의 두께와 무게로 당락이 결정되었던 시절도 있었다.

이러한 사건의 흔적들이 불과 5년 전 정도의 일임을 고려할 때, 현재의 학생부 기재요령 및 대입 반영 사항은 현실적이고, 공정한 기준을 제시하고 있는 편이다. 즉, 정부에서도 대입 공정성 강화방안으로 그동안 쓴소리를 들어왔던 비교과 영역의 대입 반영 비율을 줄이도록 한 것이다. 고등학교 학생부 신뢰도 제공방안 및 대입제도 공정성 강화방안에 따른 학생부 주요 항목 변경 사항은 아래와 같다.

<table>
<tr><th colspan="2">구분</th><th>2021학년도 고2~고3</th><th>2021학년도 고1</th></tr>
<tr><td colspan="2">교과활동</td><td>* 방과 후학교 활동
내용 미기재</td><td>* 방과 후학교 활동(수강)
내용 미기재
* 영재 · 발명교육 실적
대입 미반영</td></tr>
<tr><td rowspan="5">비
교과
영역</td><td>동아리
활동</td><td>* 자율동아리는 연간 1개
(30자)만 기재
* 청소년단체활동은
단체명만 기재
* 소논문 기재 금지</td><td>* 자율동아리 대입 미반영
* 청소년단체활동 미기재
* 소논문 기재 금지</td></tr>
<tr><td>봉사
활동</td><td>* 특기사항 미기재
* 교내 · 외 봉사활동
실적 기재</td><td>* 특기사항 미기재
* 개인봉사활동 실적 대입
미반영</td></tr>
<tr><td>진로
활동</td><td>* 진로희망분야 대입 미반영</td><td>* 좌동</td></tr>
<tr><td>수상
경력</td><td>* 교내수상 학기당 1건만
(3년간 6건)</td><td>* 대입 미반영</td></tr>
<tr><td>독서
활동</td><td>* 도서명과 저자</td><td>* 대입 미반영</td></tr>
</table>

2021학년도부터 고등학교에서 자율동아리 내용이 기록될 수 없고, 수상실적도 학기당 1개씩만 대입에 반영되며, 나아가 2024학년도 대입부터 (2021학년 고등학교 1학년부터) 학종에서 비교과 영역이 많은 부분 제외되는 방향으로 수정되었다. 이러한 방향은 그동안 학종의 폐해가 컸음을 인정하는 것이지만, 한편으로는 학종의 긍정적 기여도 부정할 수 없음을 드러낸 것이라 보인다. 결국에는 또다시 교과 성적과 교과 세특으로 돌아가 버리게 된다. 이는 학종이 처음에 출발하면서 풀고자 했던 문제로 다시 회귀하게 되는 것이다.

그렇다면 학종의 긍적적인 효과는 무엇인가? 고등학교 수업 현장에 살아있는 바람을 불어 넣은 것이 가장 클 것이다. 학종 이전 고등학교 수업 현실을 돌이켜 보자. 어느 학교에서나 동일한 강의식으로 수업이 진행되었던 그 모습 말이다. 특히나 고3이 되면 EBS 연계교재로 거의 모든 수업이 채워졌던 획일적인 수업 공장의 장면이 연출되었던 과거의 모습. 물론 학급당 인원수가 과했기 때문에 새롭고 다양한 활동 중심의 수업을 엄두도 내지 못한 정황도 있으리라.

또한, 입시에서 핵심 키워드인 수능을 무시할 수 없는 교육현장에 대한 애로사항도 모르는 바는 아니다. 그러나 수능의 영향력이 수시 전형에서 '최저기준'으로 하향되어 갈 때, 수업에 대한 변화의 요구를 더는 무시할 수 없게 되었다. 즉, 학생이 변화하고 성장하는 지점을 포착하기 위해서는 학생 중심, 활동 중심의 수업 개선이 이루어질 수밖에 없었다. 학생의 개별 활동을 '기록'하기 위해서는 강의식 수업보다 토의·토론, 발표 등 학생의 개성을 담을 수 있는 수업 방식을 선호하게 된 것이다. 수업의 개선은 곧 교육의 가치를 재건하는 것과 같았다. 이것이 바로 학종이 입시와 교육의 변질된 관계를 회복시킨 부분이다. 학종은 고등학교 교육과정을 정상화하는 데 크게 이바지한 것이다. 다음으로 학종을 둘러싼 근자의 대입 논쟁사를 살펴본다면 입시와 교육의 관계를 더 면밀하게 파악할 수 있을 것이다.

3) 대입 논쟁

최근 발생한 대입 논쟁과 관련된 일지를 요약하면 아래와 같다.

일 자	내 용
2017년 3월	문재인 대선 후보, 수시 비중 단계적 축소 발언
2017년 8월	교육부 수능 개편안(1안, 2안) 발표 후 대입제도 개편 1년 연기 결정
2018년 4월	대입제도 공론화 착수, 수능과 학종 대결 양상
2018년 8월	대입 개편안 발표, 정시 비중 30%로 상향, 학종 비교과영역 축소
2018년 9월	서울 모여고 시험지 유출 의혹 사건 발생
2019년 1월	대입 경쟁을 소재로 한 스카이캐슬 최고 시청률 기록
2019년 8월	조국 법무부장관 후보자의 딸 입시 비리 의혹 사건 발생, 학종 비판 심화
2019년 10월	문재인 대통령, 정시 비중 상향 발언
2019년 11월	'대입제도 공정성 강화방안' 발표, 서울 소재 상위 16개 대학 정시 비중 40%로 상향, 학종 비교과 전면 삭제

2017년 8월 초에 정부는 수능 개편안을 안내하겠다고 예고했다. 수능 개편안은 아래처럼 두 가지였다.

> * 1안 : 국어 · 수학 · 탐구 상대평가 유지, 영어 · 한국사 · 통합사회 · 통합과학 · 제2외국어 절대평가
>
> * 2안 : 전 과목 절대평가

당시 김상곤 교육부 장관은 청와대와 여당의 견제로 인해 두 가지로 들고 나올 수밖에 없었다고 한다. 이에 대해 이범(2021)은 수능 개편안보다 학종에 대한 개선안이 먼저 나왔어야 했다고 주장했다. 만약 그랬다면 학종에 대한 불만과 문제점을 개선하여 나머지 입시 제도인 수능 개편안에 대한 논의가 훨씬 자연스럽게 연출되었을 것이기 때문이다. 학종에 대한 사회적 저항감은 여러 이슈를 통해 배가되었다. 일부 고등학교 내신성적에 대한 불신과 그것을 소재로 하여 만들어진 자극적인 드라마의 유행 그리고 조국 사태는 학종을 사회적 적폐로 규정하기에 이르렀다. 특히나 조국 사태로 인해 입시에 대한 모든 불만 사항이 수시 전형으로 향하게 되었다.

학종에 대한 당시 확인된 문제 상황을 살펴보면 다음과 같다. '대입제도 공정성 강화방안'에 따르면 학생부종합전형의 불공정 요소 3가지를 확인하였다고 한다. 첫째, 학종 운영과정에서 고교 프로파일 등을 통해 출신고교의 영향력이 발생할 여지가 있었고, 전형자료가 10분 내외로 평가되는 부실 운영의 정황이 포착되었다는 것이다. 둘째, 학종 운영기반과 관련하여 평가요소 및 배점기준 등 평가정보가 투명하게 공개되지 않았고, 입학사정관의 전문성 확보가 부족했다는 것이다. 셋째, 학종의 선발결과와 관련하여 특목고, 자사고, 일반고 순서로 서열화된 고교체제가 학종 선발결과에 나타났다는 것이다. 이러한 문제점을 차단하기 위해서 학생부 모든 영역에서 고등학교 이름과 학교를 유추해낼 수 있는 특정 지명 등을 기록하지 않도록 하는 방식이 도입되었고, 2020년 하반기 고등학교 2, 3학년들의 학생부를 매뉴얼에 따라 정정하게 되었다.

많은 사람이 관심을 가지는 이슈에 대해 대통령을 비롯한 정치인들은 발 빠르게 대응했다. 공정성 시비로 들썩이는 학종을 비롯한 수시 비율을 줄이고, 그나마 객관적인 수능 정시 비율을 높인다는 목소리로 말이다. 수시를 줄이는 것이 사회적 요구에 맞는 적절한 대처였을까? 이에 대해 대입제도 개선연구단(1차 보고서)은 대입전형 구조 개편에 있어서 수시와 정시 전형의 비율문제는 결코 핵심의제가 될 수 없다고 하였다. 고등학교 교육과정의 정상화는 고등학교 3학년 2학기 수업을 살리는 것과 관련되고, 이것은 수시냐 정시냐 등의 이분법적인 도식에 따라 해결될 수 있는 문제가 아니기 때문이다. 고등학교를 입시학원쯤으로 치부하는 사회적 인식을 타파하고, 고등학교 교육의 본질을 회복하기 위해서는 대학입시의 압박에서 벗어나야만 가능하다. 그것은 곧 고등학교의 정상교육이 완료되는 지점에서 입시가 시작되어야 한다는 뜻이다. 이런 맥락에서 본다면 9월의 수시와 12월의 정시로 나누어진 유형이 통합되는 방향으로 개편되는 것이 핵심의제로 볼 수 있다.

학종에 대한 반대급부로 수능의 영향력이 강화되는 꼴이 되었다. 수능은 2004학년도까지 과목별 원점수를 표시하였다. 2005학년도 수능부터 원점수는 기재되지 않고, 표준점수, 백분위, 등급 등의 상대평가 지표들만 표시되고 있다. 물론, 한국사와 영어 과목은 절대평가(등급제)로 표시되고는 있다. 2017년 8월에 교육부에서 수능 개편안으로 2가지를 제시하였던 것을 기억할 것이다. 일부 과목을 절대평가를 할 것인가 아니면 모든 과목을 절대평가 할 것인가였는데, 요지는 대입에서 수능의 영향력을 줄이기 위함이었다. 그러나 일련의 사건들로 인해 불공정한 학종의 대안으로 수능이 주목을 받기 시작하여 오히려 수능의 대입 영향력이 강화된 것이다.

공정성을 어떻게 바라보아야 하는가? 불법적인 사건으로 인해 학교성적을 피해 보았다면, 부모의 재력과 영향력으로 인해 입시에서 상대적 불이익을 경험했다면, 그로 인해 사회적 신분 상승의 기회를 놓쳤다면, 그 좌절감은 청년들의 마음을 분노하지 않을 수 없게 만들었을 것이다. 공정성에 대한 감수성은 문재인 정부의 '기회는 평등하게, 과정은 공정하게, 결과는 정의롭게'라는 슬로건에 대한 배신감에서 시작되었을 것이다. 비정규직의 정규직화는 단순한 문제가 아니다. 인천국제공항의 2,143명의 비정규직 직원을 자사 직원으로 직고용한다는 방침이 발표되자, 수많은 취업준비생은 비정규직으로 있다가 정규직으로 되는 그 과정이 공정하지 못하다는 이유로 상대적 박탈감을 느끼게 되었고, 청와대 국민청원까지 오르게 된 사건을 기억하고 있을 것이다.

한정된 재화를 얻기 위한 올바른 경쟁 과정을 요구하는 목소리일 것이다. 상위권 대학을 선호하는 것, 취업 시장에서 유리한 입지를 다지기 위한 진학 등의 욕구는 도덕적으로 비난해서는 안 될 것이다. 사회적 계층 이동에 대한 기회마저 제공되지 않는다면, 좀 더 나은 삶을 지향하는 인간의 자연적인 욕구가 충족될 수 없고, 이것은 곧 개인과 사회의 불안 요소로 작용하게 될 것이다. 그래서 4차 산업사회를 운운하는 작금의 현실에서도 경쟁은 불가피하고 자연스러운 사회적 현상으로 간주되고 있다. 중요한 것은 경쟁 자체가 터부시되는 것이 아니라 모든 이들이 이해할 수 있는 경쟁의 '과정과 결과'의 보장일 것이다. 그것은 공정성에 대한 사회적 담론에서 찾을 수 있다.

공정성에 두 가지 의미가 있다고 한다(이범, 2021). 형평성과 비례성이다. 형평성은 결과의 평등의 다른 표현이고, 비례성은 결과가 업적에 비례해야 공정하다는 것이다. 이렇게 본다면 학종은 형평성이라는 공정성을 상당 부분 지키는 전형일 것이다. 학종 입학자의 저소득층 · 비수도권 학생들의 분포가 수능 입학자의 그것보다 더 많이 나타나고, 이것은 곧 대입의 '균등 선발효과'를 뜻하기 때문에 형평성을 이루었다고 볼 수 있다.

그렇다면 수능은 불공정한 것일까? 아니다. 비례성의 논리에 따라 학생의 노력 여하를 객관적으로 판별하기 위해서는 국가 수준의 시험 문항이 확보되어야 하는데, 그것이 바로 수능 시험이다. 수능 문항을 통해 자신이 다니는 학교 교육과정의 성격과 교사 수준에 상관없이 학생의 실력이나 노력을 수치화할 수 있는 것은 비례성과 기회의 평등을 보장하는 것이라 볼 수 있다. 즉, 공정성의 프레임에 갇혀 양자택일의 사고와 정책에 내쫓기는 것이 아니라, 학종과 수능 모두 공정성의 특징을 저마다 가지고 있다는 것을 우선 인정하는 것이 중요할 것이다.

사회적 구성원 모두를 만족시키는 대입 정책은 거의 불가능하다고 본다. 교육 주체별 다른 이해관계, 정치적인 전략 및 이념 차이, 정부 기관 및 다양한 사회 조직 간의 복잡한 의사소통과정 등의 문제로 입시문제를 쉬이 해결할 수 있는 묘안을 찾기가 어렵기 때문이다. 청년들이 외치는 공정성의 구호를 단지 이기적인 욕구에서 표출되는 대중 심리로 격하시켜서는 안 된다. 그네들도 우리도 충분히 알고 있다. 규범적 역할을 담당하는 '이상적인 사회'의 모습이 현실에서 구현되는 것이 얼마나 어려운 일인지를 말이다. 입시와 교육에 대한 이상(異常)하리만큼 이상(理想)적인 가치에 전력투구하는 것은, 그만큼 우리 사회가 공정하지 못하다는 것과 그 속에서 청년들을 비롯한 아직 기틀을 마련하지 못한 세대들이 심리적 · 사회적 통증을 느끼고 있음을 드러낸다. 이러한 현상에 대한 원인은 무엇인가? 입시와 교육에 지대한 영향을 끼쳤던 사회적 분위기와 대표적인 교육 정책을 살펴보도록 하자.

2. 대한민국 사회와 교육

1) 노동 같은 학습

한국 사회에서 노동은 자기 존재를 증명하는 고유의 방식으로 정착되었다. 일과 노동은 자신의 존재 이유이자 목적이며, 출생과 사망 사이에서 인간의 인간다움을 규정하는 절대적인 준거인 셈이다. 근로시간 단축 정책 시행과 휴식이 있고, 저녁이 보장되는 삶을 대대적으로 홍보하는 요즈음을 본다면, 여태까지의 한국 사회의 모습이 자기 착취적 노동을 강요했던 피로 사회의 모습이었음을 짐작하게 한다. 제때 퇴근하는 것, 휴식을 보장하는 것, 근로시간의 상한선을 규정하는 것이 그동안 '비효율'의 논거로 정당화되어 왔었다. 쉼과 휴식은 저 어딘가에 있는 이데아적 속성으로, 허영과 사치 혹은 비현실적인 도덕법칙으로 현실 밖에서 겉돌고 있었다.

피이퍼(Pieper, 1951)는 노동자들은 언제든지 행동할 수 있도록 근육이 팽팽하게 긴장되어 있고, 아무것에도 걸리는 것 없이 고통받을 자세를 갖추고 있으며, 실용적인 목적을 달성하기 위하여 합리적으로 계획된 사회적 유기체 속에 완전히 매몰되어 있다고 보았다. 이런 관점에서 본다면 쉼과 여가는 태만, 나태, 게으름일 것이다. 일과 노동의 패러다임은 노동자의 노동처럼 학생에게 학습을 요구하게 되었다. 일반인들은 노동자로서의 삶을 요청받았다면, 학생은 학습자로서의 사회적 지위로 살아가기를 강요받고 있다.

교육에서 쉼을 노골적으로 언급한 문서를 본 적 있는가? 교육기본법을 비롯한 각종 교육 문서(국가수준의 교육과정)를 살펴보면, 쉬는 시간이 10분 정도라는 문구 말고는 찾기 어렵다는 것을 알 것이다. 학생 인권 조례에서 학생의 휴식권을 보장하고 있으니 그나마 다행스러운 일이다. 그만큼 대한민국의 교육은 학생들의 휴식, 쉼에 대해서 상당히 인색하였다. 무엇 때문에 교육에서 '쉼'은 용인되지 않았던 것일까? 그것은 우리의 관심이 오직 학생의 '성장'에 있었기 때문이다. 현대 사회에서 '근면'과 '성실'이 노동자들의 미덕인 것처럼, 교실에서 학생들의 미덕 또한 '근면'과 '성실'이 탑재된 '학습'과 '성장'이었던 것이다.

아마도 현재의 교육적 풍토를 '배움을 위한 배움'이라고 불러야 할 것이다. '학습자 중심의 수업', '학생의 배움이 있는 수업'이라는 표어는, 교사의 가르침 중심의 일방적 '강의식 수업'에 대한 반작용으로 등장하였지만,

'학습자의 배움'이라는 도식으로 인해 '학습함' 자체에 매몰되어 학습자인 학생을 소외시키는 경우를 초래하였다. 이러한 '배움을 위한 배움' 속의 학생은 마치 피로 사회에서 자기 파괴적인 착취를 당하고 있는 현대 근로자들의 모습을 연상시킨다. 피로 사회를 극복하기 위한 대안으로 '사색하는 삶'을 제시(한병철, 2013)하였는데, '배움을 위한 배움'을 개선하려는 방법으로 무엇이 있을까? 그 대안은 '쉼'의 가치에 있을 것이다.

'가톨릭 철학자로서 사상의 기반을 플라톤, 아리스토텔레스, 그리고 스콜라 철학자들에게 두고 있는(Pieper, 김진태 역, 2011)' 피이퍼는 현대 사회를 '노동 제일주의 사회 또는 총체적 노동의 사회(Pieper, 이홍우 역, 2005)'로 규정한다. 피이퍼(Piper)의 관점으로 본다면 현대 사회에서 노동은 인간의 모든 영역을 점령하고 있다. 노동은 인간의 삶을 설명하고 규정하는 강력한 규준이 된다. 노동을 통한 인간 존재의 의미를 확보하려는 일체의 활동을 장려하고, 권장하며, 정당화한다. 이런 의미에서 본다면 노동이 핵심요소인 현대 사회에서, 일반적인 쉼의 의미는 오히려 상식에 가깝다. 즉, 현대 사회에서의 쉼은 노동이 부재한 것으로 규정되는 것은 당연한 일로 보인다.

그러나 피이퍼(Piper)는 쉼에 대해서 다른 태도를 보인다. 피이퍼(Piper)는 '쉼(leisure)'이 그리스어로 'σχολη', 라틴어로 'schola'에서 유래된다고 주장한다(Pieper, 이홍우 역, 2005). 즉, 스콜레와 2022년 1월 6일는 '쉼(leisure)'의 어원이다. 그리고 일은 이러한 '쉼 없음'을 의미하는 '아스콜리아(ascholia)'로 정의되는데, 고대 그리스에서 '일'을 지칭하는 직접적인 단어는 없었고, 단지 '쉬지 않음'의 상태란 뜻으로 규정된다고 한다. 즉, 쉼을 통해서 일이 설명된다. 주목할 부분은, 일반적인 쉼은 노동이 쉼보다 선행되는 개념이었으나, 피이퍼가 말하는 쉼은 오히려 쉼이 노동보다 앞서는 개념이라는 것이다. 아리스토텔레스의 '우리는 쉼을 갖기 위해 쉼 없이 바쁘게 움직이며

(Aristotle, NE: 1177b)’라는 문장은 쉼에 의해서 규정되는 노동, 즉 쉼과 쉬지 않음의 상태로 인식되는 당시의 ‘쉼-노동’의 관계의 특징을 드러낸다. 이들에게는 쉼에 앞서 노동이 존재하는 것이 아니라, 노동(쉬지 않음)에 앞서 쉼이 존재하였던 것이다.

교육의 영역으로 돌아오면, 쉼의 가치를 통해 학생의 학습함을 규정해야 함을 긍정하게 될 것이다. 쉼의 가치의 토대 위에서 학습의 모든 과정을 인코딩하는 것. 학생의 학습성취와 성과 그 자체만을 목적으로 삼는 것이 아니라, 본질적인 쉼과 안식의 차원에서 인간인 학생의 인생과 일련의 행위를 구체적으로 조망하는 것. 우리가 그동안 교육에서 간과하고 있었던 것이 아닐까? 비단 교육뿐이겠는가? 삶의 전 영역에서 미처 생각하지 못하고 있었던 것이 아닐까?

2) 5.31 교육개혁방안

1995년 5월부터 1997년 6월까지 총 4번의 교육개혁 방안이 발표되었다. 이 교육개혁을 흔히 ‘5.31 교육개혁방안’이라 부른다. 이 개혁방안은 김대중, 노무현 정부에서 공식적으로 승계하여 실천되었고, 개혁의 큰 방향은 현재까지도 유지되고 있다. 5.31 교육개혁방안의 주된 내용은 다음과 같다(김신일, 2017).

*학습자 중심 교육

교육공급자인 학교 및 교원과 교육행정기관의 편의중심 교육으로부터 학습자 중심의 교육으로 전환한다. 교육공급자 간에 다양한 교육 프로그램의 경쟁을 통해 교육수요자인 학생과 학부모의 교육선택권을 확대한다.

*교육의 다양화

종래의 획일적이고 서열화된 교육에서 벗어나 다양한 교육프로그램과 특성화된 학교를 설치 · 운영함으로써 학생의 잠재능력, 창의력 및 인성이 함양되도록 한다.

*자율과 책무성에 바탕을 둔 학교운영

규제와 통제중심 교육운영으로부터 벗어나 개별학교의 자율과 책무성 중심의 교육운영으로 전환하고, 학부모 및 학교 관련 인사의 자발적 참여에 의해 학교가 효율적으로 운영된다.

*자유와 평등이 조화된 교육

모든 사람이 자신의 잠재능력을 최대한 계발할 수 있는 자유의 영역이 보장됨과 동시에, 교육적으로 불리한 위치에 있는 사람에게는 그 불리한 것을 극복할 수 있도록 형평의 장치가 마련되어 교육의 수월성이 확보된다.

*교육의 정보화

첨단 멀티미디어 정보통신기술을 활용하여 누구나 시간과 공간의 제약을 받지 않고 원하는 교육을 받을 수 있는 21세기형 열린교육의 실시된다.

*질 높은 교육

학교와 교원, 그리고 학생에 대한 객관적이고 엄정한 평가체제와 견실한 재정지원, 서비스 위주의 교육행정 등의 종합적인 지원체제를 통하여 교육의 질을 제고한다.

1995년 5.31 교육개혁안 발표 이후 학교 현장에는 많은 개혁 조치가 이루어졌다. 인상적인 구절은 학생과 학부모의 선택권을 보장한다는 부분이다. 교육의 다양화와 학교의 특성화 추구도 수요자의 선택권을 확대하겠다는 취지로 해석된다. 교육 주체인 교원과 학교 자체보다 교육 서비스를 받는 학생을 중심으로 한 학습자 중심으로의 패러다임의 전환도 눈여겨볼 만하다. 자율과 책무성은 지방교육자치의 실현, 교육기관의 자율 확대, 교사 전문적 자율성 보장과 관련된다. 그러나 이러한 자율과 책무성은 안타깝게도 '상호 경쟁'을 통한 성장을 일컫는다.

5.31 개혁안의 특징(김신일, 2017)은 첫째, 교육의 개념을 확대한 것이다. 전통적인 학교교육을 탈피하여 산업교육과 기술훈련도 교육 개념에 포함했다. 학습자는 더는 학교의 학생만을 뜻하는 협의의 개념이 아닌 것이다. 둘째, 교육법 체계를 개편하였다. 「교육법」을 「교육기본법」으로 개편하여, 그 아래 「초 · 중등교육법」, 「고등교육법」을 제정하였다. 셋째, 교육운영의 기본 철학을 자율운영방식으로 전환하였다. 넷째, 국 · 영 · 수 위주의 대학별 고사를 폐지하고, 학생부를 중심으로 하는 입시제도 개혁을 제시하였다. 다섯째, 학생 간 경쟁 심화가 아닌 교사 · 교수들 간의 경쟁을 강화하는 방향으로 바꾸려고 하였다. 5.31 개혁안은 이러한 핵심가치를 담고 있었으나, 신자유주의적 가치로 교육을 재단했다는 비판을 받게 되었다.

신자유주의적 교육 정책은 교육을 생산과 소비라는 시장적 관계로 보면서, 시장경제 원리를 새로운 교육 원리로 내세웠다. 이러한 접근은 지금까지 공교육을 움직여 왔던 교육원리 자체의 변화를 가져오게 되었다. 5.31 교육개혁방안은 교육개혁으로 인적 자원을 성장시켜 국제 경쟁력 강화를 교육의 목적에 두는, 신자유주의 논리를 전제로 한 시도였다.

신자유주의 교육개혁의 문제는 무엇인가? 그것은 바로 교육의 가치와 현장성을 상품영역으로 전락시켰다는 것이다. 교육 주체들의 생태계를 단순한 상품 관계로 변질시킨 것이다. 신자유주의적 접근의 교육개혁이 학교 현장의 경직성을 어느 정도 줄인 것은 사실이지만, 경제적인 효율성과 교육의 수월성만을 지향하는 정책은, 교육의 가치를 담보하지 못하는 경제 중심주의라는 비판을 받을 수밖에 없을 것이다.

모든 초중등학교를 비롯하여 고등교육인 대학교까지 포함하는 공교육이 나아가야 할 방향은 어디인가? 신자유주의적 접근은 시대적 요청이고 무소불위의 힘으로 교육 시스템을 재단하는 절대 가치가 되어야 하는가?

아닐 것이다. 공교육은 그 말에서 유추할 수 있듯이 공공성을 갖추어야 한다. 이에 장일순(2005)은 다음과 같이 설명하고 있다. 첫째, 공공성은 국가, 사회는 인권이자 사회권으로서의 양질의 무상교육을 공평하게 보장해 주어야 한다는 것이다. 둘째, 절차로서의 공공성은 교육의 민주화를 의미한다는 것이다. 셋째, 교육의 내용, 방법으로서의 공공성은 교육은 모든 아동과 청소년의 참된 인간화를 지향하고 개발하는 것이어야 함을 의미한다는 것이다.

그러나 신자유주의적 교육 접근은 시장 중심의 좀 더 나은 성과만을 지향하며 교육에 대한 국가의 본질적인 책임을 회피하게 한다. 상품을 거래하는 행위의 전이로 인해, 교육을 더는 잠재된 능력을 끌어내는 것이 아닌, 교육적 행위와 성과를 시장에서 거래하는 하나의 모듈과 같은 상품으로 여기게 될 것이다. 이러한 영향력은 현재에도 고스란히 남아있다. 시장 자본주의적 교육 정책의 철학은 본질적 가치를 견지하여 신중하게 그 변화를 시도해야 할 것이다. 우리들의 교육에 경쟁이 부재해서 문제인 것인지 아니면 경쟁의 과잉으로 국제무대의 경쟁에 나설 힘이 소진되어 버린 것은 아닌지 모든 교육적 현실을 성찰해야 할 것이다.

3) 혁신과 자본

혁신이라는 용어의 시작은 2006년으로 올라간다. 2006년 김상곤 경기도 교육감 등 진보 성향 교육감들이 '전인 교육'을 표방하며 만든 자율학교를 혁신학교라고 불렀다(다음 백과사전). 혁신학교는 입시 위주의 교육 환경을 극복하여 창의적인 학습 역량을 키우기 위한 새로운 시도의 학교 형태였다. 혁신학교에서의 '혁신'은 생경하고 건강한 의도를 담고 있었다. 교육 주체로 개인인 '학생'의 행위에 눈을 돌리게 되었고, 교육 주체들 간의 민주적 의사결정 과정을 중시하는 분위기도 정착시켰다.

반면 혁신은 5.31 개혁안에서도 드러난 시장 자본의 성격을 강하게 띠고 있다. 그렇다. 혁신은 자본주의적 성격이 강하다. 즉, 혁신의 주어는 자본과 시장이라는 것이다(오늘의 교육, 2018년 3~4호). 예를 들어보자. 학생의 선택권은 소비자가 누리는 다양한 상품 중에 1개를 선택하라는 권리로 인식된다. 하지만 이미 만들어진 상품과 제품을 선택하는 것은 진정한 '선택'이 아닐 것이다. 문재인 정부의 역점 정책인 고교학점제는 과거 정부 때부터 주창된 학생 선택권과 긴밀한 관련이 있다. 고등학교 학생의 수업 및 강의 선택은 학교 현장의 여건에 따라 '선택할 수밖에 없는 것을' 선택하게 되는 상황을 되풀이하게 된다.

학생이 원하는 모든 수업을 학교 현장에서 적실하게 제공할 수 있겠는가? 교원 수급 문제와 교사의 여러 과목 지도의 곤란함으로 인해 마치 슈퍼마켓에서 진열된 몇 개 안 되는 상품처럼 선택과목이 '선택'되도록 기다리고 있을 것이다. 이것은 공교육의 자본주의적 요소에 대한 경계심이 부족하다는 것을 방증한다. 이러한 문제를 해결하기 위해서는 앞서 언급한 교육의 공공성을 먼저 환기할 필요가 있다. 교육의 공공성을 비롯하여 학생을 진심으로 존중하는 분위기도 요청된다. 즉, 학생 인권 감수성이 반영된 학교 교육과정이 선점되어야 한다. 그러나, 각 교육 주체들 간의 무게 중심의 균형을 해치지 않는 범위에서 학생 인권을 보충해야 할 것이다. 즉, 학생의 인권만을 하나의 대의로 삼는 것 또한 경계해야 한다.

칠레 정부에서 실천했던 신자유주의적 교육 정책으로 인해서 교육적 차별과 불평등이 심화한 것을 반면교사로 삼아야 한다(오늘의 교육, 2018년 3~4호). 교복을 입은 모습이 마치 펭귄 같아서 '펭귄혁명'으로 불린 칠레 학생들의 2006년 교육혁명은, 칠레의 교육 불평등을 타개하기 위해 고등학생들이 집단시위에 적극적으로 참여하였다는 대목에서 상당히 의미 있는 사건이었다. 2006년부터 시작된 칠레 교육의 혁신적 요구가 현재까지 이어지고 있다는 것은 놀라운 사건이다. 현시대의 우리 아이들은 혁명의 노래를 부를 준비가 되어 있을까? 아니면 우리 교육은 덜 썩어 혁명을 외칠 정도는 아닌 것일까?

신자유주의적 교육은 학생 간, 교사 간 경쟁과 감시를 두 날개로 하여 접근한다. 최대이윤을 탐내는 기업 활동처럼 교육의 명시적인 '성과'를 드러내기 위한 행정적 조치와 영양가 없는 당근을 제공하는 것과 같다. 학생 간 경쟁은 입시 위주의 '학력'이고, 교사 간 경쟁은 '성과급제'이다. 교육의 명확한 목표와 도달해야 할 통계화된 성과를 제시하면 좋은 점도 있다. 교육의 비효율성과 교육적 불평등을 제거하거나 줄이는 효과를 주기 때문이다. 예를 들자면, 고교평준화를 통해 공교육의 평균적인 교육 성취도를 보장했지만, 뜨거운 교육열을 가진 사람들의 기대는 충족시키지 못했다는 것이다. 즉, 고교평준화는 일반적인 교육 성취를 이루었지만, 사회적 신분 계층을 향상하려는 욕구를 제대로 충족시키지 못한 것이다.

고교평준화의 비효율성을 치유하기 위한 나온 정책은 고교선택 다양화 정책이었다. 노무현 정부의 자율형사립고등학교부터 시작하여 이명박 정부의 마이스터고를 비롯한 다양한 교육적 수요를 반영한 수월성을 기하는 정책들이 바로 위와 같은 것들이다. 그러나 현재 문재인 정부에서 특목고와 자사고를 폐지하는 과정에 있다. 교육의 수월성을 추구한 결과로 일반고의 부실을 초래했고, 그 처방으로 외국어고, 자사고 등의 학교를 폐지하는 것을 제시한 것이다.

고교학점제는 '진로에 따라 다양한 과목을 선택 · 이수하고, 누적 학점이 기준에 도달할 경우 졸업을 인정받는 교육과정 이수 · 운영 제도'이다(교육부, 2017). 기존 공급자 중심의 교육과정 운영의 틀에서 벗어나 학생 '선택' 중심의 교육과정을 운영하게 됨으로써 학생 개개인의 꿈과 미래를 실현할 수 있게 된 것이다. 이상적으로 본다면 말이다. 이렇게 된다면 굳이 외국의 사례처럼 특목고, 자사고가 필요 없게 된다. 외국어 과목을 다수 수강하면 외고가 되고, 과학 과목을 다양하게 선택하면 그것이 바로 과학고가 되기 때문이다.

혁신학교를 넘어 이제는 학교혁신이 필요할 때이다. 물론 혁신이라는 처방전이 자본주의적 성격이 강하게 띠고 있음을 결코 놓쳐서는 안 될 것이다. 혁신은 결코 이상(理想)적인 치료제가 아닐뿐더러 그렇다고 이상(異常)하고 괴이한 요소도 아님을 인지해야 한다. '이상(理想)적이거나 혹은 이상(異常)하거나'라는 이분법적인 도식은 학교 현장에서 건전한 철학의 잉태를 곤란하게 만들곤 한다. 다음 장에서 그 이야기를 살펴보도록 하자.

4) 과잉의 철학 VS 철학의 과잉

고등학교 교사를 위한 배움중심수업 첫 번째 연수 시간에 있었던 에피소드를 소개하고자 한다. 공립 대안학교 교장 선생님께서 강사님으로 오셨다. 많은 아쉬움이 묻어나는 시간이었다. 배움의 공동체(이하 배공)의 철학을 공유하면서, 공공성, 탁월성, 민주주의 등의 가치를 우선 설명하는 것을 깜빡

하실 수도 있다. 그래, 교장실에 자꾸 찾아오는 아이들로 인해, 분주한 나날을 보내시는 교장 선생님이시니깐, 강의의 내러티브가 다소 부족할 수도 있으리라.

그런데 도대체 어디서부터 불쾌했던 것일까? 수업에 대한 질문이다. 바로 거기다. 강사님은 "강의법은 나쁜 수업인가?"라는 질문을 하여 연수자들의 답변을 촉구하였다. 그에 대한 답변으로 이분법적 사고, 즉 강의법은 나쁘고, 모둠 수업은 우월하다는 저열한 이분법적 사고가 전제된 수준 낮은 질문이라고 답변하였다. 강의법은 때로는 필요한 것이니까. 강사님은 아무래도 강의법보다 활동이 더 필요하다고, 즉 공공성과 탁월성 그리고 민주주의의 가치를 구현하는 것으로 학생 활동이 더 적합하다는 말씀을 하고 싶었던 것 같았다.

빗나간 화살은, 적어도 자신의 손아귀에 있을 때에는 틀림이 없어 보인다. 강사님의 시야에서, 수업의 본질을 이미 규정하고, 수업의 가치를 '답정남' 하는 구차한 상황에서 무어라 뇌까릴 수 있는 것일까? 파토스가 임계점을 넘기 시작한 결정적 계기다. 배공의 가치를 이해시키는 작업에서 공감과 논리가 배제되어 있다면, 배공의 가치는 왜곡되어 전달될 수밖에 없다. 배공의 가치에 함몰되어 있다면, 배공이 아닌 다른 가치는 자연스럽게 배척해야 한다는 말로 귀결된다.

이것은 강사님이 언급한 '탁월한데 전문적 학습공동체에 미지근하게 참여하는 교사'가 배공의 가치를 구현하지 못하는, 그래서 충분히 잘못하고 있는, 즉 깨침과 배움이 필요한 존재라고 노골적으로 규정한 대목에서 그 근거를 찾을 수 있다. 이러한 호전적인 가치로 무장된 편협한 관점은, 공동체의 순수한 목적을 달성할 수 없게 만든다. 강사님의 관점은 지나치게 이상주의적이며, 고답적이기에 비현실적이고 이상하다.

주변에서 볼 수 있는 선생님들을 보라. 연수에 참여한 30명의 선생님처럼 배움의 열정을 가지신 분들도 있겠으나, 학교 현장에서 이런 분들을 찾기는 매우 어렵다. 학교 교직 생태계를 직시하면, 배움의 공동체의 가치를 구현하기 힘든 조합으로 구성되어 있음을 금방 시인하게 될 것이다. 그럼 어벤저스급 교사들로 학교를 만들어야만 문제가 해결될 것인가? 이 또한 현실적으로 불가능한 일이다.

자신의 가치에 매몰되어 있는, 즉 모든 교사는 반드시 성장해야만 한다는 주관적 이데올로기는 없는 것이 차라리 낫고, 그것이 불가능하다면 마키아벨리가 말했던 것처럼 아예 들키지 않아야 한다. 하지 않음(무위)으로써 해야함을 추구할 수 있다는 노자의 지혜에 귀 기울일 필요가 있다. 다시 불편한 질문과 가치(나쁜 강의법?)로 회귀해보자. 이러한 질문에 도사리는 두 가지 오해로 첫째, 학생에 대한 부족한 이해, 둘째, 교사 역할에 대한 진지한 성찰 부족에 대해 살펴보자.

첫째, 학생에 대한 이해 부족은, 학생과 배움을 달리 보는 개체론적 관점에서 연유한다. 이것은 단위 수업 하나만을 현미경으로 분석하려는 미시적 관점과 연결된다. 수업은 세포이고, 수업들은 유기체 즉, 생명체이다. 나아가서 수업에서 주체적 역할을 담당하는 학생들은 엄연한 '주인공'이다. 이 얼마나 거창한 용어인가. 주인공이라니, 그러면 교사는 엑스트라인가? 아니다. 교사는 감독이자 연출가이다. 이 부분은 두 번째 오해에 대한 설명에서 다시 언급하겠다.

수업에서 학생은, 날실인 '타자'와 씨실인 '수업들'로 직조되어 형성되는 입체적인 존재이다. 단위 수업 50분을 통해서, 유의미한 성장을 도모해야 하는 존재이기도 하지만, 거시적으로 다른 수업들, 예를 들어 5일 동안 34시간 수업을 들어야 하는 안타까운 존재이기도 하다는 것이다. 50분

수업을 하루 대략 7번을 들어야 하는 학생들의 심정을 이해해 본 적이 있는가? 왜 수업을 잘 듣지 않는 것이지? 왜 성적이 저리 낮은 것이지? 왜 교사의 말을 경청하지 않는 것이지? 이러한 교사 한 명의 주관적인 의문은 학생의 학교 온 생활을 담아내지 못하고 있는 것을 드러낼 뿐이다. 학생은 배움중심수업을 1시간 하게 된다면, 혹시 그 수업이 많은 체력(집중력을 요구하기 때문)을 소모하는 수업이라면, 내리 7시간을 그런 방식의 수업으로 진행하게 될 때 학생들의 신체적, 정신적, 심리적 상태를 생각해보았는가? 단위 수업 하나만을 책임지는 교사들은(특히 고등학교 교사) 자신의 관점, 자신의 수업을 통해서만 학생을 바라보기 때문에, 자신의 주당 수업시간으로 아이들을 이해하려고만 하는 우를 범한다.

아이들이 겪고 있는 체력적 한계로 인한 회복할 시간이 필요하다. 그러나 그런 상황에 대한 이해할 여유가 거의 없다는 것이 현장의 모습이다. 특히나 '단위 수업'만을 위시하여 학생의 '교육적 성장'을 강요하는 접근은 이러한 실수를 저지르면서도, 그 문제의 심각성을 의식하지 못하는 것이다. 왜냐하면, 너무나도 바쁜 시절을 보내고 있거나 혹은 자신의 교육적 철학은 빈틈이 없고, 정확하고, 합당하다고 신앙하고 있기 때문일 것이다.

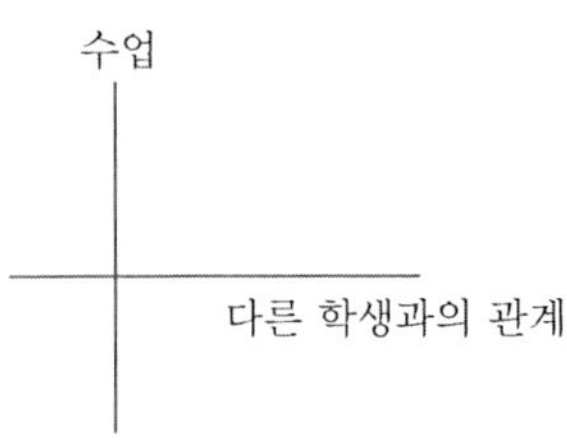

그래서 학생의 배움에 대해, 학교에서의 학생 삶에 대한 가로축(다른 학생과의 관계)과 세로축(수업들-다른 교사들의 시선)이 융합된 접근이 필요하다. 이 말은 곧 다양한 수업 기법이 장려되고, 허용되어야 한다는 것이다. 아이들의 관심과 흥미 그리고 쉼을 보장하기 위해서 말이다. '강의법은 나쁜 것'이라는 발칙한 사유가 등장하게 된 것은 바로 '학생의 배움'에 대한 진지한 고찰이 부족하였기 때문이다. 학생의 성장을 위해서라면 강의법 또한 환영할 만한 일이다. 왜냐하면, 강의법은 나름의 학습 효과를 가질 뿐만 아니라, 타 수업 방식에 비해 학생의 체력 소모가 적기 때문이다. 그것은 곧 회복의 시간을 확보한다는 것과 같다.

물론 강의법을 통해서도 학습적 피로함을 호소할 수도 있겠으나, 분명히 학생 활동보다는 아이들에게 어느 정도 쉼표 기능을 제공하는 것은 사실이다. 교사가 연수받을 경우를 생각해보라. 주당 34시간을 내리 분담토의로 연수를 진행한다면, 교사의 영혼은 남아나질 않을 것이다. 교육내용의 전달성과 효과성을 위해서라도 다양한 기법을 활용해야 할 필요성이 있는 것이다.

두 번째 오해는 바로 교사의 역할에 대한 것이다. 교사는 엑스트라가 아니다. 또한, 교사는 주체이긴 하지만 결코 주인공이 아니다. 교사는 교육적 상황을 드라마틱하게 연출해가는 감독이자 연출가가 되어야 한다. 왜냐하면, 교실 생태계에서 순종적인 아이들만 있는 것이 아니라, 교사를 힘들게 만드는 아이들 또한 상당수 존재하기 때문이다. 현실적 교실 상황을 전략적으로 활용하고, 아이들을 이끌 필요가 있다. 즉 쉽게 말해서 적절하게 아이들을 설득하고 학습활동을 하게끔 안내 및 지도하는 것이다. 이 얼마나 뻔하고 쉬운 말인가?

그러나 감독, 연출가로서의 교사는 현장 상황의 배꼽을 간파하여, 현실적인 제반 상황들을 요리조리 간추려, 아이들을 배움의 길로 진입하게 만든다. 무슨 말이냐면, 특정 학급 아이들의 구성원 중에서 목소리와 경쟁심이 큰아이들, 소극적이지만 학습성취 동기가 높은 아이, 학습에 무관심하지만 친구 따라 얼마든지 할 수 있는 아이, 학습이 불가능해 보이지만 2명 이상의 친구들의 협력과 조언이 있다면 느리게라도 학습할 수 있는 아이 등 다양한 주연 배우들의 특성을 꿰차고, 어떠한 역할과 대사를 맡을지 시나리오를 짜서, 그것을 구현시키는 것이 바로 감독으로서의 교사가 주되게 해야 하는 일이다. 이미 모든 교사가 이렇게 하고 있지 않은가? 그래서 이 글을 보고 있는 선생님들은 감독이자 연출가다. 지고지순한 교육적 가치를 전면에 내세우면, 멀쩡한 교사들도 도망간다. 숨기던가 그렇지 못하다면 적어도 질책은 말아야 한다. 부담스럽게 혼자 교육자인 것처럼, 내 편, 네 편으로 가르는 발언과 이분법적인 사고는 현장에서 더는 불필요함을 유념하자.

3. 이상한 사회에 대한 오해와 해법 : 도장 깨기

1) 객관적 주관성

아래 문제를 풀어보자. 쉬운데 절대 쉽지는 않을 것이다.

1. (가)의 갑, 을, 병의 입장을 (나) 그림으로 표현할 때, A~D에 해당하는 적절한 설명만을 <보기>에서 있는 대로 고른 것은? [3점]

(가)	갑: 승차 정원 10인 이하의 승합자동차를 포함한 승용자동차, 적재 중량 4t 이하의 화물자동차, 원동기장치 자전거 등을 운전할 수 있다. 을: 승용자동차, 승차 정원 15인 이하의 승합자동차, 승차 정원 12인 이하의 긴급자동차를 운전할 수 있다. 병: 승용자동차, 승합자동차, 화물자동차, 긴급자동차, 건설기계, 트레일러 · 레커를 제외한 특수자동차, 원동기장치 자전거 등을 운전할 수 있다.
(나)	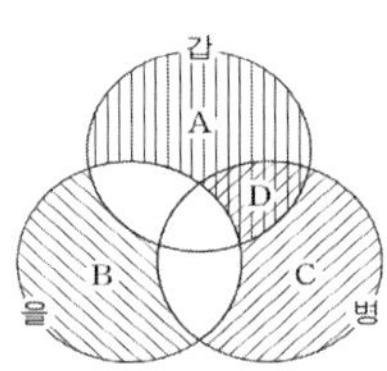 < 범 례 > A: 갑만의 입장 B: 을만의 입장 C: 병만의 입장 D: 갑과 병만의 공통 입장

< 보기 >

ㄱ. A : 만 18세 이상이면 취득할 수 있다.

ㄴ. B : 12t 미만의 화물자동차, 원동기장치 자전거 등을 운전할 수 있다.

ㄷ. C : 만 19세, 운전경험 1년 이상이어야 취득할 수 있다.

ㄹ. D : 3륜 화물자동차, 125cc 이하의 원동기장치 자전거 등을 운전할 수 있다.

① ㄱ, ㄷ　② ㄱ, ㄹ　③ ㄴ, ㄷ

④ ㄱ, ㄴ, ㄹ　⑤ ㄴ, ㄷ, ㄹ

---

*정답 ③ ㄴ, ㄷ

갑은 2종 보통면허, 을은 1종 보통면허, 병은 1종 대형면허이다. ㄱ.만 18세 이상이면 취득할 수 있는 것은 갑과 을의 공통입장이다. 그래서 A가 아니다. ㄹ.3륜 화물자동차, 125cc이하의 원동기장치 자전거 등을 운전할 수 있는 것은 1종 소형 면허이므로 D가 아니다.

정답을 맞혔다면 여러분은 객관식의 달인임이 틀림없다. 위의 문항 형식은 수능 사회탐구 영역의 생활과 윤리 과목에서 소위 킬러 문항으로 손꼽히는 유형이다. 과목 내용 자체의 난이도보다 문항 형식의 까다로움에서 오는 버거움이 정답으로 향하는 발목을 붙잡곤 한다. 보통 이러한 유형은 정답률이 40% 이하로 나오게 된다. 이러한 문제를 맞혀야만 높은 등급을 받을 수 있는 것이다.

수능 사회탐구 시험은 개념 · 원리의 이해, 문제 파악 및 인식, 탐구 설계 및 수행, 자료 분석 및 해석, 결론 도출 및 평가, 가치 판단 및 의사 결정 등 6가지 평가요소를 고르게 측정한다. 대학수학능력시험 사회 탐구 영역에서는 지식의 탐색 과정을 묻는 탐구형 문항을 중심으로 출제하되, 탐구의 전제가 되는 기본적인 지식이나 개념 또는 탐구의 결과로 산출되는 지식이나 개념을 묻는 문항도 함께 출제한다. 각 행동 영역별 문항의 특징을 소개하면 다음과 같다.

행동 영역	평가목표
개념 · 원리의 이해	– 교과의 개념이나 원리 등 기본적인 지식을 명확하게 파악하기 – 교과의 개념이나 원리를 구체적인 사례나 상황에 적용하기
문제 파악 및 인식	– 자료에 나타난 핵심 논쟁점, 주장, 문제 등 탐구해야 할 주제 찾기 – 자료에 나타난 주장이나 관점에 내재된 기본 전제나 가정 찾기
탐구 설계 및 수행	– 자료에서 개념이나 요소 간의 연관 관계를 추론하여 가설 설정하기 – 주어진 과제를 수행하기 위한 적절한 연구 절차나 방법 제시하기 – 가설이나 주제를 탐구하는 데 적합한 조사 내용 및 자료 찾기
자료분석 및 해석	– 자료에 나타난 정보를 적절하게 분석하기 – 자료에 나타난 정보를 시대적 배경, 사회적 의미, 관련 이론 등과 연관 지어 해석하기
결론 도출 및 평가	– 여러 가지 정보를 기초로 하여 결론을 적절하게 도출하기 – 도출된 결론의 타당성을 평가하기
가치 판단 및 의사결정	– 제기되는 문제의 쟁점에 담긴 가치 식별하기 – 여러 가지 대안을 비교 · 평가하여 선택하고, 이 선택에 대한 타당한 근거 제시하기

위의 기준들을 본다면 수능 시험 문제를 단순한 5지 선다형 문제라고 치부하기는 어려울 것이다. 과거의 학력고사 시험(물론 학력고사에도 킬러 문항이 있었다)처럼 단순 암기하여 기계적으로 4개의 선지 중에서 답을 고르는 문제와 확연히 다른 것이기 때문이다. 내용의 암기보다 기본 개념을 이해하여 다른 상황에 적용하는 능력, 각 사상가의 논리적인 입장 차이를 비교 · 대조하는 능력, 객관적인 자료를 분석 및 해석하여 합당한 결론을 선택하는 능력 등 고차원적인 능력을 검증하고 평가할 수 있는 것이 수능인 것이다.

그러나 1994년부터 시작된 수능은 현재의 모습에 와서는 변질된 부분이 노출된다. 학생의 역량을 평가하기 위한 문항도 있긴 하지만, 상대평가로 인한 안정적인 등급 산출을 위해 앞서 말한 소위 '킬러 문항'이 등장하게 된 것이다. 앞서 운전면허시험을 수능 유형으로 재구성한 것을 풀어보았다면 킬러 문항의 체감 난이도를 경험했다고 볼 수 있다. 그러나 이러한 유형 자체의 낯섦 또한 기계적이고 반복적인 훈련을 통해서 극복될 수 있다. 즉, 기출 문제를 꾸준히 푼다면 문항 유형이 주는 외부 간섭 효과는 확실히 줄일 수 있다는 것이다.

수능 시험 출제영역은 공식적인 고등학교 교육과정으로 제한하고 있으나, 오래된 수능 역사로 인해 출제할 문항 내용 요소가 적어지다 보니, 지엽적인 내용이 '킬러문항'으로 나타나기도 한다. 수능 시험은 고등학교 교육과정을 벗어나지 않는다고 주장하지만, 학교 수업에서 배우지 않는 사상가의 저서 구석에서 겨우 발견되는 지엽적인 내용이 킬러 선지로 등장하는 끔찍한 흑역사가 재탕되고 있다. 감(感)으로 찍어서 문항을 해결할 수밖에 없는 경우도 허다하다. 그런 감은 가을에 수확하는 것이 아니라, 중추절인 11월 수능에 포텐을 터뜨리기 위해서 반복적인 문제풀이 말고는 요행이 없다.

여기서 문득 드는 의문. 수능 문항은 학력고사 세대의 단순한 객관식 문항의 한계를 극복하였으나, 상대평가에 갇혀 교육적 가치보다 서열화를 위한 장치로 전락한 것은 아닐까 하는 의문 말이다. '객관'이라는 것도 결국은 주관들의 합의에서 나온 산물이다. 객관식은 과연 공정성을 담보하는 유일한 장치일까? 객관식은 객관적이고, 주관식은 주관적일까? 아니다. 객관식은 객관적인 주관성의 다른 표현일 뿐이다. 즉, 사회적 합의와 약속의 기호일 뿐이지, 초월적 존재로서의 의미는 결코 아니라는 것이다. 시험은 공정성만이 최우선으로 담보되어야 할까? 한 줄 세우기 쉬운 상대평가를 지향하며, 결과를 객관화할 수 있는 문제를 선호하는 집단에게는 미래 교육은 관심사가 될 수 없다. 다섯 개의 선지 중에서 어떻게 정답이 반드시 있어야만 한단 말인가? 객관적인 공정성은 무슨 교육을 받아야 하는지 당위성과 내용의 타당성에 대해선 침묵한다. 자동적인 문제 풀이 훈련으로 문항에 투입한 노력에 비해서 좋은 성과를 내는 절차와 과정만이 교육의 목적이라고 한다. 그러나 이것은 진정한 교육이 아니다. 학생 선발을 쉽게 하려는 보신주의와 행정편의주의가 야합한 괴이한 현상일 뿐이다.

2) 경쟁과 협력

"승리가 모든 것은 아니다. 그것은 유일한 것이다."라는 미식축구 감독 롬바디의 목소리는 우리 교육에 시사하는 바가 크다(Alfie Kohn, 1992). 타인을 누르고, 승리를 쟁취해야 하는 교육의 현장, 학생들을 서열화시키고, 또한 순위를 정당화시키는 '비즈니스적 경쟁' 시스템은, 30년 전부터 알피 콘(Alfie Kohn)이 지적해온 바이기도 하다. 우리나라의 1995년 교육개혁 당시, 신자유주의적 흐름에 따라 본격적으로 도입된 수월성 교육은, 기존에 만연했던 '학벌주의'와 '입신행도 양명후세'라는 개인적, 사회적 욕망을 가속화시켰다. 공자가 말했던 '위기지학'은 자신의 사회적 지위를 상승시키기 위한 전략적 도구로 전락하여, 공자가 경계했던 '위인지학'과 다를 바 없게 되었다. 적어도 최근의 한국 교육의 풍토에서는 말이다.

앞서 말한 '비즈니스적 경쟁'은 문구에서 풍기는 분위기를 통해 충분히 유추할 수 있을 정도로, '선거를 통한 정치 행위', '대기업의 경제활동' 등과 밀접한 관련이 있다. 왜냐하면, 정치인들을 다른 후보자들과의 경쟁에서 승리해야만 자신의 목표를 달성할 수 있고, 또한 기업은 다른 기업과의 무한경쟁에서 살아남기 위해서 처절하게 몸부림치고 있기 때문이다. 그렇다면 과연 '1등 지향'이 꼭 나쁘다고만 볼 수 있을까? 필요는 하겠지만, 경쟁과 1등 지향을 통해서 얻는 결과를 놓고 보더라도, 효율성이 떨어진다면 분명 경쟁 말고 다른 대안이 있을 수도 있다.

알피 콘(Alfie Kohn, 1992)의 입장에서 경쟁과 협력을 살펴보도록 하자. 그는 경쟁을 구조적 경쟁(structural competition)과 의도적 경쟁(intentional competition)으로 나누어 설명한다.

구조적 경쟁	의도적 경쟁
– 어떤 상황에 의한 것 – 승리와 패배라는 구조와 관련된 외부적인 것 – 상호 배타적인 목표를 달성하는 것 → 제로섬 게임→모두가 달성하기 어려운 하나의 목표를 달성하기 위해 경합함.	– 태도에 관한 것 – 1등이 되고 싶다는 개인의 욕망과 관련된 내부적인 것

경쟁의 현상을 '부족함(희소성)의 상황'이라고 표현하기도 한다. 구조적 경쟁이란 대개 몇몇 개인들을 서로 비교하여 단 한 사람만을 결정하는 방식이다. 그러므로 부족함은 원래 부족함이 없던 곳에서 만들어진 것이다. 즉, 구조적 경쟁의 형식은 경제 과목에서 말하는 희소성의 상황과 본질에서 다르다. 부족한 것을 찾기 위해서 경합하는 것이 아니라, 부족함과 무관한 '높은 지위'를 독차지하기 위한 현상이기 때문이다. 또한 알피 콘(Alfie Kohn)은 또한 구조적 경쟁은 몇 개의 기준으로 구별할 수 있다고 한다. 미인 대회나 대학 입시에는 공통점이 있다. 그것은 바로 경쟁자들 사이에 어떤 직접적인 상호작용도 없다는 것이다. 단지 한 명의 성공이 다른 경쟁자의 기회를 박탈하거나 줄일 뿐이다. 반면에 자신의 성공을 위해서 반드시 상대방을 실패하도록 해야 하는 보다 강력한 구조적 경쟁도 있다. 전쟁, 테니스 경기 등이 그 예이다.

의도적 경쟁은 최고가 되고자 하는 우리의 성향에 관한 것이다. 구조적 경쟁과 무관하게 펼쳐질 수 있다. 파티와 같은 상황을 상상해 보라. 의도적 경쟁이 없는 곳에서 구조적 경쟁이 벌어지는 예도 있다. 상이 그 예이다. 동료를 이기는 데 별 관심이 없는 학생일지라도 타의에 의해 등급이 매겨지고, 일정한 기준에 따라 분류되기에 의도와 달리 구조 속에서 경쟁을 벌이게 된다. 경쟁이 학교나 직장을 조직하는 유일한 방법은 아니다. 그러나 문제는 경쟁을 당연시하면서 대안을 모색하지 않는다는 것이다. 경쟁이 아닌 다른 방식을 살펴보자.

종 류	내 용
경쟁적으로 competitively	남들과 겨루어 이기는 것으로 목표를 달성하는 것
협력적으로 cooperatively	다른 사람들과 더불어 하는 것
독자적으로 independently	다른 이들과 관계 맺지 않고 혼자서 뭔가를 이루는 것

종종 누군가와 경쟁을 할 때만 어떤 목표와 기준을 설정할 수 있다고 여긴다. 하지만 아니다. 경쟁이 전혀 없더라도 일을 완수할 수 있으며, 자신이 어느 정도 발전하고 있는지 알 수 있다. 역도선수의 운동경기를 떠올려보자. 그것은 어디까지나 자신의 역량으로만 해결될 수 있는 경기이다. 이것을 단지 '자신과의 경쟁'이라고 표현하는 것은 부적절하다. 자신의 과거 기록이나 객관적인 기준에 현재의 성취를 비교하는 것은 경쟁의 사례가 될 수 없다. 경쟁은 타인에게 영향을 미치는 것이므로 '자신과의 경쟁'은 경쟁의 원래 뜻을 초과하는 개념이다. 이러한 부정확한 표현은 경쟁을 긍정적인 이미지로 포장하게 만든다.

협력은 단순히 비경쟁을 뜻하는 것이 아니라, 어떤 목표를 달성하기 위해 함께 일할 것을 요구하는 일종의 제도를 의미한다. 구조적 협력이란 힘을 모아 함께 노력해야만 한다는 뜻이다. 왜냐하면, 자신의 성공은 타인이 성공하는 경우에만 가능하며, 그 반대도 마찬가지이기 때문이다. 노력의 대가는 개인이 아니라 집단 성취 때문에 결정된다. 요컨대 협력적인 교실이란 단지 학생들을 함께 앉히거나, 서로 얘기하도록 하거나, 자료를 공유하도록 한다고 만들어지는 것이 아니다. 어떤 일의 성취는 개인이 아니라 그 학급의 모든 학생에게 의존함으로 그들은 상호 모두 잘되기를 바라는 마음을 가져야 한다는 뜻이다.

협력은 이타주의와 다르다고 한다. 협력에서는 서로 돕는 것이 가장 중요하며, 경쟁에서는 '자신의 이익'만을 추구하면 되기 때문에 개인의 성공을 위해서는 경쟁이 훨씬 유리하다고 생각하기 쉽지만, 꼭 그렇지만은 않다. 구조적 협력은 '이기주의 혹은 이타주의'라는 이분법에 저항한다. 그것은 상대방을 돕는 것과 자신을 돕는 일이 동시에 일어날 수 있는 일임을 알려준다. 비록 초기 동기가 이기적이었다고 해도, 협력은 서로를 같은 운명으로 묶어준다. 협력은 지혜로우며 매우 성공적 전략이기 때문이다.

경쟁의 대안을 등한시하는 분위기는 현재까지의 사회화가 매우 효과적으로 이루어지고 있음을 방증한다. 왜냐하면, 경쟁하는 것뿐만 아니라 경쟁이 당연하다고 믿도록 지속적으로 훈련받고 있기 때문이다. 알피 콘(Alfie Kohn)은 경쟁 옹호론은 3개의 잘못된 신화에 근거하고 있다고 주장한다. 첫 번째, 경쟁은 불가피한 현실이며 '인간 본성'의 한 부분이라는 것이다. 이 말이 사실이라면 타고난 본성을 어떻게 변화시킬 수 있겠는가? 본성을 어떻게 할 수 없으므로 경쟁에 대한 논의 자체가 불필요한 것이다. 두 번째, 경쟁은 최선의 동기를 부여한다는 것이다. 이것은 경쟁이 없으면 생산성이 하락한다고 보는 입장이다. 학교성적을 비롯한 자본주의 사회 시스템의 성과 지표를 설명하는 이론이 된다. 세 번째, 놀 때도 경합을 벌이는 것이 시간을 즐겁게 지내는 제일 나은 방법이라는 것이다. 놀이도 경쟁 방식으로 하는 것에 익숙하다는 것이다.

알피 콘(Alfie Kohn)은 경쟁에 대한 일반적인 가설과 위의 신화를 비판하여, 경쟁이 아닌 협력의 관계를 그 대안으로 제시한다. 앞서 말한 구조적 협력은 승패가 있는 승자독식의 경쟁을 거부하고, 상생의 원리에 따라 상호 간 모두의 성장을 담보하는 원리인 셈이다. 그러나 경쟁이 발생하는 엄연한 현실을 마냥 부정할 수는 없다. 이에 이범(2021)은 경쟁은 '변별'이나 '시험' 때문에 일어나는 것이 아니라 '격차' 때문에 발생한다고 보았다. 확연한 결과의 격차를 초래하는 입시라는 경쟁의 상황을 인정하는 태도도 요구된다.

3) 평균의 착각

학생들을 어떻게 바라보는가? 여기 한 에피소드를 통해서 교사들의 일반적인 학생에 대한 관점을 알아보고자 한다.

> 올해 고등학교 3학년 아이들에 대한 K, A, B 선생님 의견이 분분했다. K 선생님은 올해 부장을 맡다 보니, 3학년 아이들과 래포 형성이 잘 안 되는 것 같다고 하였다. 상호 간의 의미 관계가 형성되지 않아서, 수업 활동의 밀도가 아쉽다고 하였다. 그리고 2학년 세계사 수업으로 16명씩 있는 2개 학급에 대해 아쉬움도 토로하였다. 인원이 적다 보니 모둠 활동이 효율적으로 진행될 것으로 예상했으나, 현재까지의 모습은 그러하지 않다고 하였다. 그래서 어제 4교시에 K 선생님의 사모님을 직접 초청해서 자신의 수업을 공개하고 외부자의 시선을 수업 컨설팅을 받았다고 하셨다. 멋진 일이다. 아내한테 자신의 수업을 공개하여 피드백을 받는다는 것은 큰 축복일 것이다.
>
> 수업의 성패가, 수업 과정과 결과의 형통이, 어떤 원인과 조건으로 말미암아 구현될 수 있는가? 학생 요인, 교사 요인, 환경 요인, 수업 시간의 순서 요인, 단원주제의 요인 등이 복잡하게 작용한 결과일 것이다. A 선생님은 2학년 세계사 반 아이들의 **'학력'**이 상당히 낮다고 하셨다. 그 근거로 수능 수학 점수를 예로 들었다. 수학뿐만 아니라, 여타 과목도 등급이 너무 낮게 나온다고 하였다.
>
> 기본 경청의 자세는 작년 1학년 담임 선생님의 노고로 인하여 잘 잡혀 있으나, 깊이

있는 사고와 심화된 관점으로 나아가지는 못한다고 하였다. 일리 있는 말이다. B 선생님도 동의하시는 것 같았다. 그중에서 2학년 세계사 반을 주축으로 하는 2학년 3, 4반 아이들의 절반 이상이 수능 학력이 상당히 뒤처진다고 하였다. 그 말을 듣고 K 선생님이 아이들의 상황에 따라서 학습지를 재구성해야겠다고 말하였다.

문득 그런 생각이 들었다. 이 아이들을 평가할 때, 엄친아처럼 혹은 플라톤의 이데아처럼 머릿속을 지배하는 '우수한 아이'는 누구일까 하는 생각 말이다. 위의 선생님들이 현재의 아이들을 바라볼 때, 혹은 평가할 때, 그 평가의 준거가 되는 '철수'와 같은 아이는 도대체 누구인가? 그것이 무척이나 궁금했다. 선생님들한테 질문했다. 그 아이들은 누구인지 아느냐고? 다소 도발적인 질문인지라 죄송하였지만, 꼭 하고 싶었던 질문이었다. A 선생님은 철수 같은 아이가 아니라, 객관적인 평가 기준에 따라서 현재의 아이들을 바라보는 것이라고 하였다. 다른 분들의 의견을 더 듣고 싶었지만, 이야기 주제는 자연스럽게 다른 곳으로 흘러갔다.

토드 로즈(Todd Rose)는 『평균의 종말』에서 '개개인학'을 주장하는데, 이것은 앞선 질문에 꽤 유효한 답변을 제시해준다. 철수이든 객관적인 기준이든 모두 주의해야 할 부분이 있다. 아이들을 아이들 그 자체로 보아야 하는데 대부분 그러하지 않는다는 것이다. 아이들의 결이 다르면 집단의 결도 달라진다는 것을 유념해야 한다. 집단의 의미는 개인들의 합을 의미하는 것이 아니라, 오히려 개인의 고유한 특질을 왜곡하고, 폄훼하는 역기능을 산출하기도 한다는 것을 알아야 한다. 현재의 교육은 가시적인 교육 효과의 정립을 위한, 통계적 자료를 교육적 성과의 지표로 적극적으로 활용하고 있다.

그러나 집단의 평균 속에서 개인의 다양한 재능과 잠재력, 곧 숨겨진 역량 등은 잘 드러나지 않고, 표현하기도 힘들다. 통계는 현재까지의 외현적 변화를 수치화한 것으로 인간 개인의 내면의 특성을 오롯하게 드러나는 데는 한계가 있을 수밖에 없다. 교사가 놓치기 쉬운 것은, 학생에 대한 습관화된 평가적 안목을, 학생 이해를 위한 용도로 선용하는 것이 아니라, 아이들의 인생을 결판 혹은 결정 내리기 위한 결론적 성격으로 오용한다는 것이다.

수업계획, 수업 활동, 평가, 학생지도, 기본생활지도 등은 모두 학생 이해를 위한 선한 계기로 작용해야 한다. 학생은 교사의 품에서 평생을 사는 것이 아니라, 제한된 시기로 미성숙에서 성숙으로 이행하는 과도기적 존재로 우리에게서 왔다가 우리에게서 나가는 존재로 보아야 한다. 학생에 대한 평가적 안목인 '학생에 대해 결론을 내리는 입장'을 거두고, 듀이가 말한 것처럼 가소성에 몸서리치는 아이들을 잠시나마 포용하고 토닥여 주어, 현재보다 나은 미래, 조금 더 성장하는 내일을 위한, '학생 이해의 안목'으로 선회해야 한다.

그렇게 하기 위해서는, 아이들에 대한 정량적 평가를 경계해야 한다. 수능 점수와 등급은 학생의 숨겨진 역량을 잘 드러내지 못한다. 기본 경청의 역량을 드러낼 수도 없고, 진지한 눈빛을 담을 수 없으며, 학생들이 틀린 문항에 대한 스스로의 반성과 다짐 또한 표현할 수가 없다. 아이들은 인생의 과정에서 날마다 성장을 꿈꾸는 살아있는 존재로 보아야 한다.

또한, 집단 안의 서열로서 파악하는 것을 경계해야 할 뿐만 아니라, 아이들 개개인들의 비교 또한 주의가 요구된다. 아이들은 아이들의 인원수만큼 다양한 존재임을 잊지 말아야 한다. 작년 선배들의 학습 태도가 좋았던 것은 담당 교사에게 큰 축복이었을 뿐이지, 그 복된 경험이 현재의 아이들을 옭아매기 위한 수단이 되어, 교사와 현재의 아이들을 괴롭히는 악연으로 전락해서는 안 될 일이다.

그러나 이런 안목을 가지기 위해서는 대단한 체력과 인내가 요구된다. 어쩌면 위와 같은 사실을 다 알고 있지만, 수업에 대한 열망으로 충만했던 풋내기 교사의 모습은 10년을 지나면서 바래진 흑백 사진처럼 멀게 느껴지는 그런 상황이 되어버린 것은 아닌가. 아이들을 아이들 그 자체로 받아들이고 싶으나, 과한 업무와 천방지축으로 뛰노는 아이들을 수용하는 것만으로도 벅찬 일과인데, 인간적으로 대우받지 못한다고 느끼는 학교 현장에서 학생들을 한 인간으로서 존중하는 것이 교사에게 너무나도 큰 숙제 같아서 엄두를 내지 못하는 것 같기도 하다.

그런데도 교사의 교사됨을 잊지 말아야 한다. 교사의 본디 정체성의 핵심은 수업임을 또한 마음에 새겨야 한다. 수업은 학생과의 끊임없는 소통을 토대로 이루어진다. 학생에 대한 이해가 아닌, 학생에 대한 결론만 있다면 참된 수업을 이루기가 어려울 것이다.

4) 이상(理想)과 이상(異常) 사이

이상적인 사회는 애초에 존재하지 않았다. 존재했더라도 현재를 살아가는 우리와는 직접적인 관련이 없을 것이다. 고대의 인문학 서적에서나 찾을 법한 '이상적인 사회'의 모습은 이념으로서 우리의 삶에 요청될 뿐이다. 즉, '이상(理想)적 사회'의 원형에 기대어 현실의 모습을 반성하려는 준거와 기준 등이 필요할 때 찾게 되는 것이다. 사회는 혁명하거나 혹은 점진적인 변화를 통해 발전 및 퇴보를 지속한다. 현재 우리 사회의 멱살을 끌고 가는 지배적인 이념은 경쟁의 원리로 대표되는 시장 자본주의적 이데올로기일 것이다. 자본주의와 경쟁 원리 자체가 잘못되었다는 가치 판단을 내리는 것을 결코 아니다. 다양한 원리, 즉 경쟁과 협력이 공존하는 사회로 바로 서지 못했다는 것에 안타까움이 있는 것이다. 이러한 치우친 이념과 가치는 대한민국 곳곳에 침투하여 정상적인 징후로 존재하게 되었다. 역시나 교육 현장 또한 마찬가지였다. 이상(理想)이 곧 무(無)에 가까우나, 이상을 지향하는 태도는 실존적 가치를 지닌다. 그렇기에 극한의 경쟁 원리로 채색된 우리 교육이 지향해야 할 바를 논하는 것은 그것만으로 의미 있는 일일 것이다.

우리 교육이 지향해야 하는 것은 무엇일까?

2020년은 합계 출산율이 0.8명으로 예상이 되었고, 대한민국 최초로 인구 자연감소를 경험한 해로 기록되었다. 한명 한명이 소중한 이러한 시기에 과거와 달리 매우 급하게 진행되는 '변화의 양상'은 우리 아이들을 위한 학교의 모습이 어떻게 달라져야 하는지 많은 고민을 하게 만든다. 2020년에 태어난 아이들이 30세가 되는 2050년에 어떠한 역량과 기술이 필요한지 우리 교육이 타당도 높은 교육내용을 담아야 하는 숙제가 바로 그것이다.

이에 유발 하라리(Yuval Harari)는 '변화만이 유일한 상수다'라고 말하며, 근대 학교가 중시했던 읽기, 쓰기, 셈하기 등의 단순 능력을 주입하는 것뿐만 아니라, 지나치게 많은 양의 정보를 입력하려는 학교의 시도를 경계해야 한다고 주문한다. 중요한 것은 정보를 '이해', '식별', '조합'하는 역량인 것이다. 미래 교육에 관심 있는 사람들은 이를 '4C', 즉 비판적 사고(critical thinking), 소통(communication), 협력(collaboration), 창의성(creativity)이라 부르며 강조한다. 다가오는 시대를 대비하기 위한 교육의 역할은 기술 습득 교육 보다, 통합적인 목적의 삶의 기술을 전면에 세우는 것이다. 이에 유발 하라리는 '변화에 대처하고, 새로운 것을 학습하며, 낯선 상황에서 정신적 균형을 유지하는 능력'이라고 말한다.

켄 로빈슨(Ken Robinson, 2015)은 변화의 기회는 모든 학교에 내재한다고 보았다. 획일적인 교실 구조와 동일한 책상과 의자로 채워진 학교 공간에서 매일 동시에 수업과 쉼이 진행되는 교육 제도 속의 학교의 모습일지라도 변화의 기회는 비약을 꿈꾸고 있다. 혁신학교라는 이름으로 2010년 이후로 진행되어 이제는 학교혁신으로 전환된 우리네 교육 풍토를 보아라. 견고한 성과 같았던 교실의 수업 환경과 학교의 분위기가 놀라울 정도로 개선된 것을 우리는 지금 목격하고 있다. 혁신과 변화는 현재 진행형이다. 왜냐하면

'교육은 본질상 혁신이 가능한 제도'(켄 로빈슨, 2015)이기 때문이다.

그렇다면 현재 우리 정부는 이러한 미래를 대비하여 어떠한 준비를 하고 있는가? 2021년 정부의 「회복 · 포용 · 도약 대한민국 2021」에서 제시하는 미래교육은 크게 3가지로 구분된다.

미래학교 본격 추진	공유 · 협력의 고등교육	전 생애 평생직업교육
– 그린스마트 미래학교 – 2022 개정 교육과정 및 고교학점제, AI 환경교육 – 교원 양성체제 개편	– 디지털 혁신공유대학 – 지역 혁신 · 발전 견인 – 학술진흥 생태계 조성 – 대학 체질 개선	– 온라인 평생학습시스템 – 한국형 온라인 공개강좌 고도화 – 마이스터대 도입 – 고졸 취업 활성화

미래교육은 미래학교를 준비하면서 시작됨을 알 수 있다. 미래학교는 공간에 대한 혁신뿐만 아니라 고교학점제를 앞둔 새로운 교육과정의 도입, 변화하는 교육 생태계에 적합한 교원 양성 시스템 개편으로 드러난다. 또한, 고등교육과 평생직업교육을 통해서 인간의 전 생애에 대한 국가의 책임 의식을 엿볼 수 있다.

위의 3가지 사례를 통해서 이상적인 미래교육의 방향성과 준비사항 등을 확인할 수 있다. 언택트 시대에 걸맞은 새로운 교육 양식 또한 요청되기도 한다. 이상적인 핵심으로 '개별화'가 있다. 등급화와 서열화가 아니라, 학생 본인의 과거와 현재 그리고 미래를 준거로 삼아 학생 본인의 성장을 지향하고, 그것을 담아내는 교육과정과 수업이 준비되어야 함을 뜻한다. 비교는 경쟁을 낳고, 경쟁은 패자를 낳는다. 소수의 승리자를 위한 교육이 코로나19 이전의 시대를 지배하고 있는 지배적인 이데올로기였다면, 지금은 그 이념이 제대로 작동할 수 없는 상황이 되었다. 상황이 바뀔 수 없다면, 패러다임을 바꾸어야 한다. 새로운 기준이 요구되는 것이다. 그것이 바로 학생 개별화에 따른 수업, 평가, 교육과정이 될 것이다.

두 번째 핵심가치로 이분법의 극복이다. 위인지학 VS 위기지학, 경쟁 VS 협력, 상대평가 VS 절대평가, 수능 VS 학종, 학습 VS 쉼 등으로 양분되는 교육적 담론을 극복하는 것이 미래교육의 핵심 과제이다. 교실 구석 1열에 있는 나 자신을 포함하여, 당신과 협력해야 함을 강조할 때 이기주의와 이타주의를 변증법적으로 극복한 '위위지학(為WE之學)'을 실현할 수 있을 것이다. 교육적 세계관의 변혁은 현상으로서 자연적으로 이행되는 것일 뿐만 아니라, 교육적 당위로서도 지속적으로 요청되고 있다는 사실을 잊지 말아야 할 것이다.

CHAPTER

08 에필로그

1. 이상한 학교, 과연 가능할까?

앞서 우리가 살펴본 이상(理想)한 학교는 이상(異常)한 학교이지만, 마냥 이상적이기만 한 것은 아니다. 존재하지 않을 것 같지만, 분명 어딘가에 존재하고 있는 학교다. 불가능한 소설 같은 사례들이 아니라는 이야기이다. 오늘날 실제 학교 현장에서 이루어지는 교육과정과 수업과 평가, 활동이며, 대한민국에 실재하는 학교 공간과 구성원들의 모습이다. 우리가 지향하며 나아가야 할 지표이자, 경험했기에 반드시 실현할 수 있는 미래인 것이다.

그러나 이들을 이상적인 것으로 바라보면서도, 힘을 들여 시행하는 학교들을 이상하다고 여기는 보편적 반응 역시 거부할 수 없는 우리의 현재이다. 세상을 바꾸는 가장 강력한 무기라는 교육은 1장에서 우리가 함께 살폈듯, 참 바뀌지 않는다. 시대의 변화에 가장 민감해야 할 교육이 그렇게나 둔감한 것이다. 핀란드니, 덴마크니 유럽의 선진 교육을 벤치마킹하자면서, 일제식 학력고사와 줄 세우기 등급제를 포기하지 못하는 모순이 일어나는 배경이 여기에 있다. 바뀌지 않으려는 자들과 바꾸려는 자들이 화합하지 못한 채 제 말만 늘어놓는 셈이다. 무엇이 중한지 분명 알고 있을 것임에도, 교육의 본질인 학생의 삶을 뒷전에 두고 있는 것이다.

강조하지만, 우리 아이들은 예전의 아이들과 다르다. 마크 프렌스키(Marc

Prensky)가 말했듯, 학생들은 근본적으로 변화했다. 더이상 우리의 교육 시스템이 가르치려 했던 그런 아이들이 아니다(Marc Prensky, 2018). 이는 우리 아이들이 살아가는 포스트 코로나의 이 사회가 너무도 급변했기 때문이다.

안전을 위한 고립 때문에 개인화되고 다원화가 촉진된 시대, 굳이 일률적인 기준으로 아이들을 줄 세우기 할 필요가 있을까? 검색하면 모든 것을 얻어낼 수 있는 우리 아이들에게 지식 암기형 교육은 너무도 비효율적이지 않은가? 활자 기록물에 대한 노출도가 현저히 낮은 우리 아이들에게 활자화된 평가를 치르고 있는 우리의 교육은 과연 정당하다 할 수 있을까?

교육의 목적이 학생의 삶이자 그들의 성장임은 무척이나 당연하다. 그렇다면, 학생을 위해 교육은 변해야 한다. 바뀌어야 하고, 이상으로 나아갈 수 있어야 한다.

우리가 바라보는 '이상(理想)한 학교'의 도입과 확산을 이루기 위해서 우리는 기존과는 다른 '이상한 노력'을 경유할 필요성이 있다. 이상한 학교의 현실화를 위해 교육과정과 수업 및 평가, 활동과 공간을 어떻게 변화시켜야 할지, 구성원과 사회가 어찌 움직여야 할지 함께 정리해보도록 하자.

2. 이상한 학교를 위한 이상한 노력

■ 이상한 교육과정을 위한 세 가지 관점

사실 2013년부터 본격적으로 시행된 학생부종합전형의 효과로 인해, 교과와 비교과 영역에서 학교의 특색을 살리는 교육과정이 범람하기 시작했다. 혁신학교에서 파급된 학생 활동 중심의 수업 및 교육과정 사례의 유행은, 때마침 정착된 학생부종합전형으로 인해 교육과정 다양화에 대한 정당성을 부여하게 된다. 이상(理想)한 교육과정은 혁신의 바람을 통해서 발아하게 되었고, 학생부종합전형의 등에 올라타 당위적 가치를 담보하게 되었다. 다양한 시도 덕분에 학교 교육과정은 점차 발전해갔다. 교사는 학생 참여를 위한 수업을 디자인하게 되었고, 학생의 꿈과 끼를 반영한 성장이 있는 학생 진로 중심의 교육과정을 고민하게 되었다.

그러나, 바삐 달려온 만큼 숨을 고르며 뒤를 돌아볼 필요가 있다. 이상한 학교를 위한 이상한 노력은 반드시 다음의 세 가지 관점에서 이루어져야 할 것이다.

첫째, 학생의 삶을 배려한 배움의 강조이다. 고교학점제의 완전 도입을 앞둔 이 시점에서, 현장에서는 아직 학생들의 진로와 부합된 과목 선택이 원활하게 이루어지지 않고 있다. 자신이 선택한 과목들과 진로가 만나지 않고 미끄러지는 관계라면, 각종 수업, 평가, 비교과 활동이 그 학생에게 도대체 무슨 의미가 있겠는가? 진로에 대한 충분히 고민할 수 있는 여지가 있는 교육과정이 필요한데, 현재의 교육과정에서 그러한 모습을 찾기 어렵다. 이상한 교육과정은 학생을 위해 존재한다. 학생들의 꿈을 위한 노력을 충분히 지원할 수 있도록 배려하는 교육과정을 도모해야 한다.

둘째, 쉼 없이 가열차게 분주한 학생의 고달픈 인생을 보아야 한다. 과잉 학습과 초과 활동은 학생 수면의 질을 저하하고, 온전한 배움과 학습이 지속되지 못하게 한다. 뇌신경과학에 따르면 충분한 수면과 휴식이 이루어져야, 학습된 내용이 정리되고 학습 여력이 갖춰질 수 있다고 한다. 그러나 현재의 교육과정은 학생의 쉼에 무관심하고, 따라서 학생의 회복에 대해서도 무지하다. 학생의 '선택' 중심이라는 것이 단지 '채우고 더하는 교육과정'으로 점철되는 것을 경계할 필요가 있다. 또한, 학생부종합전형에 대한 잘못된 접근, 즉 양은 질에 우선한다는 부적절한 공식에 따라 학생부의 두께(내신 성적은 가볍게)로 그 아이를 판정하던 시절이 있었다. 이는 입시로 인해 학생의 쉼을 고려하지 못한 까칠한 교육과정의 전형적인 사례라고 볼 수 있다. 학생 스스로 그 배움을 채워나갈 수 있도록 여지를 만들어 주어야 한다. 그 여지야말로 거름이자 계단이 될 것이다.

셋째, 성취를 정당화하는 교육적 인간상에 대한 반성이다. 학생을 학습자로 보아, 학습의 온전한 달성을 궁극적 목적으로 삼는 '교육적 인간상'은 현대 사회에서 요청하는 '성실한 노동자'의 모습과 닮았다. 물론 학습에 전인 교육적 목표가 있음을 부정할 수 없다. 하지만 교육과정의 서두에 제시되는 교육적 인간상은 전인교육을 명시적 언어(허약한 어휘)로 표현하고 있을 뿐, 구체적이고 현실적인 영향력은 미미하다. 교육적 가치를 제대로 발휘하지 못하는 교육적 인간상은 '핵심역량'과 만나 무엇인가를 적극적으로 성취해야만 하는 존재로 자리를 잡게 될 뿐이다. 학생들은 존재하는 그대로 우리에게 소중하다. 명확히 무언가를 얻어내야지만 성장한 것이라는 식의 사고방식을 유연화할 필요가 있다.

앞서 2장 이상한 교육과정에서 소개한 이상(理想)적인 교육과정은 화려한 수식어와 멋진 성과지표를 장식처럼 달고 있기에 우리의 마음과 눈을 훔치기에 충분했다. 산발적으로 발생하는 교육 문제들을 해결하기 위해서, 여태껏 추구한 교육과정은 무언가를 채워 넣고 끼워 넣는 데 급급했다.

그러나, 우리가 놓치고 있는 중요한 가치들을 반추해보아야 할 때이다. 분주한 사회에서 긴급하게 요청하는 사항일수록 신중하고 면밀하게 살펴볼 필요가 있다.

■ 이상한 수업과 평가로 혁신하는 기회를 놓치지 말자

이상한 수업과 평가는 어찌 보면 이상한 학교의 운영에 있어 가장 기본적이고 가장 어려우면서도 가장 시도를 많이 해보았던 영역이라 할 수 있다.

코로나19 이전, 학교는 수업과 평가에의 혁신을 다양하게 시도해 왔었다. 2장에서 살펴본 이상한 수업과 평가는 우리 주변에서 만나올 수 있던 사례이다. 교사들을 중심으로 시작된 다양한 공동체 활동과 지역교육청의 지원, 사회의 인식 변화 등이 맞물리면서 학교에서 이루어지는 수업과 평가 혁신의 정당성을 확보할 수 있었고, 실제 그 동력을 바탕으로 나름의 결실을 차근차근 맺어올 수 있었다.

그러나 코로나19 이후, 변화의 속도가 더디어졌다. 정해진 시간 매일 등교하여 교실에 앉기라는 당연함이 붕괴하고, 등교하더라도 공동체를 위한 고립과 거리 두기를 선택해야 했다. 극심한 위기는 이처럼 모순적인 변화를 요구했다. 기존의 시대와는 다른, 새로운 교육의 미래를 전망하게 한 것이다.

변화는 반드시 우리가 겪어야 할 내일이니 받아들여야 했다. 허나 쉽지 않았다. 당장 내일 등교해야 하건만 일요일에 갑자기 등교 중지조치가 내려질 때도 왕왕 있었으니, 학교와 교사 입장에서는 질 좋은 수업과 평가를 운영한다는 것은 정말 쉽지 않은 일이었다. 기존의 시대를 배경으로 만들어진 평가에 대한 기존 '지침'은 반드시 유연화될 필요가 있었으나, 그 대응이 늦어도 너무 늦었다. 원격수업 중 수행평가를 실시한다 하면, '공정성'이 문제가 되어 그러지 못한 경우도 많았다. 학생의 수행 과정을 제대로 관찰할 수 없다고 생각한 우려 섞인 목소리 때문이었다.

그러나 이러한 어려움을 핑계로, 효율성을 위한 도태를 선택해서는 안 된다. 전 세계를 미증유의 공포에 몰아넣은 전염병은 좋든 안 좋든, 이전의 시대와는 전혀 다른 교육의 미래를 전망하게 하고 있다. 새로운 시대와 확장된 교육 생태계에 걸맞은 이상한 수업과 평가를 우리의 교육에 정착시키기 위해서는 여러 교육 주체들의 노력이 필요하다.

첫째, 학교가 먼저, 이상한 학교가 될 수 있도록 해야 한다. 빠른 업무분장으로 교사가 수업과 평가를 준비할 수 있는 충분한 시간을 부여해야 하며, 교사의 교육과정 재구성과 수업, 평가 전문성을 인정하여 그들의 교육철학이 발휘될 수 있도록 지원해주어야 한다. 또한, 학생이 자율적으로 자신의 역량을 발휘할 기회를 충분히 제공해야 한다. 필요 예산을 확보하여, 블렌디드 러닝이 효율적으로 이루어질 수 있도록 ICT 환경을 구비하고, 교사의 역량을 함양하기 위한 연수와 도구 지원을 아끼지 말아야 한다. 이는 단순히 제도적인 차원의 지원을 넘어, 학교 전반에 걸쳐 학교 구성원 존중의 분위기가 공유되어야만 가능하다 볼 수 있다.

둘째, 이상한 교사의 역할이 중요하다. 교사는 학생들의 배움이 충분히 일어날 수 있도록 수업과 평가를 설계할 수 있어야 한다. 단순히 학생들을 '활동'하게 하는 '재미'있는 수업과 평가를 해야 한다는 것이 아니다. 충분한 비계를 설정하고 학생이 흠뻑 학습에 빠져들 수 있도록 환경을 제공하며, 치밀한 설계를 바탕으로 체계적인 수업과 평가 과정이 이루어질 수 있도록 교사는 최선의 노력을 다해야 한다. 새로운 도구를 활용하는 능력이 필요하다면 이에 대한 전문성을 목표로 배우고 성장해가야 한다. 인터넷을 기반으로 한 다양한 에듀테크 활용 능력은 이제 교사가 지녀야 할 주요 역량 중의 하나가 되었기 때문이다. 코로나19와 관계없이, 새로운 환경의 도래를 겁내지 말고 도전해나갈 필요가 있다.

셋째, 다양한 관점을 지닌 교육적 주체들의 열린 사고가 필요하다. 우리가 살아온 시대와는 다른, 포스트 코로나를 살아갈 우리 학생들에게 필요한 교육이 바로 서기 위해서는 이전 시대를 고집하는 교육적 관점을 지양하고 새로운 지식관과 수업관, 평가관을 받아들일 필요가 있다. 이상한 수업과 평가를 지향하는 교육 주체들은 뚝심 있게 설득해나가야만 한다. 우리는 모두 공동의 목적을 지니고 있다. 즉, 학생들의 배움과 성장이라는 교육 최우선의 목표를 위해 함께 노력해야 함을 잊지 않도록 해야겠다.

학교는 미래 세대를 위한 공간이며, 아마도 엄청나게 변화했을 그들의 세상에서 살아가기 위한 역량을 길러주어야 하는 곳이다. 3장에서 살펴본 이상(理想)적인 수업과 평가는 우리가 겪을 미래를 한발 앞서 보여줬을 뿐이다. 이제, 단순히 안전과 위생의 문제를 넘어선, 학교 수업의 획기적인 변혁을 도모해보자. 포스트 코로나의 이 과도기가 가르침을 비우고 배움으로 가득 찬 수업과 평가, 학생들의 삶을 위한 수업과 평가, 학생들의 자기관리역량을 크게 성장시키는 수업과 평가로의 '전회의 시대'로 기록되기를 바라본다.

■ 이상한 활동을 위한 제도적 지원의 필요

학교에서 운영되는 교과 외 교육과정은 계속해서 확대되어가고 있다. 특색있는 자율활동에 학생들이 자발적으로 참여하여 합리적, 창의적 문제 해결 능력을 배양하고 있으며, 동아리 활동을 통해서는 소질과 적성을 창의적으로 계발하고 발전시킴으로써 자아실현의 기초를 형성하고 사회성과 협동심을 길러가고 있다. 지역사회를 위한 봉사활동을 기획하거나, 자신의 진로를 탐색, 개발하여 발전시키는 진로활동에 참여하기도 한다. 자유 학년제에 기반하여 학생 참여 교과수업과 다양한 체험활동이 권장되어 운영되면서 이러한 경향은 더욱 강해졌다. 나아가 담임 교사의 개성을 살린 학급 운영과 쉬는 시간, 점심시간에 이루어지는 활동 역시 학생들의 행복한 학교생활에 큰 영향을 미친다. 최근에는 인터넷의 발달과 코로나19로 온라인을 통해서 교육 공동체의 소통이 이루어지고 있어 기존보다 더욱 다양한 활동이 전개되고 있다.

이상적인 학교 활동이 전개되는 사례들을 보며, 우리는 이상한 노력이 필요함을 깨닫는다. 모든 학교에서 창의적 체험활동을 이상적으로 해낼 수 없는 현실적 제약이 많기 때문이다. 학생들에게 선택권을 자유롭게 주는 경우 안전의 문제가 염려되며, 지역과 학교의 여건상 다양한 프로그램을 개설하기 어려운 곳도 있다. 또한, 인적자원이 부족해도 너무 부족하다. 전문적 인력과 장소가 부족한 경우도 왕왕 있으며, 무엇보다 교 · 강사 섭외 및 활동 프로그램 운영 전반을 교사의 몫으로 남겨두기 때문에 안 그래도 과중한 업무에 지친 교사들에게 큰 부담이 된다.

교과 외 교육 활동들은 학생들이 자신의 진로 역량을 함양하는 데 직접적인 영향력을 끼친다. 꿈과 끼를 키울 수 있는 여러 활동에 참여함으로써, 학생들이 주요한 역량을 함양해 갈 수 있다는 데서 이상한 활동은 필히 지원될 필요가 있다. 이상한 학교를 위한 이상한 활동을 제대로 운영하기 위해서는 교육청 차원의 인적 · 물적 자원 확보가 시급하다. 교과 외 활동을 위해서는 전문성을 바탕으로 한 인력이 필수적이다. 수도권 지역이나 인적자원, 물적 자원 등이 풍부한 지역들은 괜찮겠지만, 외곽 지역에서는 학교와 교사 차원에서 자원을 확보하는 것에 어려움이 크다. 따라서 교육청이나 교육지원청 차원에서 인프라를 구축하여 학교 활동이 제대로 이루어지기 위해 물심양면 지원해주어야 한다. 문화적 소외지역 학생들의 활동을 위해 예산을 편성, 지원하는 것도 필요하다. 교사들에게는 현실적인 활동 운영을 위한 심화 연수 등을 개설하여 전문성을 함양토록 지원해주어야 한다. 단순히 우수사례만 보여주는 식의 교원 연수는 학교 현장 교사들의 사기를 꺾을 수도 있다.

4장 이상한 활동에서 소개한 이상(理想)적인 활동은 사실 많은 학교에서 다양하게 시행되고 있다. 교사들은 이러한 활동들을 보며 우리 학교의 현실과는 다른 모습에 스트레스를 받고는 한다. 학생들에게 이상한 활동이 필요함은 모두가 인정하면서, 그 스트레스가 교사들 개개인에게만 한정된다면 이는 모순이다. 활동의 질적 제고는 교사와 학교의 노력만으로 해결될 수 없다. 교내, 교외를 막론하고 교육 구성원의 적극적인 동참이 없다면 절대 불가능한 것이다. 이제, 학교와 교사에게만 지워졌었던 부담을 공유하며 교육부와 교육청, 교육지원청이 함께 학교와 지역의 여건과 특색에 맞게 활동을 운영해나가야 한다.

■ 이상한 공간의 마련을 위해

유독 잘 바뀌지 않는 '학교 공간'에 대한 이야기를 해보자. 공간은 우리에게 어떤 존재인가? 어떠한 공간에 있게 되느냐에 따라 우리가 할 수 있는 경험의 종류와 질이 다르다. 학교는 학생들이 일상 속에서 가장 많은 경험을 하게 되는 곳이다. 따라서 우리는 아이들에게 공간이 어떤 의미를 지니고 있는지를 항시 고민해야 할 것으로 보인다.

기본적으로, 학교 공간은 학교의 구성원들이 사용하기에 편리하고, 생활하는 데 어려움이 없어야 한다. 여기에, 5장에서 우리가 살펴본 이상한 공간은 소통과 참여, 유연성을 추구하고 있었다. 학생 간, 학생과 교사 간, 교사와 교사 간, 모든 구성원이 자유롭게 소통하며, 유연한 공간 안에서 자신의 창의성을 계발하는 공간이 되어야 하는 것이다. 나아가 담을 낮추어 주변 지역사회와 함께 공유하는 공간으로 존재할 필요가 있다.

그렇다면 이상한 학교의 이상한 공간을 우리들의 학교에서 구현하기 위해서, 우리는 어떠한 이상한 노력을 기울여야 할까?

첫째, 학교 공간에 있어서의 소통의 강화를 위해서는 먼저, 학생들에게 되도록 '많은' 공간들이 부여될 필요가 있다. 우리 학교의 현실을 떠올려보자. 교내 수많은 공간 중 우리 학교 학생들이 다른 친구들과 편히 이야기를 나눌 수 있는 공간이 얼마나 되는가? 실제 학교에는 그런 공간이 마땅치 않은 경우가 많다. 이상한 공간은 학교의 구성원인 학생이 '편안하게' 소통할 수 있는 공간을 중시한다. 한 층의 특정 공간을 활용해 테이블과 의자를 배치하고, 서로 소통하며 즐거운 일을 도모할 수 있는 공간들을 늘려나가도록 해보자. 그리고 여기서 더 나아가, 학생들이 이러한 공간을 스스로 관리할 수 있도록 해보자. 더 나은, 더 개방적인, 더 행복한 공간을 만들어갈 수 있을 것이다.

둘째, 학교의 공간을 설정하고 개선해 가는 과정에 학생들이 적극적으로 참여할 수 있도록 해야 한다. 대부분 학교는 학교 공간 개선에 있어 학생들의 의견을 잘 받아들이지 않는다. 그러나, 학교는 학생의 배움이 일어나는 곳이고, 그를 위해 존재하는 공간이다. 삶의 대부분을 머무는 공간에 대한 학생들의 참여는 어떻게 보면 굉장히 당연했던 일인 것이다. 학생의 공간 개선 참여를 위해서는 여러 장치가 필요하다. 예컨대, 수업 시 '우리 학교 공간 개선 프로젝트'를 실시하고, 이를 바탕으로 공간 설계에 참여하도록 독려하는 방안이 있다. 프로젝트 수행 과정에서 학생의 개인적 역량이 성장하는 것은 물론이거니와, 개선된 공간을 활용할 때마다 학생들이 얼마나 성취감을 느낄지 상상이 가는가? 학생들의 관점에서 사고하여 설계된 그 공간들은 학생들의 행복감을 증진시킬 것이다.

셋째, 학교 공간은 유연한 공간이 되어야 한다. 유연성에 바탕을 둔 공간 활용으로 학생들이 배움에 집중할 수 있도록 해주어야 한다. 현재의 학교 교실은 과연 학생들이 자신의 배움에 집중할 수 있는 공간인지, 의구심이 든다. 고실에 배치된 갖가지 물건들은 이동과 활동을 제약하고 있다. 위험한 물건과 위생상 적절치 않은 사물들도 곳곳에 배치되어 학생들의 움직임을 둔하게 만든다. 교실은 학생들이 자신의 배움에 집중할 수 있도록 구성될 필요가 있다. 따라서, 학생의 자유로운 배움을 저해하는 물건들은 정리하여 공용 공간을 활용해 배치하도록 하자. 음악실, 과학실 등 고정된 공간을 늘리기보다는 여러 목적으로 활용할 수 있는 이른바 '다목적실'을 개설하고, 여러 주체가 활용할 수 있도록 한다면, 공간의 유용성이 크게 증대될 수 있을 것이다.

마지막으로, 학교는 학생들의 창의성을 구현할 수 있어야 한다. 네모난 학교에 등교하여 네모난 교실에서 네모난 칠판을 보며 공부하는 우리 학생들에게, 유창한 사고와 질 높은 창의력 함양을 요구하는 건 적절치 않다. 공간은 다양한 모습으로 놓여있을 필요가 있다. 효율의 문제를 떠나, 원형의 교탁, 높은 천장, 교실 내 변형 공간 마련 등과 같이 공간의 작은 변화를 추구해보는 것은 어떠할까? 현실적인 어려움에 부딪힌다면, 학교 도서관에서부터 창의적 공간을 도모해보도록 하자. 미래 세대인 학생들에게 걸맞은, 새롭고 독창적인 공간으로!

■ 이상한 구성원과 함께하기

교육을 구성하는 교육 구성원에 관한 이야기를 나눠보자. 교사 중심의 학교 교육은 폐쇄적 성격으로 인한 문제를 초래했고, 신자유주의 교육은 학교

간 경쟁 갈등과 입시 위주의 교육으로 교육의 목표와 거리가 멀어진다는 비판에 직면했다. 이러한 비판과 함께 오늘날 새로운 관점으로 구성원을 바라보는 인식이 등장했다. 즉, 민주적인 학교 운영을 위해 교사와 학생, 학부모가 함께 공동체를 이루어야 한다는, 더 나아가 지역사회의 주민들도 교육 구성원으로서 참여하고 역할해야 한다는 확장적 관점이 그것이다.

관점의 변화와 함께 다양한 제도와 기반도 마련되어 갔다. 1995년 지방선거를 통한 완전한 지방자치와 함께 학교에서도 민주적인 운영을 위한 학교운영위원회가 조직되었다. 학교운영위원회는 교육의 주체가 교사뿐만 아니라 학부모와 지역 인사까지 참여한 학교의 민주화, 개방화의 시작이었다. 이후 학생에게도 자율권이 부여되는 학생자치회가 도입되어 운영되고, 학부모회와 지역 공동체의 대토론회 등 학교의 구성원은 확대되고 있다. 최근에는 혁신지구 설정과 마을 교육 공동체가 등장하면서 교육을 지역과 마을이 함께 담당하고 있다.

허나, 정말 제도는 잘 정착되어 운영되고 있을까? 사실, 아직도 학교는 구성원과 함께하기엔 폐쇄적이다. 학교의 주요 행사와 업무는 학교운영위원회에서 심의를 받도록 하고 있으나, 심의 안건을 만드는 주체는 여전히 교사들이다. 대토론회는 운영되나, 그 결과 학생들의 입장은 크게 반영되지 않는 경우가 많다. 학생, 학부모, 지역 인사의 참여도 소극적으로 이루어지는 경향이 있다.

그렇다면 학생의 삶의 성장과 배움이 가득한 교육 생태계를 위해, 그리고 이를 구성하는 이상한 교육 구성원의 활동을 지원하기 위해, 우리는 어떤 노력을 해야 할까?

첫째, 교육 구성원에 대한 사회의 인식전환이 우선적으로 이루어져야 한다. 누군가 우리에게 '학교의 구성원은 누구입니까?'라는 질문을 한다 치자.

어떠한 대답이 가장 많은 비중을 차지할까? '교사와 학생이죠. 학부모도 포함될 수 있겠네요.' 정도? 아마 질문을 받은 당사자 역시 교육 구성원이라고 인식하지 못할 경향이 크다. 그러나 학생의 삶에서 배움이 일어나게 도움을 줬다면, 그들은 모두 교육 구성원이다. 만약 한 학생이 길을 가다가 어떤 어른이 쓰레기를 줍는 모습을 보았다면, 학생은 그러한 행동을 모델링하여 성장해나갈 수 있을 것이다. 학생을 민주시민으로 올바르게 성장시킬 수 있는 교육의 주체는 사회 곳곳의 우리 모두라 할 수 있다. 교육은 교사, 학생, 학부모뿐만 아니라 지역의 주민들 모두와 함께 하는 것이다.

둘째, 교육 구성원의 전문성 신장이 필요하다. 학생, 학부모, 지역 주민들은 교육 공동체로서 어떤 것을 해야 하는지, 할 수 있는지 모르는 경우가 많다. 각 구성원을 대상으로 연수를 제공하고, 모임을 구성하도록 독려하자. 교육 공동체의 필요성과 어떤 역할을 해야 하는지 이야기를 나누고, 숙고할 기회를 충분히 제공 하는 것이다.

셋째, 국가와 지역의 적극적인 지원이 필요하다. 교육 공동체를 위한 학교운영위원회, 학생자치회, 마을 교육 공동체 등 정책과 제도의 운용은, 사실 학교의 교사 중 누군가의 '업무'로 배정된다. 수업도 해야 하는, 학급도 운영해야 하는, 교과 지도도 생활지도도 해야 하는 교사 혼자 이러한 거대한 규모의 사업을 이끌어가는 것은 정말 어려운 일이다. 학교 구성원의 확대를 바탕으로 교육 공동체 사업을 담당하는 교사의 부담을 나누고, 부족한 지역의 인프라 구축을 국가와 지역이 함께 해나가야 할 것이다.

코로나19의 발생 이후, 학업과 돌봄의 부재라는 문제가 사회적으로 대두되었다. 이러한 현상은, 역설적으로 학교만이 교육 구성원으로 역할 해 온 것임을 드러낸다. 하지만 학생의 삶은 학교를 넘어, 가정과 지역에도 존재해 있다. 확장된 교육 생태계는 학생의 삶과 배움을 위해, 교육 공동체가 교사와 학생, 학부모, 지역과 함께 이루어져야 함을 요청한다.

이러한 점에서, 최근 시도교육청과 교육부가 전개하는 '국민과 함께하는', '상향식'교육과정 개정 노력은 시사하는 바가 크다. 확대된 교육 구성원 간의 활발한 소통을 바탕으로 학생의 삶과 배움을 지원하는 교육 생태계가 제대로 정착될 수 있도록 우리 모두의 이상한 노력이 필요하다.

■ 이상한 사회를 위한 창조적 파괴

이상한 사회는 과연 도래할 수 있을까? 그를 위해서는, 우선 사회 현상의 무늬를 진단해보아야 한다. 현상의 주름은 학생부종합전형과 수능을 비롯한 입시에 멈추어 있다. 대학의 학생 선발권을 통제하기 위한 정부의 노력은 해방 후 현재까지 지속하고 있으나, 학생과 학부모들의 만족을 끌어낸 경우는 드물다. 1982년 시작된 대학입학학력고사부터 시작하여, 1994년의 대학수학능력시험과 2013년부터 자리 잡은 학생부종합전형 등의 대학입시 정책은 모든 교육 주체들의 욕구를 충족시키기에는 어려웠다. 그래서 현재까지도 '공정성'을 화두로 하여 진화 중이다. 우리의 사회는 어쩌다, 이러한 '젊어있는 사회'의 모습을 지니게 되었는가?

먼저, '노동 같은 학습'의 요인이 있다. 노동자들에게 권장했던 근로 성실의 의무처럼, 학생들에게 현대 사회의 이익을 창출하기 위한 성실한 노동자와 같이 부지런하게 '공부(학습)'해야 하는 지상과제를 품게 한 것이다. 즉, 쉬지 않고 공부하는 것이 학생들의 존재 법칙으로 요구된 것이다.

또한, '시장 자본의 논리에 채색된 교육' 요인도 문제이다. 노동자로서의 학습자관을 탑재한 학생은 자본주의의 논리에 염색되어 성취와 성과를 달성하기 위한 학습 매뉴팩처가 되어버린다. 5.31 교육개혁안을 비롯한 '혁신 교육'의 패러다임에도 다분히 교육을 상품과 서비스로 간주하는 신자유주의적 성향이 배여 있다.

마지막으로, 이분법적 사고관 요인이 우리 사회를 절게 만들었다고 해도 과언이 아니다. 학교 현장에서 '활동 수업' vs '강의식 수업' 등 양자택일이 극단적인 이분법적 사고로 인해 다채로운 교육정책과 교육 활동 등이 안착하지 못하고 있던 것이다.

현실의 벽은 참 높다. 사회는 다원적이고 가변적이며 불안정할 수밖에 없다. 이러한 사회를 이상적인 사회로 변화시킨다는 것은 정말 쉽지 않은 일이다. 범유행의 바이러스는 우리네 사회가 미약함을 다시금 확인시켜 주었다. 그렇다고, 손 놓고 가만있을 수는 없는 노릇이다. 우리들의 시대가 아닌, 미래를 살아갈 학생 세대를 위해서는 이상한 사회를 지향하는 창조적 파괴를 단행할 필요가 있다.

첫 번째 파쇄 대상은 객관식의 신앙화이다. '객관'은 주관들의 합의의 산물일 뿐이다. 객관식 문항의 대표로 수능 문항이 거론된다. 수능 문항을 풀기 위해선 고차원의 사고력이 필요하기도 하다. 하지만, 수능 과목의 등급 서열화를 위해서 문항 유형의 번잡함과 지엽적인 내용의 출제 경향이 지속하는 것은 안타까운 대목이다. 객관식의 신화에서 벗어나 다양한 평가 방식에 대해서 진지한 고민이 필요한 시점이다.

둘째, 지나친 경쟁 구조를 극복해야 한다. 교육현장에서 구조적 협력을 통해 승자독식의 경쟁 폐해를 벗어나 학생들의 삶을 배려한 진정한 성장을 이끄는 배움의 환경이 필요하다. 그것은 승패가 분명하게 나누어지는 경쟁 구조가 아닌, 협력을 기반으로 한 무패적(Win-Win) 상호작용이 교육현장에 안착될 때 가능할 것이다.

셋째, 평균의 착각을 탈피하는 것이다. 수치와 각종 숫자로 학생의 인생을 결판 내는 관점은 학생의 존재를 소외시키기에 비도덕적이며 비인간적이다. 학생 개인이 집단 내에서 어디에 위치하는지가 중요한 것이 아니라, 학생 개인의 적성과 역량에 따라 기다려주고, 이해해주는 시선이 필요하다. 평균과 등급화는 우리 사회에 만연한 '서열화'와 '양극화'를 지지해준다. 이러한 위험한 착각은 학교에서조차 당연한 상식으로 통용되기에, 평균의 극복은 이상적인 사회와 이상한 학교가 되기 위한 필연적인 선행과제가 되어야 할 것이다.

■ 異常(이상)에서 理想(이상)으로

전무후무한 코로나19는 모든 분야에 있어, 카프카적인 상황을 초래하고 있다. 45분의 수업과 10분의 쉬는 시간, 1시간의 점심시간, 9시 등교와 4시 하교와 같이 루틴화될 수 있었던 산업화 시대의 학교는 불안정한 이 시대와 걸맞지 않다. 우리보다 더 많은 포스트 코로나의 시간을 살아갈 미래 세대인 아이들을 위해, 학교는 그들의 삶과 배움을 응원하고 독려하는 이상(理想)한 곳이 되어야 하지 않을까?

지식이 아닌 지혜가, 가르침이 아닌 배움이, 선발이 아닌 성장이 중요한 예측 불가의 시대라면, 우리는 이상(理想)한 학교를 이상(異常)하게 여길 것이 아니라 지향하고 따라야 할 롤모델로 여겨야 할 것이다. 그리고 여기에는 그 어떤 정치·사회·경제적인 논리가 덧붙여져서는 안된다. 우리 아이들의 내일을 온전히 자신의 것으로 두는, 그런 교육을 지향하는 것이 '당연해질' 필요가 있다.

다시 한번, 교육의 코페르니쿠스적 전환이 필요한 시점이고, 그리하여 이상(理想)한 학교로 나아가야 할 때다.

참고문헌

강갑원 (2018). 창의적 사고의 뇌 신경적 기초. 영재와 영재교육 16(4), 53-78.

강득구 (2020). 자유학기(년)제 전면 재구성, 어떻게 해야 하는가? 2020국정감사 정책자료집 4호.

강영삼, 이성흠, 김진영, 조상철 (2007). 교육학개론. 서울: 교육과학사.

강현석 (2016). 한국 교육과정의 현실과 미래 과제. 교육과정연구 34(3), 69-101.

경기도교육청 (2014). 학생이 주체가 되어 만들어가는 학생자치활동 이야기.

경기도교육청 (2016). 배움중심수업 2.0의 이해와 실천.

경기도교육청 (2021). 2021~2023 마을교육공동체 정책추진 기본계획.

경상남도교육청 (2018). 교사수준교육과정.

경상남도교육청 (2020). 학교공간혁신 인사이트 투어 안내서.

교육공동체벗 (2018). 오늘의 교육, 2018년 3-4호. 교육에서의 자본.

교육과학기술부 (2009). 학부모 학교참여 사례집.

교육과학기술부 (2011). 학교문화 선진화를 위한 학생자치활동 길잡이.

교육부 (2015). 2015개정교육과정 해설 총론.

교육부 (2017). 2015개정 교육과정 창의적 체험활동 해설(중학교).

교육부 (2017). 2015개정 교육과정 창의적 체험활동 해설(고등학교).

교육부 (2021). 회복 · 포용 · 도약 대한민국 2021.

교육부 (2021). 2021학년도 학교생활기록부 기재요령.

김대현 (2017). 교육과정의 이해. 서울: 학지사.

김민정 (2017). 자유학기제 및 자유학년제 수업 모형 가이드북 - 현장교사를 위한 -. 서울: 학지사.

김성길 (2004). 배움 공동체의 가능성 탐색을 위한 연구. 미래교육연구 17(2), 15-33.

김성우, 엄기호 (2021). 유튜브는 책을 집어삼킬 것인가: 삶을 위한 말귀, 문해력, 리터러시. 서울: 따비.

김성효 (2014). 학급 경영 멘토링 – 초등학교 교사를 위한 행복한 학급 운영 교과서 –. 경기: 행복한 미래.

김신일 (2017). 교육사회학. 서울: 교육과학사.

김영지, 유설희, 이민희, 김진호, 김수진 (2016). 한국 아동 · 청소년 인권실태 연구Ⅵ – 총괄보고서. 세종: 한국청소년정책연구원.

김용련 (2019). 마을교육공동체 생태적 의미와 실천. 서울: 살림터.

김정주, 홍상화 (2017). 초등학생의 학업 스트레스와 사회부과적 완벽주의가 학업소진에 미치는 영향, 대처반응의 매개효과를 중심으로. 한국초등교육 28(4), 201–214.

김정빈, 김수영, 함영기 (2017). 고교학점제 도입을 위한 교육과정 및 학생평가 재구조화 방안. 서울: 서울시교육청 교육연구정보원.

김태은, 우연경, 이재진 (2016). 창의 · 융합형 인재 양성을 위한 수업혁신 지원 방안(RRI 2016–1). 충북: 한국교육과정평가원.

김평원 (2010). 프로젝트 수행법을 위한 융합교육과정의 설계 – 화법과 작문을 반영한 수레바퀴모형을 중심으로 –. 교육과정평가연구 13(3), 49–78.

김현섭, 장슬기 (2020). 미래형 교육과정을 디자인하다. 경기: 수업디자인연구소.

김홍겸, 박창수, 정시훈, 고호경 (2018). 미래교육에서의 인간 교사와 인공 지능 교사의 상호보완적 관계에 대한 소고. 교육문화연구 24(6), 189–208.

노미오 (2014). 중학생의 스트레스 대처방식과 학업소진의 관계. 전북대학교 교육대학원 석사학위 논문.

노상우 (2015). 혁신학교의 수업혁신 과정과 과제. 교육종합연구 13(1), 43–67.

대구체인지메이커프로젝트 수업연구회 (2018). 체인지메이커교육. 서울: 테크빌교육.

문화진 (2017). 청소년의 자기통제와 학업소진의 관계: 부모의 조건부 관심과 심리적 통제의 매개효과. 학습자중심교과교육연구 17(12), 139–161.

박은종 (2018). 창의적 체험활동 교육과정의 이해와 탐구이론 –이론, 실제 및 편성, 운영. 서울: 교육과학사.

박은종 (2018). 창의적 체험활동 교육과정의 실행 – 이론과 실제. 서울: 교육과학사.

사토 마나부 (2015). 수업이 바뀌면 학교가 바뀐다. 손우정 역. 서울: 에듀니티.

서예식, 이승곤, 이진희, 김혜경, 홍숙경, 하지영, 김효희 (2020). 행복한 학교를 만드는 공간혁신. 경기: 해냄에듀.

서용선, 김성천, 김혁동, 송승훈, 오재길, 홍섭근 (2013). 혁신교육 미래를 말한다. 서울: 맘에드림.

서울시, 서울시교육청 (2019). 2019 서울교육 공간디자인 혁신 사업 백서 E-BOOK.

서울특별시교육청 (2018). 2017 학생자치활동 우수사례집.

서울특별시교육청 (2018). 학교업무정상화 토론이 있는 교직원회의 운영 지원 자료.

서울특별시교육청 (2020). 2020 학생자치활동 우수사례집.

성남교육지원청 (2016). 2016 성남시 마을교육공동체 활동 사례 모음 봄이 오는곳.

성태제 (2009). 교육평가의 기초(3판). 서울: 학지사.

세종특별시교육청 (2020). 공간 삶과 배움을 잇다(세종교육 2020-114).

손종현 (1997). 5.31 교육개혁안에 대한 비판적 고찰. 한국교육연구 4, 45-78.

송미영 (2016). 수행평가 확대 실시에 따른 주요 쟁점과 과제[KICE 2016 이슈페이퍼](ORM 2016-26-5). 충북: 한국교육과정평가원.

C Program (2018). 배움의 공간을 고민하는 교육자의 매뉴얼.

신민정 (2015). 창의력을 통한 무기력 극복 방안 연구, 신경과학적 관점을 중심으로. 영남대학교 박사학위 논문.

신지승 (2020). 교육과정 문해력, 교사 전문성을 완성하다. 경기: 행복한 미래.

신철균, 김지혜, 유경훈, 이승호, 송경오, 최영준, 김덕년, 이안나 (2018). 고교 교육 환경 변화 전망과 과제 : 학생들의 시선으로(RR 2018-10). 충북: 한국교육개발원.

양소영 (2016). 꿈과 끼를 찾는 자유학기제의 모든 것 – 덴마크.영국.아일랜드의 직업체험 현장부터 한국의 자유학기제까지 –. 서울: 꿈결.

양은주, 조경원, 임현식 (2000). 학교 교육과정의 교육적 인간상에 대한 비판적 고찰. 교육과정연구 18(2), 47-68.

양은주 (2001). 교육사상의 역사적 전개를 통해 본 교육적 인간상의 의미. 교육과학연구 32(1), 129-148.

에듀크스 (2018). 교사 수준 교육과정 1, 2. 서울: 북랩.

우치갑, 이지영, 양혜인 (2020). 과정중심평가를 위한 프로젝트 수업. 서울: 디자인봄.

유현준 (2018). 어디서 살 것인가. 서울: 을유문화사.

이명섭 외 (2017). 교육과정-수업-평가-기록의 일체화(실천편). 서울: 에듀니티.

이범 (2021). 문재인 이후의 교육. 서울: 메디치미디어.

EBS 미디어 기획 (2018). 대학입시의 진실. 세종: 다산에듀.

이재림 (2019). 학교 중심 학교 공간 구성의 방향. 서울교육 235.

이찬승 (2020). 2030 미래사회와 학교교육의 변화. 서울교육 224.

이은상, 김하늬, 임세은, 이태경, 김성광 (2019). 체인지메이커 교육 프로그램 개발 연구. 교육혁신연구 29(2), 117-146.

이인숙, 한승연, 임병노, 이지연, 이은배 (2020). 학습자중심 수업을 위한 교육방법 및 교육공학. 경기: 문음사.

이혁규, 김남균, 김향정, 김병수, 김민조 (2020). 수업혁신에 대한 교사의 인식 분석. 열린교육연구 28(1), 219-248.

이홍우 (1996). 전인교육론. 도덕교육연구 8, 1-21.

이효원, 조희숙 (2019). 유아교육기관에서 유아들이 체험하는 공간의 의미. 생태유아교육연구 18(3), 293-323.

장일순 (2005). 신자유주의적 교육정책과 교육 공공성 위기-5.31 교육개혁안 이후 교육개혁을 중심으로. 성공회대학교 석사학위 논문.

전국시도교육감협의회 (2019). 대입제도 개선 방안 연구 1차 보고서.

전국시도교육감협의회 (2019). 대입제도 개선 방안 연구 2차 보고서.

정슬기 (2020). 과정 중심 평가로서의 수행평가에 대한 수학교사의 인식과 시행 분석. 이화여자대학교 대학원 박사학위 논문.

정원상, 박경인, 김차명 (2019). 디지털 학급운영 콘텐츠 - 왕초보 교사도 뚝딱 만드는. 서울: 테크빌교육.

조덕주, 진석언, 한화진, 최연주 (2020). 교육과정 재구성 관련 국내 연구 동향에 대한 분석. 교육학연구 58(2), 255-288.

조달청 (2016). 공공건축물 유형별 공사비 분석.

조달청 (2017). 공공건축물 유형별 공사비 분석.

최승현, 강대현, 곽영순, 유정애, 양종모, 김주훈, 이주성, 최원윤, 김영애 (2003). 학교 교육 내실화 방안 연구-좋은 수업 사례에 대한 질적 접근-. 열린교육연구 11(1), 43-61.

한지선, 고승우 (2020). [우수상(한국건축가협회장상)수상] 후암 마을 학교: 후암동의 기억을 담은 소통의 장. 교육시설 27(2), 28-32.

한병철 (2012). 피로사회. 서울: 문학과 지성사.

한상엽 (2020). '여가(Leisure)'로서의 쉼의 가치와 도덕과 교육. 초등도덕교육 67, 263-293.

홍은숙 (2015). 국가 교육과정의 교육적 인간상 진술에 대한 비판적 고찰. 교육과정연구 33(4), 227-250.

한국교육개발원 (2012). 학생자치활동 활성화 방안.

한병철 (2013). 시간의 향기. 서울: 문학과 지성사.

한현미 (2018). 공간의 인문학. 서울: 맘에드림.

허학도 (2005). 학교공동체구성원의 역할에 관한 내용분석 연구. 교육행정학연구 23(2), 281-302.

Aristotle (2007). Ethica Nicomachea. 이창우, 김재홍, 강상진 역 (2007). 니코마코스 윤리학. 서울: 도서출판 길.

Christodoulou (2014). Seven Myths about Education. 김승호 역 (2018). 아무도 의심하지 않는 일곱 가지 교육 미신. 서울: 페이퍼로드.

Kaufmann, H., Schmalstieg, D. (2003). Mathematics and geometry education with collaborative augmented reality. Computers & Graphics 27, 339-345.

Carter, L. (2006). Total Instructional Alignment: From Standards to Student Success. 박승열, 이병희, 정재엽 (2017). 교육과정, 수업, 평가의 일체화. 서울: 살림터.

Harari, Y. (2018). 21 Lessons for the 21st Century. 전병근 역 (2018). 21세

기를 위한 21가지 제언. 서울: 김영사.

Kohn, A. (1992). No Contest: The Case Against Competition. 이영노 역 (2019). 경쟁에 반대한다. 서울: 민들레.

Meyer, H. (2004). Was ist guter Unterricht? 손승남 역 (2011). 좋은 수업이란 무엇인가?. 서울: 삼우반.

Patterson, C. H. (1973). Humanistic Education. 장상호 역 (1989). 인간주의 교육. 서울: 박영사.

Peters, R. S. (1972). Ethics and Education. 이홍우, 조영태 역 (2003). 윤리학과 교육. 서울: 교육과학사.

Pieper, J. (1952). Leisure, the basis of culture. 이홍우, 이미정 역 (2005). 여가: 자유와 문화와 교육의 기초. 서울: 성경재; 김진태 역 (2011). 여가와 경신. 서울: 가톨릭대학교출판부.

Prensky, M. (2016). Education to Better Their World: Unleashing the Power of 21st-Century Kids. 허성심 역 (2018). 미래의 교육을 설계한다. 서울: 한문화.

Robinson, K., Aronica, L. (2015). Creative Schools: The Grassroots Revolution That's Transforming Education. 정미나 역 (2015). 아이의 미래를 바꾸는 학교혁명. 경기: 21세기북스.

Smart, A. (2013). Autopilot: The Art and Science of Doing Nothing. 윤태경 역 (2014). 생각을 멈추면 깨어나는 뇌의 배신. 서울: 미디어윌.

[이미지 자료]

www.pixabay.com/photos/grocery-store-market-supermarket-2619380

www.pixabay.com/illustrations/corona-coronavirus-virus-blood-5174671

www.pixabay.com/photos/stress-4156956_1920

www.pixabay.com/photos/smartphone-technology-mockup-apps-1283938

www.pixabay.com/photos/mclaren-supercar-car-automobile-4223024

www.pixabay.com/photos/phone-old-communication-dial-1160873
www.pixabay.com/photos/vintage-car-oldtimer-classic-car-336676
www.pixabay.com/photos/startup-girls-women-laptop-office-4777863
www.pixabay.com/photos/office-meeting-room-blank-business-5067104
www.pixabay.com/photos/pumpkins-decorative-squashes-2714744
www.pixabay.com/photos/steinbach-mennonite-heritage-village-56641
www.pixabay.com/photos/kansai-university-japan-school-84363
세바시 유현준 강의 '감옥 같은 학교를 당장 바꿔야 하는 이유' (https://www.youtube.com/watch?v=QxGzwJd_Eno)
온라인 게임 '대항해시대 온라인' 게임화면 캡처

[기타자료]

한국학중앙연구원. 민족문화대백과사전. http://encykorea.aks.ac.kr

찾아보기

ㅊ.

ㅋ.

ㅌ.

ㅍ.

ㅎ.

이상한 학교

초판발행 2022년 1월 20일

지은이 김홍겸 · 송수연 · 조태호 · 한상엽

펴낸이 오상훈
펴낸곳 교우미디어
주 소 서울시 동대문구 약령시로 8 교우빌딩 1층 교우미디어
전 화 02-925-2861, 02-925-2866 / **팩 스** 02-925-2860, **편집부** 02-925-2825
홈페이지&북스토어 www.kyowoo.co.kr / **이메일** kyowoo@kyowoo.co.kr

등 록 2011년 2월 7일 제305-2011-000007호
ISBN 979-11-85417-40-0 (03370)

Published by Kyowoomedia Printed in Korea

교우미디어는 보다 혁신적이고 참신한 도서를 다양하게 기획하고 있습니다.
책으로 펴내고자 하는 아이디어나 원고는 메일로 보내주세요.
교우미디어는 전과정을 책임지고 최선을 다하겠습니다.

값 19,000원

교우미디어는 (주) 교우의 Imprint 사입니다.
수학정원·과학정원은 (주) 교우의 새로운 브랜드명입니다.

잘못된 책은 구입하신 서점에서 교환해 드립니다.